国家自然科学专项基金项目（项目编号：71341019）成果

农业信息服务体系建设研究

官 波◎著

长江出版传媒
湖北人民出版社

图书在版编目(CIP)数据

农业信息服务体系建设研究/官波著.
武汉:湖北人民出版社,2014.4
ISBN 978-7-216-08223-5
Ⅰ.农… Ⅱ.官… Ⅲ.农业经济—信息管理—研究—中国 Ⅳ.F322
中国版本图书馆 CIP 数据核字(2014)第 072376 号

出 品 人:袁定坤
责任部门:高等教育分社
责任编辑:黄 沙
封面设计:张 弦
责任校对:游润华
责任印制:王铁兵
法律顾问:王在刚

出版发行:湖北人民出版社	地址:武汉市雄楚大道 268 号
印刷:武汉市福成启铭彩色印刷包装有限公司	邮编:430070
开本:710 毫米×1010 毫米 1/16	印张:13.25
字数:228 千字	插页:1
版次:2014 年 4 月第 1 版	印次:2014 年 4 月第 1 次印刷
书号:ISBN 978-7-216-08223-5	定价:30.00 元

本社网址:http://www.hbpp.com.cn
本社旗舰店:http://hbrmcbs.tmall.com
读者服务部电话:027-87679656
投诉举报电话:027-87679757

序

面向“农业发展现代化”、“农业生产效益化”的高层次要求，农业信息的引导和支持作用显得更为突出，加强农业信息服务体系建设被提升到更重要的战略位置，完善农业信息服务体系服务供给机制、提高农业信息服务体系服务效率、保障农业信息服务体系可持续运行成为进一步推进中国现代农业发展的重要内容。2004—2013 年中央连续 10 个“一号文件”关注农业信息服务发展命题，《全国农业农村信息化发展“十二五”规划》更是为未来五年我国农业农村信息化发展描绘了宏伟蓝图，为我国农业信息服务体系建设指明了方向和道路。2012 年，党的十八大报告提出“要促进工业化、信息化、城镇化和农业现代化同步发展”，“要坚持走中国特色新型工业化、信息化、城镇化、农业现代化道路，大力发展现代农业”，这不仅为解决我国“三农”问题的路径进行了顶层设计，也对我国农业信息服务体系建设发展提出新的要求。为把握农业信息服务体系建设机遇，必须探索与现阶段农业发展和农业信息服务需求相适应的农业信息服务体系建设道路。

《农业信息服务体系建设研究》一书，运用农业经济学、情报学、信息经济学等相关理论与方法，结合农业信息服务体系建设的整体目标和主要内容，构建了农业信息服务体系建设的研究框架。本书根据提高农业信息服务体系信息资源整合效率、改善农业信息服务体系信息服务供给效果、增强农业信息服务体系运行保障和完善农业信息服务评价指标体系的目标指向，构建了农业信息服务综合评价指标体系，并以湖北省专家咨询和实地调研数据为支撑，对湖北省农业信息服务体系建设进行了综合评价。在借鉴国内外农业信息服务体系建设经验的基础上，提出了湖北省农业信息服务平台建设的基本思路和推进湖北省农业信息服务体系建设的政策建议。总体来看，本书既有对当前农业信息服务体系建设情况的综合分析，也有对未来发展方向的前瞻性研究，具有一定理论价值和实践意义。

本书的主要特点：第一，提出了现阶段农业信息服务体系建设的目标指向，提出要提高农业信息服务体系的信息资源整合能力、服务渠道开拓能力和服务体系保障能力，健全与完善农业信息服务评价指标体系。第二，构建了“5 大类 26 项子类”农业信息服务综合评价指标体系，并运用层次分析法和模糊评价模型从农业信息采集能力、农业信息发布能力、农业信息服务基础设施建设水平、农业信息服务人才储备状况和农业信息服务政策法规保障情况五方面对湖北省农业信息服务体系建设进行综合评价。第三，以农业产品信息为核心，贯彻农业产品产业链思想，对农业信息服务平台的运行模式、服务方法、功能模块和数据库进行设计，提出湖北省农业信息服务平台建设思路。第四，结合国内农业信息服务体系建设实际和主要问题，重点考察分析了美国、英国、法国、德国、日本和韩国的农业信息服务体系建设特征，探讨了发达国家农业信息服务体系建设的一般规律和经验，提出了湖北省农业信息服务体系建设的政策建议。

农业信息服务体系建设是一项庞大的系统工程。加快建设步伐，提高服务效率，是农业信息服务体系恒久不变的建设目标。希望官波博士继续聚焦农业信息服务体系建设，力求在该领域有更多新发现，取得新成果。

陈池波

2014 年 4 月

目录

导　论

第一节　研究背景和意义

中国是个传统农业大国，自古以来，农业在推进社会发展、维持社会稳定方面都具有举足轻重的作用。早在春秋战国时期，“农夫早出暮入，耕稼树艺”；“妇人夙兴夜寐，纺绩织纴”（《墨子》）等此类描写农耕生活的诗词就已经出现，古代君王更是亲自下地耕作以体现农业的重要性。新中国成立以来，国家对农业的重视程度与日俱增，1982—1986 年中央连续制定和颁布五个关于农村工作的“一号文件”，成为指定农村改革政策的指南针，也为进一步深化农村改革、解放农村生产力、调动农村劳动力生产积极性打下坚实的基础。跨越世纪交替，中国农业进入发展新阶段，中央“一号文件”再次瞄准农业领域，2007—2010 年的七个“一号文件”可以说是统筹城乡进程中的七座丰碑①，在持续关注“农业、农村、农民”问题的同时，还对如何促进农民增收、提高农业综合生产能力、推进社会主义新农村建设和加强农业基础建设作出进一步的部署。2011—2013 年的三个中央“一号文件”又分别聚焦农田水利、农业科技创新和激发农村发展活力，为进一步完善农业基础设施建设和推进农业生产方式转型指明方向。统筹城乡发展，积极推进农业现代化进程，尽快完成现代农业由初步实现阶段向全面实现阶段的过渡，是我国农业发展的主题。

目前，中国现代农业发展处于从初步实现阶段到基本实现阶段的过渡时期。农业地位正从绝对贡献期进入相对贡献期，农业发展正由机械化、电气化、化学化、水利化向专业化、标准化、规模化、集约化方向转变，优化农作物品质结构、开拓农产品市场、促进农业产业跨越性升级开始成为农业发

① 陈池波、张朝华：《公共政策视野下的“一号文件”历史评析与现实思考》，《云南师范大学学报（哲学社会科学版）》2009 年第 41 卷第 3 期。

展的主要任务。① 农业信息作为促进我国农业发展的关键因素，正逐步渗透到农业生产和经营的各个环节，并在改造传统农业、发展农村经济、促进农业现代化的过程中发挥重要作用。总体来讲，农业信息可分为以下四大类：(1) 自然资源信息。主要包括土地资源、水资源、生态环境、气象及灾害信息等。(2) 农产品市场信息。主要包括农产品供给和消费需求分析、主要农产品价格预测、农业生产资料供求分析以及农民生产意向调查等。(3) 法规信息。主要包括与农业相关的法律、法规和国家政策。例如主要农产品购销政策、农产品价格政策以及国家财政支农政策等。(4) 实用农业技术信息。主要包括农业科学技术与技术推广信息和名优特新产品信息等。② 面对“农业发展现代化”、“农业生产效益化”的高层次要求，农业信息的引导和支持作用显得更为突出，加强农业信息服务、加快农业信息服务体系建设被摆在了更重要的位战略位置。加快农业信息服务体系建设、完善农业公共服务供给机制、提高农业信息服务效率已经成为当前现代农业发展不得不面临的重要问题。

为把握农业信息服务体系建设机遇，2011 年 11 月 15 日，农业部《全国农业农村信息化发展“十二五”规划》正式发布。《规划》不仅介绍了我国农业农村信息化发展的现状，描绘了未来五年我国农业农村信息化发展宏伟蓝图，更为农业信息服务体系建设指明方向和道路。此外，2007—2013 年中央连续 10 个“一号文件”关注农业信息服务发展命题。2007—2010 年的中央“一号文件”中，“推进农产品市场信息体系建设，健全农业信息收集和发布制度，实现农业信息数据收集整理的规范化和标准化”、“推进‘金农’、‘三电合一’、农村信息化示范和农村商务信息服务等工程建设，健全农村信息服务体系，建立国家、省、市、县四级农业信息网络互联中心，积极探索信息服务进村入户的途径和办法”都作为重要内容被提及。2011 年，农业信息化发展进入颇具分水岭特征的一年，随着涉农信息资源的开发和利用能力显著增强，农业信息服务体系被不断完善，农业信息服务模式也在不断创新。③ 2012—2013 年的“中央一号”文件将“全面推进农业农村信息化，创新农业信息服务方式和手段”作为关注的重点。“文件”

---

① 施晟、卫龙宝、伍骏骞：《中国现代农业发展的阶段定位及区域聚类分析》，《经济学家》2012 年第 4 期。

② 薛亮、方瑜等：《农业信息化》，京华出版社 1997 年版。

③ 李道亮：《中国农村信息化发展报告（2011）》，电子工业出版社 2012 年版。

要求：着力提高农业生产经营、质量安全控制、市场流通的信息服务水平，加快国家农村信息化示范省和基层信息示范村建设，鼓励搭建区域性农业社会化服务综合平台，重点开发信息采集、精准作业、农村远程数字化和可视化、气象预测预报、灾害预警等技术，健全农业信息服务体系，用信息化手段推进现代农业建设。

同时，2012 年党的十八大报告指出："坚持走中国特色新型工业化、信息化、城镇化、农业现代化道路，推动信息化和工业化深度融合、工业化和城镇化良性互动、城镇化和农业现代化相互协调，促进工业化、信息化、城镇化、农业现代化同步发展。"报告同时强调，"四化同步"要以信息化为工业化、城镇化和农业现代化的核心，以农业现代化为工业化、信息化和城镇化的基础。这不仅点明信息化和农业现代化在"四化同步"发展中所处地位，为农业信息化建设打了一剂"强心针"；也指明农业信息服务的发展方向，对农业信息服务体系建设提出更高要求。在此背景下，构建农业信息服务评价新体系，把握农业信息服务体系建设状况，探索一条与我国社会经济和农业发展相适应的农业信息服务体系建设道路，已成为当前中国农业信息化发展过程中的一个重要命题。

基于以上认识，本研究运用信息经济理学理论、农业信息化相关理论、信息服务与管理理论和需求层次理论，采用定性与定量分析相结合、规范与实证分析相结合的研究方法，力图对我国农业信息服务体系建设展开深入和细致的分析，针对现阶段体系建设实践中存在的一些关键问题，提出针对性强、有可操作性高的政策建议，形成一套能够指导体系建设实践的理论分析体系，对完善和促进我国农业信息服务体系建设具有一定理论价值和现实意义。

第二节　国内外研究现状

一、国内农业信息服务体系建设研究现状

利用中国知网（CNKI）进行篇名检索可知，2002 年至今，与"农业信息服务"相关文章达 1667 篇，其中博士论文 9 篇，硕士论文 58 篇（表 0－1）。其研究主要集中在理论框架下对农业信息服务供需、农业信息服务模式选择、网络环境下农业信息服务平台构建、农业信息服务综合评价研究和我国农业信息服务体系建设问题研究等方面（表 0－2）。但是，依据农业发

展需求完善农业信息服务体系评价模型并运用模型进行实证分析的并不多，本研究就是基于此而展开的。

表 0－1　2002—2013 年农业信息服务相关文章数量

年份	文章总数	博士论文	硕士论文
2013	189		3
2012	215	3	6
2011	197	1	8
2010	185	1	12
2009	237		10
2008	128	1	5
2007	139	1	6
2006	105		4
2005	99	1	1
2004	68		3
2003	50		
2002	55	1	

表 0－2　2002—2013 年农业信息服务研究主题分布情况

年份	农业信息服务体系研究	农业信息服务模式研究	农业信息服务供求研究	农业信息服务平台构建	农业信息服务评价研究
2013	17	31	8	123	10
2012	25	38	9	135	8
2011	20	29	5	138	5
2010	18	21	6	136	4
2009	16	22	4	189	6
2008	15	15	5	90	3
2007	17	20	6	90	6
2006	9	11	2	80	3
2005	11	14	5	64	5
2004	6	6	2	44	3
2003	2	1	3	23	1
2002	3	2	1	18	1

（一）农业信息服务的理论研究

纵观国内针对农业信息服务理论框架研究的相关文献可以看到，研究者试图运用多种理论从不同的视角去认识、理解和阐述农业信息服务。

雷娜（2008）从信息服务需求和供给角度出发，运用博弈论分析农业信息服务供给与需求主体关系，剖析农业信息服务主体间的互动模式，提出实现农业信息服务供需要达到高水平均衡的思路和具体措施。一方面要加强农业信息标准化建设，创新农业信息服务供给思路，强化信息人才培养，提高农业信息服供给的整体水平；另一方面要积极开展农民的教育与培训工作，在提高农民综合素质的基础上，培养农民的信息意识，增强农业信息服务需求动力。①

姜瑜（2009）从用户特征视角出发，运用农业区域优势理论，构造基于区域用户特征的农业信息服务需求模型，尝试向农户提供具有差异化特性的农业信息服务，并对利用移动互联网和便携式移动终端为农户提供及时、准确的信息服务这一路径进行探索，为建立便携式农业信息服务系统从理论基础角度进行探讨。②

龚健（2010）从数据挖掘角度切入，面对“信息爆炸，知识贫乏”的农业信息利用现状，运用面向 Web 的数据挖掘技术，以农业信息服务网站为数据源，尝试构建出一种星型结构的农业信息数据仓库模型，并给出农业信息服务网站数据挖掘的系统模型，为提高农业信息利用率和农业信息服务效率提供全新思路。③

廖文明（2011）从“协同”视角切入，认为农业信息服务应该是一个系统工程，由不同的系统要素和功能子系统构成，各要素之间既相互联系又相互影响。同时，针对农业信息分散、农业信息资源整合难度大以及服务组织间缺乏有效合作等问题，研究者运用“协同”观点，将农业信息服务协同类型按照权利关系、意识行为、协同方向和协同程度进行划分，并对政府主导型和社会自发组织型两类主要农业信息服务协同方式进行分析，提出基

① 雷娜：《农业信息服务需求与供给研究》，河北农业大学硕士学位论文，2008年。

② 姜瑜：《基于用户区域特征的便携式农业信息推荐系统研究》，南华大学硕士学位论文，2009年。

③ 龚健：《数据挖掘技术在农业信息服务中的应用研究》，安徽农业大学硕士学位论文，2010年。

于多元化主体的农业信息服务协同模式原则、内容和框架，为解决农业信息服务供给手段单一、服务内容缺失、服务主客体参与积极性不高以及服务效率低下等问题提供解决思路。①

赵洪亮（2012）从资源整合角度出发，利用层次分析法对当前农业信息服务水平进行客观评价，探讨了政府在推进农业信息服务发展中的地位和作用，指出政府的态度和行为将直接影响农民对农业信息服务的选择和参与度。同时，构建基于农业院校农业信息资源的服务平台，提出农业信息服务平台构建的“系统性、实用性、易用性和可扩展性”原则，并就农业信息服务平台的运行、管理和维护等问题给出具体思路。②

张佩云、宫秀文、谢荣见（2013）从信息资源共享视角出发，针对农业信息难以被有效共享的客观难题，利用SOA架构和SOC技术，对分散式的农业信息资源进行整合，并以行政功能为划分依据构建农业信息资源整合平台，构建基于多角色访问的农业信息服务系统，为农业信息资源的有效整合以及农业信息服务的高效运行提供解决思路。③

（二）农业信息服务体系的理论研究

李应博（2005）从微观、中观和宏观三个层次分析我国农业信息服务体系的信息结构，认为农业信息服务体系可分为国家、地方和基层三个层次，针对不同层次的体系构建要遵从不同的原则：国家层面而言，要通盘考虑全国农业信息服务的整体需求和供给状况，要尽量做到全面且重点突出；地方层面而言，要结合区位特点和农业信息服务区域发展实际，建立具有区域特色的农业信息服务平台；基层农业信息服务体系要直面农户，构建面向农户信息需求的基层农业信息服务目标体系，切实地为农户做好信息服务工作④。

王志军（2005）对河北省农业信息服务体系进行研究，在对河北省农业信息体系建设进行全面了解的基础上，针对河北省农业信息服务网络延伸

① 廖文明：《农业信息服务协同研究》，华中师范大学硕士学位论文，2011年。

② 赵洪亮：《基于资源整合的农业信息服务平台构建与实现》，沈阳农业大学博士学位论文，2012年。

③ 张佩云、宫秀文、谢荣见：《农业信息资源共享与农业信息服务系统构建研究》，《计算机技术与发展》2013年第11期。

④ 李应博：《我国农业信息服务体系研究》，中国农业大学博士学位论文，2005年。

缓慢、信息服务内容缺失、信息服务方式单一以及信息服务机制不健全等问题，给出河北省农业信息服务体系建设的改善思路：要以政府为主导，加强农业信息服务队伍建设，遵循谁投资谁受益的原则，鼓励社会资本投入到农业信息服务体系建设中，尝试建立农业信息服务市场化机制，河北省农业信息服务可持续运行道路。① 之后，刘彦圻（2006）、宋颖（2007）、陈生萍（2008）、张盈（2010）、张纯（2012）、赖世刚（2012）、谭延强（2013）等结合省域和区位特点分别对吉林省、哈尔滨市、湘西自治州、湖南省、陕西省、湖北省以及黑龙江省农业信息服务体系建设进行研究，对完善体系建设的具体路径和措施提出政策建议。

程卓杰（2007）立足我国农业信息服务网络建设实际，着眼县域农业信息服务体系建设领域，针对县级农业信息服务及时性差、信息服务网络延伸能力弱以及个体农户信息驾驭能力弱等问题，运用系统分析法和 DEA 评价法，在借鉴国外发达国家农业信息服务成功经验的基础上，概括我国县域农业信息服务体系建设的主体和功能，分析县域农业信息服务体系的运行模式、管理方法和保障机制，构建县域农业信息服务体系评价模型，为改善农业信息服务机制和提高农业信息服务水平提供解决思路。②

王艳霞（2007）重点对网络环境下农业信息服务体系的动力机制和运行模式进行研究，对政府主体、市场主体、公益主体和用户主体四类农业信息服务体系建设动力来源进行逐一分析，提出政府推进、市场推进以及政府与市场混合推进三种农业信息服务体系运行模式，并重点阐述了政府主导多主体联合推动这一农业信息服务体系运行模式。同时，研究者指出，农业信息服务体系建设要以科学管理思想为指导，合理进行农业信息资源分配；在扩大农业信息服务网络覆盖面积的基础上，针对信息服务中的“最后一公里”问题，重点加强基层农业信息服务站点建设；进行激励制度创性，调动体系内部人员服务积极性和创造力，切实提高农业信息服务质量和水平，构建一个结构完整、动力充沛、服务高效的农业信息服

① 王志军：《河北省农业信息服务体系建设研究》，中国农业大学硕士学位论文，2005 年。

② 程卓杰：《县域农业信息服务体系的构建与评价研究》，东北大学硕士学位论文，2007 年。

务体系。①

张颖（2008）在对我国农业信息服务体系建设进行研究时发现：体系建设过程中由于缺乏投资动力和规模，很难吸引除政府以外的社会主体进行投资，整个服务体系运行效率低下，信息服务人员整体素质不高缺乏服务积极性和创造性，农业信息服务体系管理成本一直维持在高水平。针对此现状，研究者提出要运用委托—代理理论、成本—效益分析和激励机制理论，激发社会主体参与农业信息服务体系建设的积极性，刺激信息服务人员的创造潜能，通过管理方法和运行方式的创新，进一步完善农业信息服务体系，进而推进我国农业信息化发展。②

李钎（2012）从网络社区具有的开放性好、互动性强以及用户意愿趋于一致性三大特性进行发散，研究基于网络社区构建乡镇农业信息服务体系的可能性。研究者通过对农业信息服务门户网站进行调研，研究乡镇农业信息服务体系的功能定位、内容选择以及站点规划和运行，探讨乡镇农业信息服务体系长效运行机制和发展方向。研究重点分析了公益性和有偿性相结合、以工商业收入反哺公益性服务的农业信息服务发展机制，尝试构建基层农业信息服务新模式，为解决农业信息服务“最后一公里”问题提供新的思路。③

王芳（2012）针对农业信息服务内容的多样性、农业信息服务供给的准确性、农业信息服务的及时性等要求，运用 OWL 语言构造农业星系服务内容分类本体，利用统计相似度与语义相似度相结合的农业信息服务内容相似度算法规范农业信息服务供给流程，通过基于 CRF 的名称识别方法及时更新农业信息服务体系资源库，从而构建出基于本体的农业信息服务体系框架，实现农业信息服务体系内容分类、自动应答和信息库及时更新等功能，为进一步完善农业信息服务体系提供技术层面的解决思路。④

---

① 王艳霞：《网络环境下中国农业信息服务系统研究》，河北农业大学博士学位论文，2007 年。

② 张颖：《农业信息服务体系中的委托—代理机制研究》，东北大学硕士学位论文，2008 年。

③ 李钎：《基于网络社区的乡镇农业信息服务体系研究及实现》，湖南农业大学硕士学位论文，2012 年。

④ 王芳：《基于本体的广域农业信息服务系统关键技术研究》，河北农业大学博士学位论文，2012 年。

（三）农业信息服务模式研究

李应博、乔忠（2005）在对我国农业信息服务模式进行研究时，从广义和狭义两个角度对农业信息服务对象进行划分，将整合农业信息价值链、开发和利用农业信息服务技术、构建完善的农业电子商务体系作为农业信息服务主要内容，对服务站、农民之家和农民协会三种基层农业信息服务模式进行分析，并就西部地区、中部地区和东部地区不同区位特征分别给出农业信息服务模式创新意见。提出“加强西部地区农业信息基础设施建设以及农业信息网络人才培养，扩大中部地区农业信息网络覆盖范围和革新东部地区农业信息服务方式、搭建国际农业信息服务平台”的创新思路。①

张博（2007）着眼于农业科技成果信息服务，运用信息传播学、信息管理学和信息服务相关理论，采用比较分析、文献分析以及案例分析等方法，对农业科技成果信息供求现状进行研究。通过对比大众传媒、组织传播和人际传播三大信息渠道获取农业科技成果信息的效果，从经济、社会、个体和信息本身多角度分析农业科技成果信息服务的制约因素，总结“政府+农户”、“政府+协会+农户”、“政府+企业+农户”、“政府+协会+企业+农户”和“企业+农户”五大组织模式，并分别对每种模式的适用环境进行说明。同时，对北京农业科技成果信息服务模式进行案例分析，为创新农业科技成果信息服务模式提供新的思路。②

党红敏（2009）从陕西省农业信息服务现状出发，分析陕西省农业信息服务模式及其特点，总结出服务战模式、龙头企业带动模式、农业信息网模式以及合作经济组织带动模式等具有陕西地域特点的农业信息服务模式，提出以农业大专院校为核心的农业信息服务模式创新思路，强调要以政府为主导，以信息资源合理开发为核心，以加强服务人员综合素质为抓手，进而提高陕西省农业信息服务的整体质量。③

蒋华（2010）针对传统农业科技信息服务方式主动性低、服务不及时、

---

① 李应博、乔忠：《中国农业信息服务模式研究》，《管理科学文摘》2005年第9期。

② 张博：《面向农民的农业科技成果信息服务模式研究》，中国农业科学院硕士学位论文，2007年。

③ 党红敏：《陕西农业信息服务模式研究》，西北农林科技大学硕士学位论文，2009年。

互动性弱等方面的短板，对建立农业科技信息主动服务模式进行探讨。研究认为，政府在农业科技信息服务中的主导作用还没有被完全激发，可进一步调动政府引导积极性，整合农业专家、农业科研院所和农业大专院校的人才、技术资源，建立农业科技信息资源数据库，对技术信息采集、农业信息检索和过滤以及农业信息提供进行标准化处理，利用数据库“PUSH”技术进行农业科技信息推送，构建农业科技信息主动服务综合模型，为“数字鸿沟”和“最后一公里”问题的最终解决提供新思路。①

白献阳（2011）将我国典型农业信息服务模式分为安徽模式、平凉“农民信息之家”模式、白银“神农通”模式和和北京模式，并从信息服务覆盖范围、信息服务内容、信息服务渠道和推广价值四个方面对四种模式进行比对分析，归纳出四种典型农业信息服务模式的共同特点，提出：要根据农户信息需求开发农业信息资源，政府要积极引导各类社会主体参与农业信息服务，要不断扩展信息服务渠道和创新信息服务方式，才能使农业信息服务模式有效运行。②

张晋平（2012）从时空环境及农业发展水平、农民的愿望及信息利用能力、市场基础和产品结构、组织体系和产业布局、信息技术因素和农业政策因素六个方面分析了农业信息服务模式的生成条件，研究了政府主导模式、企业主导模式和“政府＋企业”混合型三大政府推进与企业助力相结合的农业信息服务模式的发展特点，提出要发展多元化的组合式农业信息服务模式。在宏观层面上，要进一步发挥政府的引导作用；在中观层面上，要加快发展多元化的信息服务体系；在微观层面上，要重视信息资源的整合和农民的信息素质培养。③

（四）农业信息服务供需研究

1. 从农业信息服务需求角度看

谭英（2004）在对中西部地区农户信息需求进行研究时指出，地区经济的发展程度在很大程度上决定了当地农户的农业信息需求，经济相对发达地区农户信息意识明显比贫困落后地区强。其研究表明：社会救济型和极端

---

① 蒋华：《农业科技信息主动服务模式研究》，南京农业大学硕士学位论文，2010年。

② 白献阳：《我国农业信息服务模式研究》，《合作经济与科技》2011年第21期。

③ 张晋平：《我国农业信息服务模式的生成条件与发展特点》，《中国信息界》2012年第4期。

贫困型农户几乎没有农业信息需求，低收入型农户的农业信息需求不明显且多是被动接受信息，中等型农户的农业信息需求较强、信息敏感度较高但信息利用效率较低，相对富裕型农户的农业信息需求量大、农业信息敏感度高且信息使用能力强。①

贺文慧邹奎（2006）认为农户最需要的信息分别是农业科技信息、农业市场信息和农业政策法规信息，其中，农户对本县区域内的农业市场信息最感兴趣，经常获取到无用信息、信息服务提供不及时以及供给总体数量不足是影响农户信息服务满意度的主要原因，但绝大部分农户还是愿意支付一定费用来获取所需的信息服务。②

雷娜、赵邦宏（2007）对河北省 237 家农户的农业信息服务需求进行调研，从调研结果看，农户的信息需求状况与基层农业信息供给现实出现明显不均衡情况，现有的农业信息服务已经无法满足农户日益增长的农业信息需求，必须完善农业信息服务体系，改善信息服务现状，才能解决农业信息供需失衡的问题。③

黄友兰（2009）在研究农户信息服务需求时指出，农户具有广泛的农业信息需求且不同类型的农户对信息的需求存在差异：绝对贫穷型农户对农业政策法规类信息的关注程度较高，低收入型农户对就业信息的关注程度较高，中等收入型农户对农业科技信息的关注程度较高，相对富裕型农户则对农业市场信息关注程度较高。④

肖倞（2009）研究农业信息服务需求影响因素时指出：农业信息服务需求主体可分为间接受益者和直接受益者两类，信息服务内容主要涉及农业信息服务、民生信息服务以及行政管理信息服务，根据农业信息服务需求所呈现的相关性、适应性和准确性特征，分析出农业信息服务需求的主要影响因素为农民个体特征因素（年龄、性别和受教育程度）、信息诱导因素和信息服务可及性因素。⑤

陈兴林、康玉（2012）对农户信息需求进行调研显示：农户最想了解

---

① 谭英：《欠发达地区不同类型农户科技信息需求与服务策略研究》，中国农业大学硕士学位论文，2004 年。

② 贺文慧、邹奎：《农户信息服务需求》，《技术经济》2006 年第 12 期。

③ 雷娜、赵邦宏：《农户信息需求与农业信息供需失衡的实证研究——基于河北省农户信息需求的调查》，《农业经济》2007 年第 3 期。

④ 黄友兰：《信息需求、服务提供与农民表达渠道》，《改革》2009 年第 2 期。

⑤ 肖倞：《农村信息服务需求影响因素研究》，复旦大学硕士学位论文，2009 年。

的农业信息是本地农产品价格信息，其次是病虫害防治、疫情通报和天气预报信息。大部分农户会关注新品种、新技术信息和各类农村政策及农业补贴信息。①

2. 从农业信息服务供给角度看

刘爱英（2010）将农业信息分为公益性信息、准公益性信息、准营利性信息和营利性信息，认为当前农业信息服务供给的主要矛盾表现为：政府主导型农业信息服务供给模式无法很好兼容服务的广域覆盖和专业性要求；农业信息服务供给手段无法很好保持服务的实效性和前瞻性；农业信息服务保障无法对农业信息服务进行有效监管，从而保证信息服务体系的高效运行。基于此，研究者提出，要加强宏观调控，强化政府主导力；要引入市场竞争机制，创新服务供给方式；要培养多元化供给主体，实现农业信息服务的多方共赢。②

任春振（2011）认为农业信息服务的主要供给主体是政府行政部门、农业龙头企业、农业专业院校以及农村合作社，供给渠道包括互联网、电话及手机短信、电视广播等。通过对农业信息服务部门人员构成、工作环境、办公设备和经费来源进行研究，研究者发现在农业信息服务供给过程中，由于未能对农业信息用户群体进行分类，导致在信息内容的提供、供给渠道的选择以及信息服务满意度的反馈环节上已经开始出现脱节现象。③

吴先锋、陈强、高锡荣等（2011）运用 K－Means 聚类分析方法对不同类型企业参与农业信息服务的行为特点、意愿特征和运营能力进行研究；按服务供给行为特征将企业分为进入型、表率型和退出型，按服务供给意愿将企业分为观望型、支持型、不安型和漠然型，按意愿—运营能力组合特征将企业分为意愿—能力双强型、意愿—能力双弱型和意愿—能力不均型；并就不同类型企业参与农业信息服务供给提出针对性的政策建议（激励措施、

---

① 陈兴林、康玉：《农户接受农业信息服务的调查与建议》，《云南农业》2012 年第 2 期。

② 刘爱英：《农业信息分类及河北省供给模式的探究》，《河北经贸大学学报》2010 年第 4 期。

③ 任春振：《农业信息服务需求与供给分析》，浙江农林大学硕士学位论文，2011 年。

推动措施、协助措施、宣传措施)。①

房桂芝（2012）认为我国农业信息服务供给存在以下主要问题：第一，农业科技信息服务供给不足，主要表现为农技信息服务频次少、周期长和覆盖面窄；第二，农业信息服务渠道不均衡，主要表现为仍以广播电视和人际传播为主，对互联网、手机等新型传播渠道的运用并不广泛；第三，农业信息服务效果差异性明显，主要表现为文化教育程度越高的用户主体能够获得更多的信息服务支持、享受更丰富的农业信息资源。针对我国农业信息服务供给所存在的问题，研究者提出“推平台”、“推信息”和“推观念”的解决思路，推动农户信息服务需求，提高农户信息需求层次，变“拉”式供给为“推”式供给。②

（五）农业信息服务评价体系研究

郑红维（2004）认为进行农业信息服务体系评价必须遵循“整体性原则、系统性原则、阶段性原则、主客观评价相结合性原则、软硬件评价相结合性原则、动静态分析相结合性原则和经济社会效益统一性原则”七大基本原则，评价的目的在于控制农业信息服务体系建设成本和周期、完善农业信息服务体系内容建设以及衡量全国和地区农业信息服务发展水平。研究者以信息资源、信息基础设施建设、信息技术应用、信息人才队伍、信息机构组织、信息政策法规和信息效益为评价指标构建农业信息综合评价的指标体系，运用AHP法计算指标体系权重，对我国农业信息服务体系进行评价，并就我国农业信息服务体系发展目标、步骤和重点进行探讨。③

刘彦圻（2006）遵循整体性、多角度性、系统性和主观性原则构建农业信息服务评价体系，充分体现农业信息服务评价宏观性和效益度量特殊性特点，综合运用主成分分析法、灰色关联度法、层次分析方法以及模糊综合评价法，以硬件投入、软件投入、主体因素、服务体系运行效率以及信息环境为评价指标构建农业信息服务体系评价模型，对吉林省农业信息服务体系

① 吴先锋等：《农村移动信息服务供给特征聚类分析》，《情报杂志》2011年第10期。

② 房桂芝：《非营利组织参与农村农业信息服务的供给分析》，《中国农学通报》2012年第26期。

③ 郑红维：《我国农村信息服务体系综合评价与发展战略研究》，清华大学硕士学位论文，2004年。

进行综合评价。研究者指出要扩大农户信息需求形成规模，提高农户信息意识和处理能力，突出信息服务内容的针对性，培育农业信息市场，引入市场竞争机制，创新农业信息服务模式，推进农业信息化发展。①

庄传礼、杨萍、李道亮等（2006）选取信息基础设施、信息资源、信息人才组织和信息服务效果为主要指标构建农业信息服务综合评价指标体系，将农业信息服务评价模型分为三个主要层次：整体目标层（农业信息服务评价目标），一级指标层（信息基础设施、信息资源、人才组织和服务效果）和二级指标层（信息平台、服务网点、设备投入、信息容量、信息质量、供给渠道、服务形式、组织结构、技术应用、信息服务满意度、社会效应、经济效应），运用层次分析方法（AHP）构造判断矩阵并确定各评价指标相对权重。实证研究表明：要想进一步健全农业信息服务体系、提高农业信息服务水平和质量，必须在强化信息基础设施建设的基础上，发展重心向信息服务软环境建设倾斜。②

韩兴顺、潘海峰、文静华等（2007）选取农业信息化资源、农业信息化基础设施、农业信息化人力资源、农业信息技术普及和应用、农业信息化发展、农业信息服务发展环境、农业信息服务效益七大指标项构建农业信息服务评价指标体系，运用专家打分法、层次分析法（AHP）、TPOSIS 序列法和 Satty 算法完成农业信息服务评价模型的构建，并利用评价模型对贵州省农业信息服务进行评价，分析农业信息服务发展的促进和制约因素，为贵州省农业信息服务发展决策提供客观依据。③

李瑾、赵春江、秦向阳等（2011）选取农村 GDP、农民受教育程度、农业信息化投入、农民人均纯收入、信息网络入户率、信息化设备人均占有量、信息化培训人次 7 项指标构建农业信息服务综合评价体系，运用层次分析法和专家调查法确定各指标权重，采取李克特量表对宁夏回族自治区农业信息服务发展进行评价，指出农业信息服务整体水平与农民受教育程度、农业信息化投入比例、农户拥有信息设备情况以及信息技术培训有

① 刘彦圻：《吉林省农业信息服务体系构建及评价研究》，吉林大学硕士学位论文，2006 年。

② 庄传礼等：《基层农业信息服务能力的评价》，《统计与决策》2006 年第 11 期。

③ 韩兴顺等：《农业信息服务发展水平评价研究》，《农机化研究》2007 年第 10 期。

着密切关系，农民文化程度越高，信息意识越强，信息服务的效果越好。①

梁春阳（2012）对“6大类25项子类指标体系”、“7大代表性指标体系”、“5大类14项子类指标体系”、“6大领域23子类指标体系及5大领域20子类项指标体系”和“农业信息化水平‘波拉特法’测评体系”五种典型农业信息化水平评价模型从科学性、系统性、可操作性、可拓展性以及可对比性五个方面对模型优势和缺陷进行全面分析，再结合农业信息服务研究内容和目标，确定由农业信息资源服务绩效指数、农业信息装备服务绩效指数、农业产业信息服务绩效指数、农业信息化主体水平指数和农业信息服务环境指数5个子系统和28项测评指标构成农业信息服务绩效综合评价模型，反映我国农业信息服务水平。②

（六）农业信息服务平台构建研究

郑火国（2006）运用面向对象技术对农业信息服务平台的功能进行设计，采用J2EE技术对农业信息服务系统的结构进行划分，利用MVC模式对系统进行开发，将页面表示、程序流程控制和业务逻辑控制分别归到客户层、应用层（应用服务器层）和数据层（数据服务器层）三个层次上，使平台的程序结构更加清晰。同时，研究者利用Title框架设计模式、权限控制技术、RSS信息推送技术、Session解决方案等技术方案对农业信息服务平台的安全和易用性进行完善，改善平台的用户体验。此外，研究者还采用B/S系统结构和组件化技术，提高平台的兼容性和可扩展性，使平台的数据更新、程序升级以及后台维护变得更加方便快捷。③

王文珍、张成利（2008）选取信息网、数据分析集成系统、数字电视授权管理系统、专家电话答疑系统和短信息应用系统五大模块构建农业信息服务应用平台，平台集成数据挖掘技术、数据库技术、VIR电话语言服务技术、VOD视频点播技术和短信平台技术，旨在为农业信息用户提供准确、

① 李瑾等：《农村信息服务综合评价及影响因素研究——基于宁夏回族自治区村县级视角的调研分析》，《中国农业科学》2011年第19期。

② 梁春阳：《论农业信息服务绩效评价体系的构建——兼评我国农业及农村信息化测评模型研究》，《图书馆理论与实践》2012年第9期。

③ 郑火国：《农业信息服务平台的构建与实现》，中国农业科学院硕士学位论文，2006年。

及时、安全的信息服务。①

吴文斗、刘鸿高、杨林楠（2009）基于WAP系统模型框架设计农业信息服务平台，利用WAP网关、WAP Push技术和WML语言实现农业信息服务平台功能，采用B/S解决方法将WAP与ASP. NET技术结合，构建农业信息服务系统框架，使用.NET Framework 2.0和ⅡS服务器搭建WAP开发环境，并利用WAP实现移动设备的农业信息服务功能。②

孟凡博、闫元元（2010）以辽宁星火110科技信息共享与服务平台为基础，提出建设新型农业信息服务平台思路：大力开发互动式的农业信息服务平台，采用B/S体系结构，将网络技术、信息技术、数据库技术以及多媒体技术结合在一起，多渠道、多路径加快农业信息资源建设，完善农业信息服务支撑体系，加强农业信息服务组织系统建设、农业信息数据资源系统建设和农业信息质量规范系统建设；同时，建设农民经纪人数据库和农民经纪人管理系统，构建农民经纪人信息服务平台，为不同类型农户提供个性化农业信息服务。③

王恒（2010）以良好的用户权限管理机制、个性化信息定制机制、信息资源整合机制、智能学习机制和多样化信息呈现机制为基本需求，设计出农业信息服务平台五个核心用例（用户注册和登录、个性化模块管理、模块上线、信息推荐、内容查看），采用Mashup信息聚合技术实现多元数据的信息聚合，并将互联网中开放API服务和资源引入农业信息服务平台的各项功能应用中，满足个性化、系统化、智能化农业信息服务要求。④

陶承（2010）结合农民信息服务需求（政策信息、市场信息、农技信息、农资供应信息、优良品种开发及高新技术信息、农副产品加工信息、气象信息、病虫害防治信息、劳务就业信息），依照经济、技术和管理可行原则，以农业信息综合处理系统、农产品供求信息发布系统、电子邮箱管理系

① 王文珍、张成利：《农村综合信息服务应用平台的设计》，《农机化研究》2008年第7期。

② 吴文斗、刘鸿高、杨林楠：《基于WAP技术的农业信息服务平台研究》，《安徽农业科学》2009年第15期。

③ 孟凡博、闫元元：《农业信息服务平台构建、应用与发展——基于辽宁星火110科技信息共享与服务平台的分析》，《农业经济》2010年第7期。

④ 王恒：《基于mashup的农业信息服务平台研究》，山东大学硕士学位论文，2010年。

统、农产品价格信息管理系统、专家在线咨询系统、个性化信息发布系统和网站访问数据统计系统为支撑，研究面向“三农”的信息服务平台设计，并运用TAM/TTF整合模型对农业信息服务平台用户满意度进行分析，力图能够及时对平台功能进行完善，从而提高平台服务水平和质量。①

朱志勇（2011）认为目前我国农业信息平台建设存在“农业信息资源采集标准不一、传递效果不佳、服务方式不多元，农业信息服务针对性不强、时效性不足、指导性不明确，服务平台组织与运营不完善”等问题，提出要加快农业信息资源整合步伐，创新农业信息服务模式，完善农业信息服务平台的组织和运营。同时，以“三农百事通”农村信息服务平台的整合与应用为实证分析案例，在发挥平台功能强大、使用便捷、管理开放和信息互动性强等特点的基础上，从指导思想、项目实施、网点布局、市场运作和宣传推广五个方面内容入手进行研究，展示推进农业信息服务平台整合与应用的新思维。②

彭晓东、苑隆寅（2012）将农业信息服务平台系统构架设计为四层（即核心数据库层、服务支撑层、IP区域识别层、终端客户层），将农业信息分为三个级别（全国、省级、市级），并开放农业信息个人共享功能，允许平台用户通过实名认证后，发布农业经营、技术、农产品价格以及供求信息。同时提出，为进一步推进农业信息服务平台建设，政府要发挥其领导作用和宣传推广功能，鼓励社会主体参与平台建设，农业院校和科研院所要发挥其技术优势和科研成果转化优势，为平台提供相应技术支持。③

陈伟（2013）认为在农业信息化建设过程中存在农业信息服务平台建设缺乏统筹规划、农业信息化建设资金不足和农业信息资源利用效率不高的问题，可以结合云计算在农业信息化建设可以中优化信息资源配置、降低信息化建设成本、提高系统安全性和提升用户使用灵活度的优势，构建基于云计算的农业综合信息服务平台。以云计算数据中心为基础，在农业信息服务

① 陶承：《面向“三农”的信息服务平台研究》，北京交通大学硕士学位论文，2010年。

② 朱志勇：《我国农村信息服务平台及其应用研究》，华中师范大学硕士学位论文，2011年。

③ 彭晓东、苑隆寅：《我国农业信息服务平台理论构想探讨》，《农业网络信息》2012年第4期。

平台上分享基于云存储的农业信息资源，实现基于云计算的农业数据快速检索功能，利用云计算技术对农业生产过程进行“云端”控制和管理。①

二、国外农业信息服务体系建设研究

郭作玉（2000）总结法国农业信息服务体系建设经验指出，法国农业信息服务水平高源于三方面因素：第一，农业信息采集、分析、发布系统准确高效；第二，农业信息服务主体多元且服务形式多样；第三，互联网及移动终端设备应用基础扎实。法国各级农业部门都有自己的信息数据库，并匹配有计算机局域网和广域网络，大部分农业信息由国家农业部统一收集、处理和发布，各级农业部门在上报收集的农业数据后还担负信息资源开发的任务，信息用户可以登录各级部门网站获取政策优惠、农产品价格、市场需求、农技信息、产品信息以及趋势预测等信息。国家农业部、农业商会、农业科研院校、各行业组织和技术协会、民间信息媒体以及农业生产合作社和互助社共同构成法国农业信息服务主体，各主体根据自己的特点和专业倾向为农户提供信息服务。②

温继文、李道亮、朱翔（2006）总结美国农业信息服务体系建设经验指出：从农业信息服务主体看，美国信息服务主体多元化特性明显，不同信息服务主体都有自己的服务内容侧重点，国家政府部门主要负责宏观政策的制定和发布、农业信息服务平台的搭建以及农业信息服务市场的规范，农业科研院所和学校主要负责农业技术信息的研究、推广和应用，各类行业组织主要负责提供辅助性咨询和联络工作。从农业信息收集和发布看，美国农业信息服务指标体系健全，农业数据全面真实，信息收集及时有效，信息应用直接高效。从农业信息服务利益分配机制看，美国政府提供的农业信息服务具有公益性质，属于免费服务；行业技术协会提供的农业信息服务具有半公益性质，仅收取成本费用；营利性机构提供的农业信息服务会按照服务市场标准收取相应费用。从农业信息服务保障机制看，美国财政给予农业信息服务体系建设庞大的资金支持，从联邦政府到各州、县政府都十分重视对农业信息服务工作的协调和管理，同时还制定和

① 陈伟：《云计算在农业综合信息服务平台中的应用》，《第十五届中国科协年会第十分会场：信息化与农业现代化研讨会论文集》，《中国学术期刊（光盘版）》电子杂志社2013年版，第93~97页。

② 郭作玉：《法国的农业信息服务》，《世界农业》2000年第3期。

颁布完善的农业信息化法律法规，维护农业信息服务主体权益，促进农业信息的共享。①

卢丽娜（2007）总结日本、德国农业信息服务体系建设经验时指出：日本主要由政府主导，运用现代信息手段，根据地域特点和农产品优势，投资建设区域农业信息服务体系；同时，由企业带动发展农产品电子商务，推动农产品流通方式和营销方法的改革；此外，再由农业科研院所与农业高校合作共同向农业信息用户提供农业技术信息服务。德国的农业信息服务体系建设主要依靠政府投资，由政府提供农业信息服务发展所需的政策和资金环境，特别重视农业信息资源的开发与利用，重视农业信息服务人员的教育与培训，以现代信息技术、互联网技术以及计算机决策分析技术等关键技术推进农业信息服务的发展。②

国外学者 Stigter，C. J.（2007）从农业气象学角度出发，针对如何运用农业气象学知识提供农业生产决策服务进行探讨，指出可以根据不同地区气象条件结合农作物生长特性向农户提供农业生产决策支持服务。Murakami，E 等（2007）对如何开发和运用面向精准农业的分布式服务导向信息服务系统进行探讨。③ Wolfert，J. 和 C. N. Verdouw 等（2010）立足于信息技术快速发展这一社会背景，采用面向对象服务技术和方法，对农业食品信息进行整合，并尝试开发统一的农业食品信息管理系统，实现全产业链的无缝管理。Nikkil，R. 和 I. Seilonen 等（2010）开发出用于农田信息监测以及田间作业管理的农田信息服务系统。④ Y. Zhou，N. Singh 和 P. D. Kaushik（2011）基于对孟加拉国、尼泊尔和斯里兰卡等国的实地调查数据，对南亚地区农村存在的数字鸿沟现象进行分析。

---

① 温继文、李道亮、朱翔：《我国与美国农业信息服务体系建设的比较研究》，《南方农村》2006 年第 1 期。

② 卢丽娜：《国外信息化发展现状及特点》，《中国农村小康科技》2007 年第 4 期。

③ Murakami，E. and A. M. Saraiva. *An infrastructure for the development of distributed service - oriented information systems for precision agriculture*，*Computers and Electronics in Agriculture*，2007，58（1）.

④ Nikkil，R. and I. Seilonen. *Software architecture for farm management information systems in precision agriculture*，*Computers and Electronics in Agriculture*，2010，70（2）.

第三节　主要研究方法和内容

一、研究方法

在研究方法上，本书采取规范分析和实证分析相结合、定性研究与定量研究相结合的方法，从宏观、中观和微观的多维角度，对农业信息服务体系建设问题进行全面、科学和系统的分析和研究。

（一）规范分析和实证分析相结合

规范分析是基于一定价值判断提出研究经济问题的先验标准，并对这些标准进行验证的一种分析方法，主要研究经济运行“应该是怎样”的问题；实证分析是通过对经济现象的分析、归纳与演绎来进行经济活动研究的一种方法，主要回答了经济现象“是什么”的问题。本研究首先要对农业信息服务体系的相关概念和内涵进行界定，确定研究范围，构建研究的理论框架；同时，分析现阶段农业信息服务体系的建设重点和目标，并针对新要求和新目标提出完善体系建设的思路和政策建议。规范分析和实证分析的精神自始至终贯穿着整个研究过程。

（二）定性研究和定量研究相结合

定性研究是通过非量化手段对经济现象的本质属性或基本特征进行考察的一种研究方法，旨在对研究对象的性质作出回答；定量研究是通过量化手段（数字、数量等）对经济现象进行分析和解释的一种研究方法，旨在确定研究对象某方面量的规定性。本书在研究中国农业信息服务体系的构成和运行模式等方面，参考了大量文献资料，从定性角度对中国农业信息服务体系建设理论进行了研究；同时，在农业信息服务综合评价指标体系构建和利用指标体系进行综合评价的过程中，运用大量调研和咨询数据以及数学分析模型，从量化角度对我国农业信息服务体系建设问题进行了分析。通过定性和定量两种研究方法的结合，很好地构建出新阶段我国农业信息服务体系建设的研究框架。

（三）专家咨询与实地调研相结合

本书在咨询湖北省农业科学院、中南财经政法大学、华中农业大学、武汉大学等科研机构和高校相关领域专家的基础上，构建出基于“四化同步”要求的农业信息服务综合评价指标体系；同时，结合对武汉市江夏区、宜昌市长阳县、咸宁市咸安区和黄冈市浠水县的实地调研数据，利用所构建出的评价指标体系对湖北省农业信息服务体系建设状况进行了综合评价。本书分别针对农业信息服务体系建设评价指标选择和农业信息服务体系建设现状设计了《农业信息服务综合评价指标分析专家咨询表》和《农业信息服务体系建设问题调查问卷》。

二、研究内容和技术路线

本文立足中国农业信息服务体系建设现状和农业信息服务发展实际，依托中国不断加大农业信息服务体系建设力度和增强农业信息服务能力的大背景，着眼于现阶段农业信息服务要求，综合运用农业经济学、信息经济学、信息论、信息服务理论和计量经济学等理论和方法，以加强农业信息服务平台建设和完善农业信息服务综合评价指标体系为主线，从理论与实践相结合，定性分析与定量分析相结合，宏观、中观与微观研究相结合的多维视角，对农业信息服务体系相关理论进行梳理，分析我国农业信息服务体系建设的要求，提出农业信息服务平台和农业信息服务综合评价指标体系的设计和完善思路，借鉴国内外农业信息服务体系建设经验，从农业信息服务基础设施建设、组织体系建设、信息资源整合、供给模式创新和人才队伍培养五个方面对如何健全和完善农业信息服务体系建设进行探讨，并给出具体政策建议。全书共分为八个部分：

导论。本章首先对全书的研究背景和研究意义进行阐述，再以农业信息服务理论研究、农业信息服务体系理论研究、农业信息服务模式研究、农业信息服务供需研究、农业信息服务评价体系研究和农业信息服务平台构建研究为逻辑主线，对国内外农业信息服务体系研究现状进行总结，并以此为基础，确定本书的主要研究内容和技术路线，选择本书的研究方法。

第一章为农业信息服务体系理论概述。本章首先确定农业信息服务体系及其相关概念的理论边界，从农业信息服务体系的主体构成、服务内容、运行模式、利益分配机制和支撑保障体系五个方面对农业信息服务体系的组成进行描述，分析农业信息服务体系的组成和运行机理，总结农业信息服务体系运行的基本模式，并根据农业信息服务体系的构成要素及其相互关系，对农业信息服务体系的整体结构进行阐述。

第二章为农业信息服务体系建设与“四化”同步发展的关系。本章立足于农业信息服务体系建设的具体目标和主要内容，结合“四化同步”战略的目标瞄准和其对信息服务的需求，分析“四化”同步发展阶段农业信息服务体系的建设要求，提出：一要提高农业信息服务体系的信息资源整合能力；二要提高农业信息服务渠道的开拓能力；三要提高农业信息服务保障能力；四要健全与完善农业信息服务评价体系。

第三章为农业信息服务体系综合评价指标的筛选。本章在体现“四化同步”对农业信息服务体系建设要求的前提条件下，遵循简单、独立、普遍和可操作的农业信息服务综合评价指标筛选原则，对农业信息服务体系评价指标进行筛选，选取“农业信息采集能力”、“农业信息发布能力”、“农业信息服务基础设施建设水平”、“农业信息服务人力资源储备情况”以及“农业信息服务政策法规制定状况”5个二级指标和26个测度指标，构建出农业信息服务综合评价指标体系。

第四章为湖北省农业信息服务体系建设综合评价。本章基于对武汉市江夏区、宜昌市长阳县、咸宁市咸安区和黄冈市浠水县的实地调研数据和湖北省农业政府部门、农业科研的单位、部分高校相关领域专家的访谈和咨询结果，运用层次分析方法（AHP）确定农业信息服务综合评价指标体系中各评价指标的指标权重，并利用模糊综合评价模型（FSEM）对湖北省农业信息服务体系建设状况进行评价。

第五章为国内外农业信息服务体系建设经验借鉴。本章首先在对我国农业信息服务体系发展历史进行回顾的同时，对国内农业信息服务体系建设概况、京津冀地区农业信息服务体系建设情况和其他地区农业信息服务体系构建特色进行总结，指出国内农业信息服务体系建设存在的主要问题。再对国外农业信息服务体系建设进行研究，归纳出国外农业信息服务体系建设的主要经验。

第六章为湖北省农业信息服务平台建设基本思路。本章着眼于农业产品信息，对农业信息服务平台进行整体设计，以农业产品产业链为脉络整合平台信息资源，立足平台用户资源对农业信息服务平台的物种、农业实用技术、农产品市场、农业行业资讯、农业政策法规和注册用户六大核心信息数据库进行设计和构建，并以此为基础，围绕农业产品信息进行农业信息推送、农业科技推广、农产品电子商务以及农安产品质量溯源和防伪四大平台服务功能模块的设置和实现。

第七章为湖北省农业信息服务体系建设的政策建议。本章结合农业信息服务体系建设综合评价结果，借鉴国内外农业信息服务体系建设主要经验，提出湖北省农业信息服务体系建设的基本思路和具体政策建议。

本书的技术路线如图0－1所示。

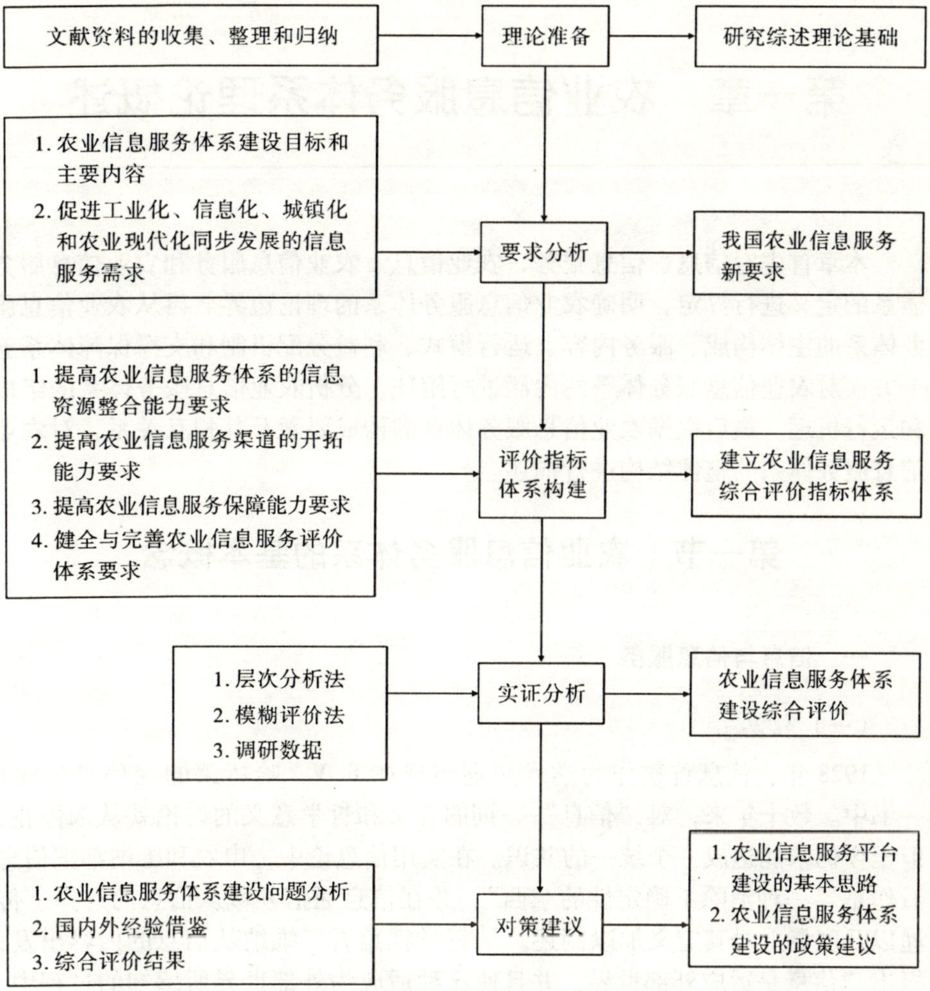

图0－1　全书研究技术路线图

第一章　农业信息服务体系理论概述

本章首先对信息、信息服务、农业信息、农业信息服务和农业信息服务体系的定义进行界定，明确农业信息服务体系的理论边界。再从农业信息服务体系的主体构成、服务内容、运行模式、利益分配机制和支撑保障体系五个方面对农业信息服务体系的内涵进行阐述，分析农业信息服务体系的组成和运行机理。最后根据农业信息服务体系的构成要素及其相互关系，对农业信息服务体系的整体结构进行描述。

第一节　农业信息服务体系的基本概念

一、信息与信息服务

（一）信息

1928年，信息首次作为学术用词出现在R. V. 哈特莱的《信息传输》一书中。数十年来，对“信息”一词的含义和哲学意义的讨论就从未停止，但至今仍未能达成一个统一的共识。在实用信息论中，申农和维纳都把信息看作是“一种消除不确定性的东西”，并在信息通信领域从信息的选择、传递以及度量上对其定义加以阐述。从哲学视角看，维纳从信息的内容出发，提出“信息是适应外部世界，并且使这种适应为外部世界所感知的过程中，同外部世界进行交换的内容名称”①。我国信息理论研究学者也从辩证唯物论角度对信息进行定义，其中，钟义信认为信息是事物存在或者运动的方式，以及对这种方式或者状态的一种表述。黎明将信息定义为是物质的一种普遍属性②。邬焜、李琦从哲学角度将信息概括为物质存在方式和状态的自

① 《维纳著作选》，上海文艺出版社1978年版。

② 黎明：《信息时代的哲学思考》，中国展望出版社1986年版。

身显示。① 从信息学意义上看，信息属于关系范畴，是人们对事物认识的意义的判断表现。本书中，信息是指经过处理加工后能对人们的行为和决策产生影响的有用数据。

尽管关于信息属性和定义的讨论很多，对信息定义的相关阐述也不尽相同，但仍可以将其自然属性作如下归纳：

第一，可处理性。信息可以被分析、浓缩、提炼和应用，也就是可以对信息进行处理和加工。通过对信息的加工处理可以使信息的量和质发生变化，实现信息的增值。

第二，可传递性。信息可借助不同渠道、通过不同方式实现从时间或者空间上某一点向其他点的移动，称之为信息传递。信息的可传递性是信息发挥其功效的前提条件。信息的传递必须具备信源、信道、信宿和信息四个基本要素。

第三，可干扰性。信道是信息传递的媒介，也是信息通信系统的重要组成部分，信道的可干扰性使其对信息传递过程产生干扰和阻碍，决定了信息的可干扰性。

第四，可转换性。信息可以从一种形态转换成另一种形态，并在转换的过程中保持其内容的一致性。例如物质信息可以转换成文字、图片和影像等信息形式，也可以转换成数字代码和电子信号，文字、图片和影像也可以转变成代码或者电信号。

第五，可感知性。信息是可以被识别和理解的。随着科学及信息技术的不断发展，时空条件和个人知识水平对信息感知的限制逐步减弱，人们的信息感知能力逐步增强，对信息的感知数量、感知范围和感知程度都得到提升。

第六，可共享性。信息作为一种资源，不但不会在其交换的过程中被消耗，而且会使交换双方的信息资源总量都得到提高。由此可见，信息不仅是一种共享性资源，而且还能通过扩散的方式来实现资源共享。

（二）信息服务

信息服务是针对用户信息需求，采用信息技术向其提供信息的过程，一般可分为公益性信息服务和商业性信息服务。部分学者将信息服务界定为是一项产业活动，美国经济学家马克·尤里·波拉特就将信息部门划分为一级

① 邬焜、李琦：《哲学信息导论》，陕西人民出版社 1987 年版。

信息部门和二级信息部门。也有学者认为信息服务是一项社会活动，广义信息服务泛指信息产业内包含的所有活动，狭义信息服务则专指信息提供服务。① 还有学者从系统运行角度对信息服务进行界定，认为信息服务不仅包含信息的提供和利用，也包括信息的采集、整理和加工等一系列内容，它应该是满足用户信息需求的一切服务性活动的总称。② 本书中，信息服务是指通过信息传播渠道和媒介向信息需求者提供信息的过程和活动。

信息服务是一种特殊的服务形式，它既具有信息的自然属性，也遵循服务的一般规律，其具体特性可作如下归纳：

第一，物质性。信息内容的物化功能使信息能够转化成生产力，进而推进社会经济的快速发展；同时，信息的采集、整合与应用也需要利用物质手段来实现。其次，无论从哲学意义还是经济学意义进行探讨，服务都具有客观存在性，这种客观存在所表现出的物质性决定服务具有经济属性。据此，信息和服务的物质性共同决定了信息服务的物质性。

第二，时效性。信息服务的时效性是由信息的时效性决定的。信息服务所提供的信息是对事物存在方式的反映，随着客观事物活动状态和运行模式的不断改变，其信息必然会相应发生变化。尽管信息在传播和应用的过程中不会发生损耗，但以过时信息作为决策依据很可能会造成严重损失，这也正是信息服务时效性的表现所在。

第三，边际效用递增和边际成本递减性。信息和财富在边际效用上的反趋势倾向决定了信息服务具有边际效益递增的特性，即信息服务需求主体所拥有的信息资源越丰富，每增加一条信息对其所带来的边际效用就越大。同时，信息的可共享性决定了信息服务的边际成本递减性，即随着信息服务人数的增长和使用规模的扩大，信息服务的边际成本会呈现出递减的趋势，最后有可能几乎趋近于零。信息服务的这两个特性直接影响着信息服务的定价策略和价格理论。

第四，不可逆性。信息在传递过程中所体现出的内容一致性决定了信息服务的不可逆性。与物质商品交易不同，信息服务一旦提供出去，信息交换和利用过程将会同时进行，只要信息需求主体接收到信息，就能掌握信息所包含的全部内容，此时，信息作为一件商品的经济价值已经不复存在。因此，在制定信息服务交易规则时，必须充分考虑信息服务的交易不可逆性，

---

① 岳剑波：《信息管理基础》，清华大学出版社 1999 年版。

② 胡昌平：《信息管理科学导论》，科学技术文献出版社 1995 年版。

才能保证信息服务产业的健康发展。

二、农业信息与农业信息服务

（一）农业信息

关于农业信息定义的阐述有很多，根据研究目的不同，其提法也略有差异：王慧军（1982）认为农业信息是能够对农业生产、农业推广和农村建设产生影响，并发挥特定作用的信息资源的总称。① 樊元芬（1995）认为农业信息是与农业生产、农产品加工和农业产业化经营有关的，以推进农业发展为目标的，农业消息、数据、情报和资料的总称。② 王人潮（2003）从信息科学和信息技术角度对农业信息的定义进行阐述，指出可以通过对农业数据的采集、整理和分析能够实现时空尺度的测量和地理空间的定位。③ 杨永红（2004）提出农业信息是与农业生产、农业科技研究、农村社会和经济发展相关的，并对农业发展决策具有指导作用的信息资源的总称。④ 从农业生产角度看，农业信息可以分为产前指导信息（地质环境和农资等信息）、产中服务信息（农作物生长、自然灾害、病虫害和天气情况等的预测信息）、产后加工信息（农产品生产管理和加工相关信息）和农产品市场信息（农产品市场价格和农产品供需等信息）。⑤ 从信息所属层次看，农业信息可以分为一次农业信息（在农业生产、管理和科研活动中所获取的原始信息）、二次农业信息（对一次农业信息进行整理和加工之后获取的信息）和三次农业信息（对二次农业信息进行系统分析所获得的信息，如分析报告、可行性研究以及决策报告等）。⑥ 从信息的性质和形式看，农业信息可以分为产品型信息（以信息产品形式提供）和服务型信息（以智力支持形式提供）。本书中，农业信息指与农业、农村、农民相关的所有数据、情报和资料等信息资源的总称，包括农业资源信息、农业生产信息、农业科研信息、

---

① 王慧军：《农业推广学》，中国农业出版社1982年版。

② 樊元芬：《如何抓好农业信息工作》，《云南农业》1995年第5期。

③ 王人潮、史舟：《农业信息科学与农业信息技术》，中国农业出版社2003年版。

④ 杨永红：《论信息服务在农业生产中的重要作用》，《农村经济》2004年第5期。

⑤ 任光欣：《我国农业信息服务体系的发展问题研究》，河北大学硕士学位论文，2010年。

⑥ 代会娟：《现代农业信息服务社会化体系研究》，河南科技大学硕士学位论文，2011年。

农业技术信息、农产品市场信息和农业政策信息等。

农业信息除具备信息的一般自然属性特征之外，基于农业生产、农业加工、农业产业经营和农业科研活动的特性，还具有连续性、地域性、周期性、分散性和不确定性特点，这些特性决定了人们在获取和利用农业信息过程中的成本。因此，在利用农业信息为农业发展、农村建设和农民增收服务时，要充分考虑农业信息的采集、分析和应用问题，着眼于农业信息的供求状况，把财政资源投入到优势农业信息的开发上，实现农业信息资源的优化配置。

（二）农业信息服务

对于农业信息服务定义的阐述，目前国内学界还未形成一个统一的观点，根据研究目的、研究领域和研究者的学术背景，其界定农业信息服务的角度也会有所区别。林涛（2003）从服务提供角度将农业信息服务定义为是农业信息搜寻、整理、加工、传播和应用的过程，服务内容涉及农业生产、农业产业经营和管理、农业发展战略决策等。① 王志军（2005）主要从为农业生产和管理提供信息支持角度对农业信息服务进行界定，认为农业信息服务可分为农产品信息服务、农业技术信息服务和农业信息咨询服务。② 郑火国（2005）从哲学范畴的广义和狭义角度对农业信息服务进行定义，提出广义农业信息服务泛指向涉农信息需求者提供农业信息产品服务、农业科技信息推广服务以及农业信息内容服务的活动过程。狭义农业信息服务特指农业信息服务机构从满足用户涉农信息需求出发点，进行的农业信息搜集、农业信息整理、农业信息加工、农业信息分析、农业信息传播以及农业信息利用等一系列活动。③ 从农业部农业信息中心对农业信息服务的定义可以看出，农业信息服务的核心是满足用户涉农信息需求，其主要工作是农业信息的采集、整理、加工和传播。本书中，农业信息服务是指利用现有的农业信息资源和传播渠道，为农业信息需求者（主要是广大农户）提供及时、准确和安全的农业信息，引导农户从事农业生产、管理、经营和农产品销售等活动，提高农户的农业知识和技术水平，培养农户的信息意识，增强农户

---

① 林涛：《农业信息服务探略》，《广西社会科学》2003 年第 9 期。

② 王志军：《河北省农业信息服务体系建设研究》，中国农业大学硕士学位论文，2005 年。

③ 郑火国：《论农业信息服务的模式及其在“三农”中的作用》，《农业图书情报学刊》2005 年第 2 期。

的农业生产、管理、经营的决策能力。

从农业信息服务的产品属性来看，大部分农业信息服务具有准公共产品的特性，会产生明显的外部效益。在达到一定基数之后，增加对农业信息服务的分享程度并不会导致服务成本的增加，而排除他人对服务的分享却要消耗巨大成本。① 李应博（2005）就运用模糊聚类分析方法对农业信息服务的属性进行系统分析，分析结果也证明了农业信息服务的准公共产品属性，指出要根据农业信息用户的具体需求选择相应信息产品和服务。同时，农业信息服务也具有一般物质商品的显著特征：农业信息服务提供者因其信息的独占性可能形成短时间内的信息垄断；同时，随着农业信息服务市场化的推进，农业信息的私有化也将成为可能。在农业信息服务提供的过程中，农业信息服务对象利用农业信息降低其在进行生产规模、资源配置和投资方向等决策时的不确定性，提高其抵御农业生产和经营风险的能力，农业信息服务也是在这个过程中展现出其市场价值。

三、农业信息服务体系

农业信息服务体系是指以推进农业信息化和农业现代化发展为根本目标，以政府、涉农企业、农业科研院所以及农村合作组织为服务主体，以互联网和现代信息技术为支撑，借助多样化的信息传播渠道，向农业信息需求主体提供农业信息服务，并按照一定的运行规则和制度所组成的系统体系。农业信息服务体系从本质上讲是农业信息服务的基础，而农业信息服务是农业信息服务体系建设的核心内容，两者相辅相成，不可分割。通过对农业信息服务体系的建设和运行进行分析，可以全面、科学地掌握农业信息服务的现状。农业信息服务体系建设研究，一方面要了解其发展的历史进程与现状，对农业信息服务体系建设的发展阶段及每个阶段的主要特征有一个清醒的认识；另一方面要明确农业信息服务体系的整体架构，了解其主体构成、基本运行模式和利益分配与体系保障机制，分析各主体间的辩证关系，研究基本运行模式的区域适用性，探索农业信息服务的利益分配机制，创新农业信息服务体系支撑与保障机制。当前农业信息服务体系建设的研究重点是：立足国家农业信息服务发展实际，对如何有效进行农业信息资源整合和创造良好农业信息服务体系发展条件进行探讨，保持农业信息体系建设的科学性和运行的高效性，保证我国农业信息化和农

---

① ［美］斯蒂格利茨：《经济学》，中国人民大学出版社 1997 年版。

业现代化目标的顺利达成。①

第二节 农业信息服务体系的基本构成

一、农业信息服务体系的主体

总结各类对农业信息服务体系定义的阐述，不难发现，公共服务组织、农业专业合作组织、涉农企业以及个人已经被公认为是农业信息服务体系的主体。其中，公共服务组织主要指各级政府部门（中央、省市、乡镇以及村级政府部门）和各类国家事业单位（农业科研院所和农业大专院校等）；农业专业合作组织是指从事同类农产品生产经营的农户自愿组织起来的，在技术、资金、信息、购销、加工、储运等环节实行自我管理、自我服务、自我发展的，以提高市场竞争能力、组织成员收入为目的的农村专业性合作组织；涉农企业是指从事农产品以及农业生产资料生产、加工、销售、研发和服务等活动的企业，主要分为农资企业、农产品生产企业、农产品加工企业和农产品流通企业；个人一般是指农户、农村信息员以及种养大户等。

（一）从主体功能看

1. 政府部门在农业信息服务体系中的功能主要表现在政策引导、资源协调和行为规范三个方面。政府部门通过制定和实施相关政策、措施，为农业信息服务体系发展创造条件，引导各类农业信息服务主体参与到农业信息服务体系建设中；同时，发挥政府职能，对各部门资源（农业、国土、水利、气象等部门）进行协调，使其直接支持和协同参与农业信息服务体系的建设；此外，通过相关法律、法规的颁布和实施，规范农业信息服务市场秩序，维护农业信息服务体系各主体的合法权益，保证农业信息服务体系的健康发展。

2. 事业单位在农业信息服务体系中的功能主要表现在通过对资金、技术、政策等输入资源的有效配置，进行农业科技研发、农业技术推广和农业人才培养，提供农业科技信息、农业技术信息、农业信息咨询等服务，实现

① 何志勇、蔡乐才、李红禅：《农业信息服务体系研究》，《四川理工学院学报（自然科学版）》2009年第6期。

农业信息服务体系社会公共福利的最大化。农业科研院所主要从事实用技术研究和科技攻关活动，注重成果的农业生产实际应用，培养农业科研与专业技术人才。农业大专院校主要从事农业发展和农业技术理论的研究，注重理论的创新和分析理论与农业生产实际的关联性，为科研和专业技术人才培养作储备。

3. 农村专业合作组织在农业信息服务体系中的功能主要表现在能够将从事某一专业生产的分散农户组织起来，利用组织自身的农业生产信息、农业技术信息和农产品市场信息优势，通过农业信息咨询和服务的方式，指导农民从事农业生产、经营和销售等活动。

4. 涉农企业在农业信息服务体系中的作用主要表现在推动农业信息服务的专业化和农业信息服务业的市场化。带动农业信息服务供给主体以市场规律为依据提供专业、有偿的农业信息服务（包括农业信息咨询、农业实用技术培训和协助农业科研攻关等），利用价格机制、供求机制和竞争机制提升农业信息服务的专业化程度和信息服务水平，进而提高农业信息服务体系的整体运行效率。

5. 个人在农业信息服务体系中的作用主要表现在为一次农业信息的积累提供数据支持。无论是农民、农村信息员还是种养大户都来自基层农村，他们既是农业信息服务的提供者也是农业信息服务的需求者。作为提供者而言，这类主体所提供的农业信息是未经过信息处理加工的原始数据，是所有农业信息服务数据的基础。

（二）从主体间的相互关系看

1. 政府部门通过提供农业课题和出台相应研发政策，引导事业单位从事农业科技研发活动，促进农业科研院所和农业大专院校的农业科研以及专业技术人才的培养。通过对涉农企业实施激励措施（主要是税收减免措施），减轻企业税收压力，促进涉农企业进行技术创新和人才引进。通过向农业专业合作组织提供制度保障，维持市场交易的相对公平，保证各类农村专业合作组织的健康发展。通过搭建农业公共信息平台，促进农民增收，保证各项“强农、惠农、富农”政策的落实到位。

2. 事业单位向政府部门提供农业科研成果，为政府进行农业发展规划和决策提供智力支持。向涉农企业提供科研成果，并输送农业科研和信息人才，为企业发展和技术创新提供技术支持和人才保障。向农村专业合作组织提供科研技术和农业技术人才，促进合作组织的发展和壮大。向个人提供农业科技信息和农业技术信息，提高个人的科学文化素质、职业技术水平和信息意识。

3. 涉农企业通过提供有偿农业信息服务，对政府部门提供的公益性农业信息服务进行补充，提高农业信息服务的整体效率，推进农业信息服务体系的发展。通过引入市场机制，调动事业单位、农村专业合作组织和个人的农业信息服务主动性和积极性，加速农业科技成果转换，为农业人才培养创造应用环境。与农村专业合作组织进行业务联合，实现经济效益和社会效益、企业发展和合作组织发展的双赢。

4. 农村专业合作组织为政府部门解决基层服务难题，为农业科技成果和农业实用新技术创造实践条件，为个人提供组织保障。

二、农业信息服务体系的服务内容

从农业信息服务体系定义可以看出，农业信息服务体系建设的核心目标是推进农业信息化发展，实现农业发展的现代化和农业生产的效益化。因此，农业信息服务体系的服务内容也紧紧围绕“两化”目标展开，依靠农业信息服务站点、农业信息服务平台、传统信息传播媒体（报纸、书刊、广播、电视）和社会化农业信息服务组织提供服务。

首先，农业信息服务体系要为制定农业发展规划、政策和进行农业决策服务。全面、客观、及时和有效的农业信息是保证农业发展规划和政策制定方向正确性和可行性的关键，也是进行正确农业决策的基础。通过对大量农业数据、情报、消息和资料的收集、整理和分析，能够在准确反映农业发展现状的前提下，对农业的未来发展趋势作出科学预测，并以研究报告、调研报告等形式提供应用，为农业规划和政策的制定以及进行相关决策提供依据，也为农业发展创造机遇。

其次，农业信息服务体系要为农业生产经营和农业技术推广服务。随着农业生产方式的变革和农业产业结构的调整，传统农业生产方式已经不能适应当前农业发展的需求，农业生产经营模式正从单一的种养、加工和销售向产供销一体化的综合生产经营模式转变，农业生产和经营对农业科技类信息、农业生产资料类信息以及农业市场类信息的需求将日趋强烈，面向农业生产和经营提供农业服务势在必行。同时，伴随着农业生产方式的转变，农业新技术的应用也将越来越广泛和频繁。发挥农业信息服务体系的信息引导和推送功能，向广大农户介绍和推广国内先进农业生产技术和最新农业产品，并指导其进行技术应用，对加快农业科技成果转换速率，增强农业科技在农业生产中的贡献率，实现“农业发展现代化”和“农业生产效益化”

意义重大。

第三，农业信息服务体系要为农业科学技术研究和涉农企业的技术升级及销售渠道开拓服务。农业科技研发具有极强的指向性和目的性，研究方向或者课题一旦被确定，科研人员需要对国内外相关农业技术的研究现状、攻关程度和发展方向进行全面了解，并对其相关农业科学知识和关联性领域学科知识有一定的认识，在做定向区域农业科研攻关课题研究时，还要对区位特点、气候条件和农业资源禀赋等信息进行分析，这都需要大量农业信息数据和资源作支撑。同时，随着社会环境和市场经济条件的改变，涉农企业一方面需要利用农业信息（尤其是人才信息和技术信息）进行相关技术的改造和升级，提高企业的生产效率和产品的经济效益；另一方面需要通过对农业市场信息、农产品供求信息、农产品价格信息以及农业政策信息的收集、整理和分析，为企业进行产品定位、拓展销售渠道和制定发展战略提供依据。

此外，农业信息服务体系还要考虑为提高农民知识水平和增强农民的职业技能服务。农民知识水平和职业素养的提高是促进农业信息化和农业现代化发展的重要条件，也是彻底解决“三农”问题的前提之一。面对农民的知识信息和职业技术信息需求，向农民提供相关农业信息服务，在传播科学文化知识、法律法规知识和经营管理知识的同时，对农民进行职业教育与培训，能够引导农民传统农业观念的转变，加快农业科技知识的生产力转化速度，改善农村的生活环境，并促进农村的科技进步。①

三、农业信息服务体系的运行模式

所谓信息服务是以信息需求为导向，由信息服务主体采用一定信息服务方式向信息服务客体提供信息服务内容的过程。其中，信息服务主体、信息服务客体、信息内容和服务方式四大组成要素缺一不可。对于农业信息服务而言，农业信息提供者构成农业信息服务的主体，涉农信息需求者构成农业信息服务的客体，农业信息服务主体向客体提供的农业信息类型是服务内容，农业信息服务方式就是农业信息的供给途径。因此，可以用农业信息服务的四大组成要素及其关系对农业信息服务体系的运行模式进行描述，即农业信息提供者根据涉农信息需求者的农业信息需求，将所搜集到的农业科

① 周林杰、刘家玉：《新型农业科技信息服务模式的探讨》，《农业图书情报学刊》2006年第12期。

技、农业技术、农业市场、农产品价格以及农业政策法规等信息进行加工处理，并通过特定渠道提供应用的一种组合形式。一般来讲，可以将农业信息服务体系的运行模式分为公益性农业信息服务运行模式和有偿型农业信息服务运行模式，前者主要由政府指导，后者主要由企业主导。

（一）政府主导型公益性农业信息服务模式

政府主导型公益性农业信息服务模式，以政府为投资主体，以农业信息机构为核心，在充分发挥政府的行政力量的基础上，运用互联网和现代信息技术，构建农业信息特色突出的采集、加工和传播服务体系，为涉农信息需求者提供准确、及时、实用且无偿的农业信息服务。

从农业信息采集方式看：政府主导型农业信息服务模式主要以现有农业信息网络为主要采集系统，从村级农业信息服务站点开始，进行原始农业信息（农村人口数据、农作物生产情况、畜牧养殖情况、农村经济发展情况和农业政策落实情况等）的搜集和整理工作，再将整理加工后的农业信息逐级向上传递到县级农业信息站、市级农业信息重心和省级农业信息服务中心。同时，通过建立农产品市场拓展农业信息的采集渠道。农产品市场具有集散功能强和辐射范围广的特点，是连接农产品生产者、农产品销售者和农产品消费者的纽带①。农产品市场中每天会产生大量农产品供给信息、农产品需求信息、农产品交易信息和农产品价格信息。通过对农产品市场的信息采集，能够及时、准确、全面地了解各种农产品的交易和供求状况。经过对农产品市场信息的分析与提供应用，能够指导农民进行农产品的生产，进而促进农业产业结构的优化和调整，也能够为国家进行农业决策提供数据支持。此外，将广播电视和报纸杂志等传统传播媒介作为主要农业信息采集系统的有力补充。利用这些传统信息传播媒体，对国内外农业发展、农技创新、农产品市场变化和农业政策颁布等信息进行收集，实现农业信息采集的全方位覆盖。

从农业信息提供方式看：根据农业信息的需求程度和接受能力差异，针对农业信息需求大户（农村专业合作社、种养大户、涉农企业、行业协会等）和普通农户，会选择差异化的农业信息供给方式提供服务。一方面，以互联网为媒介向农业信息需求大户和部分具备上网条件的农民提供农业信

---

① 赵友森等：《国外农产品市场信息体系建设研究》，《世界农业》2012 年第 10 期。

息服务。互联网具有信息量大、信息更新速度快和信息检索方便的特点，能够满足农业信息需求者对信息数量、信息及时性和信息全面性的要求。[①] 目前，由中央和省（市）级政府建立的农业信息综合服务网站已经成为农业信息的权威发布媒介，并形成一套相当成熟的农业信息采集、传播和发布模式。诸如“12316”农业信息综合服务平台、网上农博会和农产品网上展厅等已成为有效的农业信息传播渠道。同时，基层农业信息网站（特别是县级农业信息网站）建设工作也在加紧推进中，以满足农民的小区域性农业信息需求。另一方面，以基层农业信息服务站为媒介向普通农民提供农业信息服务。利用基层农业信息服务站的信息编辑、整理和发布功能，向农民提供农产品价格、农产品供求、农业实用技术和农业生产资料等信息[②]。与农业科研院所和农业大专院校合作，在基层农业信息服务站设立专门农业生产经营咨询办公室，定期邀请经验丰富的农业专家、学者和教授与农民进行面对面的沟通与交流，为解决农民在农业生产、农技应用、农产品加工和农产品营销等方面所遇到的问题提供帮助。此外，重视电脑、电视和电话在农业信息转播中的作用。“三电合一”是打通农业信息服务“最后一公里”通道的重要措施，通过电脑、电视、电话三种信息载体的相互配合，发挥电脑网络的信息采集优势、电话语音系统的服务直接性优势和电视节目的信息覆盖优势，提高农业信息服务的基层入户率和覆盖范围，带动基层农业信息服务能力的整体提升。

政府主导型农业信息服务模式的主要运行形式有：“政府＋农业科技示范点”服务模式、“政府＋农业信息服务站”服务模式、“政府＋农业专业合作组织”服务模式和“政府＋农产品批发市场”服务模式。

1. “政府＋农业科技示范点”服务模式由国家农业推广部门组织，由国家投资并进行监督，在各地区选择设立农业科技示范园区、特色农产品基地或者农业科技示范户，进行农业新技术、农产品新品种和农业科技攻关成果的实验和展示，最后通过农业科技示范点的区域辐射作用带动周边地区农业、农村和农户的共同发展。从实施要求来看，“政府＋农业科技示范点”服务模式适合于建有农业科技示范园区和特色农产品基地的城市边缘地区。

---

① 欧钊、王玉芳、梁惠清：《互联网条件下我国农业信息服务体系发展研究》，《中国市场》2009年第13期。

② 师俊巧、王健：《浅析农村综合信息服务站对农业信息化的推动作用》，《发展研究》2011年第4期。

其具体运行和农业信息服务提供流程如图 1－1 所示。

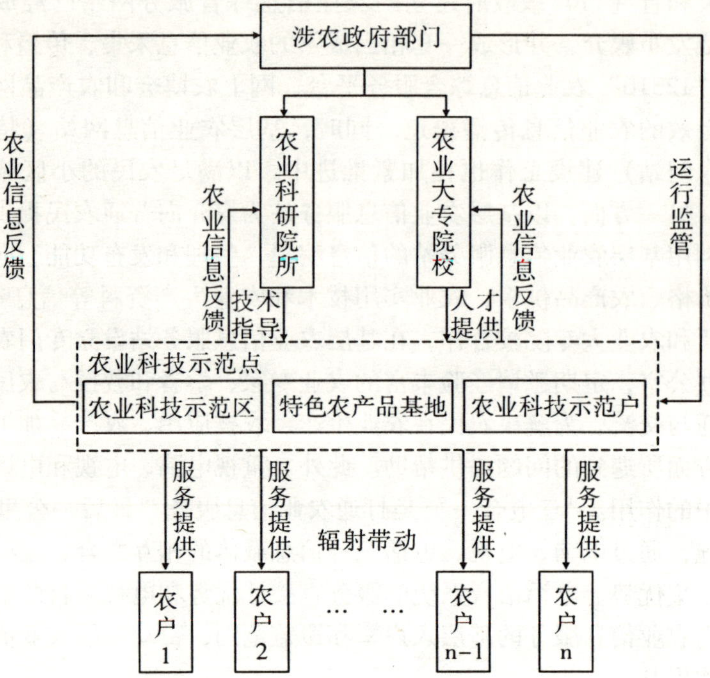

图 1－1　“政府＋农业科技示范点”模式

2. “政府＋农业信息服务站户”服务模式以国家相关农业部门为依托，由国家投资并进行监督，构建省级农业信息中心、市级农业信息服务中心、县级农业信息服务站、乡镇县级农业信息服务站和村级农业信息服务站为核心的组织层次结构，并通过电话咨询、专家现场讲解、刊物编发、宣传简报和广播宣传的方式进行基层农业信息服务的供给。从实施要求来看，“政府＋农业信息服务站”服务模式适合于公共服务体系完善、区域经济较发达、农业产业化组织程度较高的地区。其具体运行和农业信息服务提供流程如图 1－2 所示。

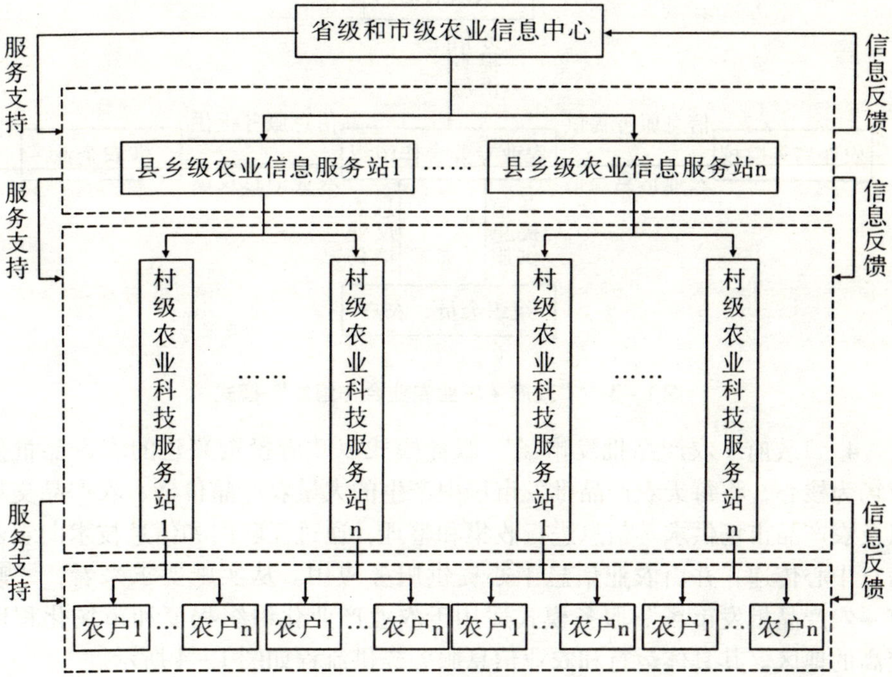

图 1－2　“政府＋农业信息服务站”模式

3. “政府＋农业专业合作组织”服务模式以国家相关农业部门、农业科研机构和农业专业院校为依托，充分发挥政府部门的政策引导和财政资金优势、农业科院机构和高等院校的农业科技人才优势和农村专业合作组织的人员组成优势，通过互联网、广播节目、报纸书刊和农业专家咨询的方式提供农业信息服务，利用农村专业合作组织的辐射带动功能，实现农业信息的传播、共享和应用。从实施要求来看，“政府＋农业专业合作组织”服务模式适用于农业专业合作组织和农业信息中介组织发展较好、农业产业化组织程度较高的地区。其具体运行和农业信息服务提供流程如图 1－3 所示。

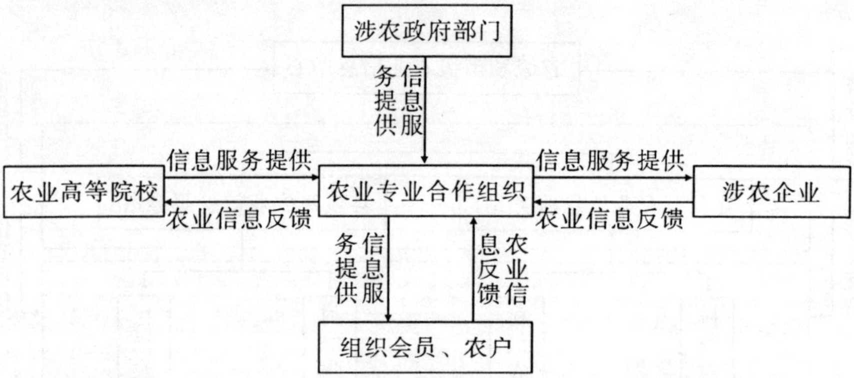

图1-3 “政府+农业专业合作组织”模式

4. “政府+农产品批发市场”服务模式以政府投资兴建的农产品批发市场为核心，将每天农产品批发市场中产生的大量农产品价格、农产品交易以及农产品市场供求等信息进行收集和整理，通过互联网和信息技术向农业信息中心传递，并由农业信息中心提供服务应用。从实施要求来看，“政府+农产品批发市场”服务模式适用于农业产业化组织程度和市场化程度较高的地区。其具体运行和农业信息服务提供流程如图1-4所示。

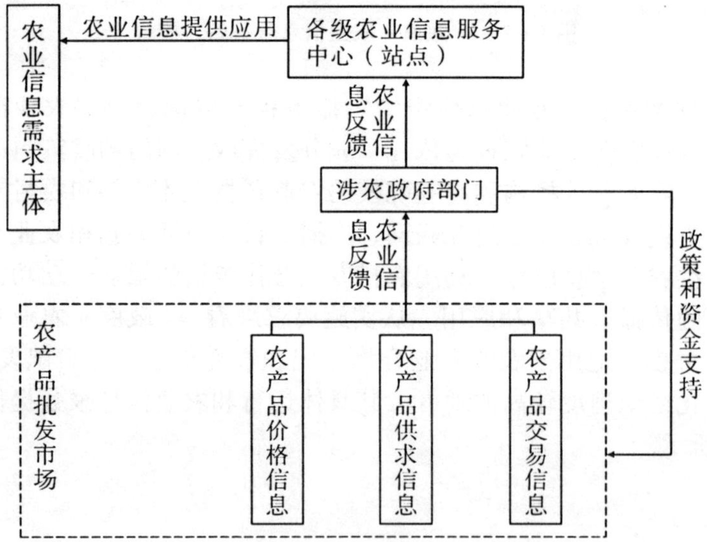

图1-4 “政府+农产品批发市场”模式

（二）企业主导型有偿农业信息服务模式

企业主导型有偿农业信息服务模式，以企业为资本投入主体，在充分发挥企业市场竞争优势的基础上，借助政府制定和颁布的相关支持政策，实现农业信息服务的市场化运作。农业信息服务企业对农业信息进行深层次的加工和内容挖掘，以农业信息服务需求主体对农业信息的系统性、专业性和预见性要求为导向，生产出以农业专业技术、特定农业产业分析预测和农业科学管理知识等农业信息为核心的服务产品，向需求者提供准确、全面、及时且有偿的农业信息服务。企业主导型有偿农业信息服务模式主要可以分为以涉农企业为主体的服务模式和以电信运营企业为主体的农业信息服务模式。

在以涉农企业为主体的服务模式中，农业信息的采集主要通过网络搜索和线下收集两种方式实现。一方面，涉农企业（尤其是农业信息服务咨询企业）通过互联网，对国内外权威性农业信息网站、农业科研单位网站和农产品交易网站等进行访问，并按具体要求对农业信息进行分类搜集、整理和储存。同时，涉农企业还与各级农业信息中心合作，通过对中心数据库的访问获取相关农业信息数据，并向信息中心支付相应费用。另一方面，涉农企业通过与农业信息服务站和各大中型农产品批发市场进行合作，获得大量基层农业数据以及农产品交易、农产品供求、农产品价格等信息，并向信息提供方支付相应费用。从信息服务提供来看，涉农企业主要通过直接向农民、农业中介机构（农业行业协会、农村专业合作组织等）和各级农业信息服务站提供农业信息服务的方式来实现农业信息（农业生产、农产品加工、农产品销售、农产品供求以及农业技术等信息）的提供和应用，并针对所提供的具体服务内容收取相应的费用。

在以电信运营企业为主体的农业信息服务模式中，为充分发挥电信运营企业的信息传播优势，避免农业信息服务体系的重复建设，其农业信息采集主要依靠与涉农企业、农业信息咨询机构和政府相关农业部门的合作来实现。在农业信息服务的提供上，电信运营企业通过其电信网络向移动通信终端（手机、小灵通、平板电脑等）用户发送以相关农业信息（农产品价格信息、农业市场信息、农技推广信息等）为主要内容的短信或者彩信，用户也可以根据自己的实际信息需求对某种类型的农业信息进行订制。目前，农业信息服务的“最后一公里”问题是制约农业信息服务发展的突出问题，受到经济条件、网络环境以及信息意识的多重影响，农民很难直接、快速、方便地获取农业信息服务。而电信运营企业拥有庞大的电信网络和基层覆盖能力，在信息的点对点和广域传播上有着其巨大优势。因此，由电信运营企业主导提供农业信息服务，能够更好地传递农业信息服务内容，实现农业信息服务的实际价值。

企业主导型农业信息服务模式的主要运行形式有："企业 + 农户"服务模式、"企业 + 农业合作组织"服务模式、"企业 + 农产品批发市场"服务模式和"电信运营企业 + 政府"服务模式。

1. "企业 + 农户"服务模式是以满足农业信息服务需求主体的信息需求（农资信息、农产品加工信息、农业生产信息、农技信息、农产品市场信息等）为根本目标，农产品加工、销售和农业信息咨询等涉农企业通过互联网、便携式移动终端和书刊等信息转播渠道，提供农业信息服务产品（技术指导、调研报告、市场分析与预测、产品供求情报等），指导农业信息需求主体进行农业生产和经营决策。

2. "企业 + 农业合作组织"服务模式以农产品加工、销售和农业信息服务咨询等涉农企业为依托，发挥涉农企业的信息、技术、人才优势和农业专业合作组织的区域辐射及带动作用，向农业信息需求主体提供农业生产、农产品加工、农产品销售、农产品供求以及农业技术指导等信息服务。

3. "企业 + 农产品批发市场"服务模式以农业信息咨询企业与农产品批发市场的合作为基础，将每天农产品批发市场中产生的大量农产品价格、农产品交易以及农产品市场供求等信息进行收集和整理，通过互联网和信息技术反馈到农业信息咨询企业数据中心，经过处理加工后向农业信息服务需求主体提供服务应用。

4. "电信运营企业 + 政府"服务模式以电信运营企业与政府相关农业部门的合作为基础，由政府部门承担农业信息的收集、整理和分析工作，对农业信息服务活动提供政策和资金支持，并对农业信息服务的提供过程进行监督；由电信运营企业利用其电信网络进行农业信息的传播和提供应用。

四、农业信息服务体系的利益分配机制

农业信息服务体系的利益分配机制是指在采集、整理、加工、存储、传递和应用农业信息的系统过程中，农业信息主体之间所表现出的利益联结、协调和分配的关系。在农业信息服务体系各组成要素中，利益分配机制是激发农业信息服务活力、保证农业信息服务效果和维持农业信息服务体系稳定运行的动力保障。农业信息服务体系的利益分配过程从本质上讲就是一个从"农业信息服务成本投入"到"农业信息服务效益产生"再到"农业信息服务收益再分配"，并对整个分配实施利益调控的过程。建立合理的农业信息

服务体系利益分配机制，一方面能够刺激农业信息的生产，提高农业信息的全面性、准确性和实用性，引导农业信息服务提供者加强信息新技术的应用和加快服务提供方式的创新，进而提升农业信息服务供给的整体水平；另一方面，能够催化农业信息需求，引发农业信息消费，驱使农业信息服务需求者不断提高自身的信息意识和信息分析应用能力，从侧面推动了信息获取设备的普及和信息基础设施的建设。由此可见，科学、合理的利益分配机制不仅有利于农业信息服务的良性循环和可持续“共赢”，更有利于实现农业信息服务整体效益（经济效益、社会效益、产业生态效益）的最大化。

农业信息服务体系中的利益主体主要由农业信息服务提供者和农业信息服务接受者两部分组成。其中，农业信息服务提供者按投资性质和收益方式的不同可以分为政府主导型农业信息服务主体、社会组织型农业信息服务主体和企业主导型农业信息服务主体；农业信息服务接受者主要包括涉农政府部门、农业科研院所、农业大专院校、农业专业合作组织、涉农企业和农户等。

1. 政府主导型服务主体由涉农政府部门和政府机关所属专业农业信息服务机构（农业信息中心、农业信息服务站等）组成，其提供农业信息服务带有极强公益性，多为无偿服务，主要通过农业信息服务激励政策引导和农业信息服务专项资金支持的方式推进农业信息服务工作的展开和农业信息的共享。

2. 社会组织型服务主体主要是指将农户按专业化生产要求进行划分所组织起来的农业专业技术协会或者农业专业合作经济组织，通过与涉农政府部门、农业科研院所、农业大专院校、涉农企业进行合作，获取农业生产信息（农资生产信息、农业专家指导、田间管理知识等）、农业科技成果信息（农业实用新技术、农产品新品种信息等）和农产品市场信息（农产品价格信息、农产品供求信息、农产品交易信息等），在对农业生产活动进行指导的同时，也对农产品销售进行引导。

3. 企业主导型服务主体利用市场运行机制，将农业信息服务市场化，通过提供具有较高附加价值的农业信息产品，实现农业信息服务的供给。根据企业性质进行划分，可分为传统农业产业龙头企业（农产品加工、农产品销售、农资生产等龙头企业）、农业信息咨询企业和电信运营企业。传统农业龙头企业主要借助自身在农产品生产、加工和销售等环节的信息优势和技术优势，向农业信息服务客体提供相应农业信息服务；农业信息咨询企业主要通过其在信息采集、分析、储存和传播上的优势，向农业信息服务客体提供专业的信息情报分析、预测和应用指导服务；电信运营企业主要通过与其他农业信息服务主体合作，利用其完善的电信覆盖网络，提供农业信息服务内容的推广和发布服务。

4. 农业信息服务接受者是农业信息产品的消费主体，其信息敏感度、信息识别能力和信息分析应用能力的高低，直接影响着农业信息产品的研发、农业信息技术的升级以及农业信息服务供给模式的创新。农业信息服务接受者的信息服务需求是推动农业信息服务体系运行和发展的直接动力。

农业信息服务体系的利益分配机制主要由确保利益能够进行合理分配的组织机制、确保利益能够进行高效分配的动力机制、确保利益能够进行持续分配的投资机制和确保利益能够进行公平分配的调控机制四部分构成。合理的组织机制能够实现各农业信息服务利益主体（政府组织、社会团体组织、企业组织）的“共赢”，使其成为互为补充、相互促进的利益共同体，为利益分配确定了分配实体；有效的动力机制通过行政驱动、需求驱动和市场驱动等手段，使各农业信息服务利益主体能够自觉遵守利益分配原则，维持了利益分配的高效运行，保证了利益分配的可持续；稳定的投资机制是农业信息服务能够获得经济效益和社会效益的前提，是各利益主体得到服务经济利益并实现利益再分配的基础；科学的利益调控机制通过对农业信息服务利益分配总体格局的调整，实现各利益主体之间关系的协调，对利益分配的具体运行过程进行规范，保证了利益分配的公正与公平。

五、农业信息服务的支撑保障体系

农业信息服务支撑保障体系是农业信息服务体系的重要组成部分，决定了农业信息服务体系的整体结构和布局，是农业信息服务工作顺利开展和实施的基础。一般来讲，农业信息服务支撑保障体系主要包括农业信息基础设施保障、农业信息资源与技术保障、农业信息服务的组织保障、农业信息服务政策与法规制度保障以及农业信息服务的资金保障五方面内容。农业信息基础设施是一切农业信息服务活动的物质基础，农业信息资源和技术的开发应用保证了农业信息服务体系的运行效率，农业信息服务的组织体系建设保证了农业信息服务体系的服务质量，农业政策与法规制度的实施保证了农业信息服务资金的合理分配和农业信息服务体系的规范运行，农业信息服务的资金投入保证了农业信息基础设施建设、农业信息资源和技术开发应用、农业信息服务组织结构优化以及农业政策与法规制度落实的顺利进行。

1. 农业信息基础设施保障涉及信息服务平台建设和信息接收终端设备

普及两部分内容。信息服务平台建设主要可以从电信运营网络、计算机网络和广播电视网络建设三方面着手，由于受到经济条件、建设环境和信息意识等因素的影响，现阶段建设重点主要放在扩大电信网络和广播电视网络的覆盖范围上。信息接收终端的普及是解决农业信息服务“最后一公里”问题的重要环节，直接影响农业信息的传播与接收效果。农业信息服务的信息接收终端设备主要由手机、固定电话、电视机、收音机和计算机等产品构成，由于受到经济发展水平和设备使用能力的限制，现阶段的工作重点主要放在强化传统媒体的信息服务功能和引导高端信息接收设备的购买和应用上。

2. 农业信息资源与技术保障涉及农业信息资源整合和农业信息技术应用两部分内容。农业信息资源从应用主体角度划分，可以分为社会公益型信息资源、商业化服务型信息资源和内部应用型信息资源；从信息资源属性进行划分，可分为社会信息资源和自然信息资源；从信息资源载体角度划分，可分为传统型信息资源（印刷载体、音像载体等）和计算机信息资源。农业信息资源整合就是利用现代信息技术，在保证信息完整性、准确性、实用性和客户区行的基础上，对农业信息进行采集、整理、加工、储存和提供应用的过程。农业信息技术根据信息处理的不同环节可分为农业信息存储技术、农业信息传播技术和农业信息应用技术①。农业信息存储技术包括农业数据库技术和数字图书馆技术等，农业信息传播技术包括农业呼叫中心、通信技术和“电视机顶盒”农业信息接收技术等，农业信息应用技术包括农业专家系统技术、3S 技术、农业多媒体技术、农业网站建设技术、管理信息系统技术和远程信息服务技术等。根据农村经济和社会发展实际情况，现阶段的利用重点主要放在传统媒体技术和现代计算机网络技术的综合利用上。

3. 农业信息服务的组织保障主要是指农业信息服务的组织体系建设。目前，农业信息服务的组织体系建设重点在于以政府服务为主导、其他社会主体共同参与的农业信息服务体系组织形式的探索。一方面，原有农业信息服务体系长期处于“网破、线断、人散”的状态，无法承担当前农业信息服务工作，必须以政府为主导构建一个“上下联通、左右扩散”的新型农业信息服务体系。另一方面，为保证农业信息服务体系的运行效率和效果，必须引入市场运作机制，激发各社会主体的参与积极性，实现农业信息服务

① 梅方权：《农业信息技术的发展与对策研究》，《中国农业科技导报》2003 年第 5 期。

体系组织的多元化发展。

4. 农业信息服务政策与法规制度保障主要是指农业信息服务政策与法规制度的执行与落实。所谓农业信息政策是农业政策和国家信息政策的有机结合，是国家为鼓励、限制和规范农业信息的生产、传播和消费活动，所采取的一系列政治行为或规定的行为准则。① 农业信息法规则是农业法规和国家信息法规的有机结合，是由国家机关强制颁布和执行的一系列对人在农业信息生产、搜集、处理、存储、传播和消费等活动中行为进行规范的法律制度总称。农业信息政策与法规不仅对参与农业信息服务活动的各主体进行规范，也对农业信息服务体系的各个环节进行规范。如何根据国家农业信息服务体系建设的中长期目标和环境变化对农业信息政策与法规进行合理调整，并保证其具体落实效果，是当前农业政策与法规制度建设的重点所在。

5. 农业信息服务的资金保障涉及农业信息服务资金来源和农业信息服务资金利用两方面内容。依据资金投入主体的不同可将农业信息服务资金分为政府部门投资、事业单位投资、涉农企业投资、个人投资和自筹资金。其中，政府投资主要通过直接拨款、减息贴息贷款和无息贷款来实现。只有保证农业信息服务资金来源的稳定，才能维持农业信息服务的持续、健康发展。农业信息服务资金主要用于农业信息基础设施建设、农业信息资源开发、农业信息技术应用和农业信息服务人才培养四个方面。如何在稳定政府农业信息服务专项投资的基础上，推进农业信息服务的市场化进程，调动多方主体的投资积极性，构建政府主导、多方社会主体共同参与的多元化投融资新格局，是农业信息服务资金保障建设的重点。

第三节　农业信息服务体系的总体结构

完整的农业信息服务体系主要由农业信息服务主体、农业信息服务客体、农业信息服务渠道、农业信息服务内容、农业信息服务的利益分配机制和农业信息服务的支撑保障体系六部分构成。每个部分自成体系又相互作用和联系，六部分要素共同形成一个有机整体，并通过某种信息服务模式实现农业信息服务的提供和应用。科学、合理的农业信息服务体系运行模式是确保农业信息从信息提供者向信息接收者顺畅传递的基础保障；规范、公平的利益分配机制是调动农业信息服务各主体参与积极性和实现农业信息服务体

① 陈卫峰、夏文顶：《农村政策与法规概论》，中国农业出版社2006年版。

系健康可持续运行的动力保障；完善的农业信息服务支撑保障体系从基础设施、技术支持、组织建设、资金投入、政策制度和法律法规等方面为农业信息服务体系创造良好的运行环境。农业信息服务体系总体结构如图1－5所示。

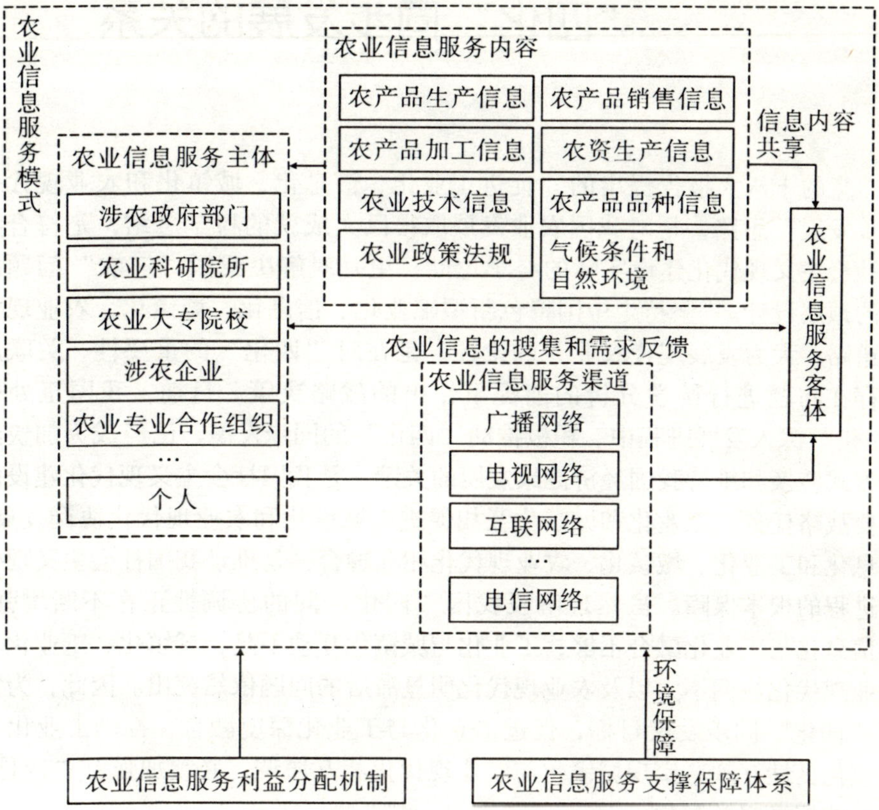

图1－5　农业信息服务体系总体结构

第二章　农业信息服务体系建设与“四化”同步发展的关系

党的十八大报告提出的“促进工业化、信息化、城镇化和农业现代化同步发展”思路，是对我国农业发展取得巨大成就的科学总结，是符合我国社会主义现代化建设实际的科学论断，更是对解决我国“三农”问题路径的顶层设计。“坚持走中国特色新型工业化、信息化、城镇化、农业现代化道路，大力发展现代农业”的论述，是在对“四化”的重要性、关联度和存在问题进行科学分析的前提下作出的战略决策。目前，我国正处于“四化”深入发展进程中，积极推动“四化”的同步发展，已经成为加快经济方式转换和维持我国经济健康发展的关键，是我国社会主义现代化建设的重要战略任务。工业化和城镇化互相促进，城镇化和农业现代化协调发展，信息化和工业化、城镇化、农业现代化相互融合，是推动我国社会主义现代化进程的根本保障。虽然现阶段我国“四化”间的协调性正在不断增强，但信息化与工业化融合不够，工业化与城镇化互动不足，城镇化、工业化与农业现代化协调不力以及农业现代化明显滞后的问题依然突出。因此，为实现“四化”同步发展目标，促进信息化与工业化深度融合，推动工业化与城镇化良性互动，实现城镇化与农业现代化相互协调，必须加强对“四化”建设的信息服务支持。

本章在总结农业信息服务体系建设目标和主要内容的基础上，结合“四化”同步发展对信息服务体系建设提出的提高信息资源整合效率、扩大信息服务覆盖范围、完善信息服务组织机制和加强信息服务效果监测要求，提出在促进工业化、信息化、城镇化和农业现代化同步发展新阶段的农业信息服务体系建设要求：一是提高农业信息服务体系的信息资源整合能力；二是提高农业信息服务渠道的开拓能力；三是提高农业信息服务保障能力；四是健全与完善农业信息服务综合评价指标体系。

第一节　农业信息服务体系建设的目标和主要内容

一、农业信息服务体系建设的目标

农业信息服务体系建设目标包括三个层级（图2－1）。第一级是底层目标（也可称为直接目标），即农业信息服务体系要为农业信息化进程参与主体（以农户为主）提供其所需的基础性信息服务，包括技术信息、市场信息、政策信息等。第二级是中层目标（也可称为间接目标），即农业信息服务体系要提供真实、准确、全面的原始农业信息，以数据资料的形式从不同领域反映我国农业发展现状，为国家各级政府制定农业宏观政策提供决策支持，为各企事业单位进行农业科技研究提供基层数据保障。第三级是顶层目标（也可以成为最高目标），即农业信息服务体系最终要服务于农业信息化和农业现代化，要为我国农业信息化和农业现代化的实现提供信息服务保障。

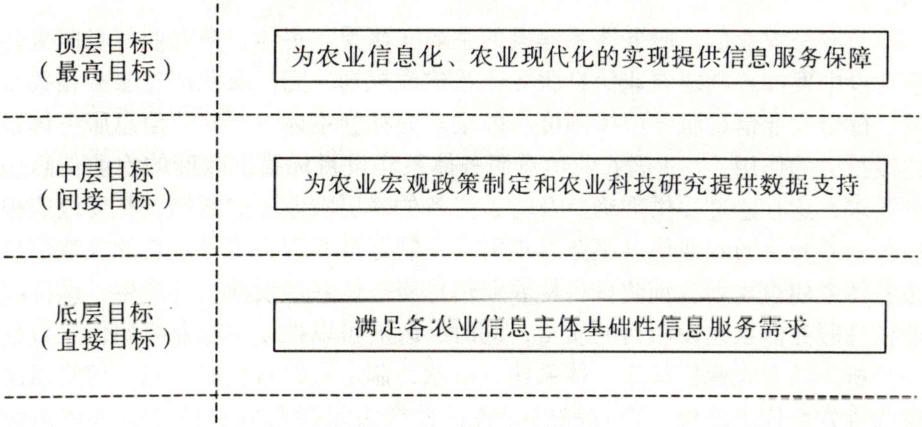

图2－1　农业信息服务的目标体系

（一）满足以农户为主的信息主体服务需求

农户是农业信息服务体系建设的直接受益主体，是基数最大的农业信息用户，具有信息供给者和需求者的双重身份。然而，受到自身诸多条件的制约，农户作为信息需求者的特征更为明显。从农业、农村发展角度看，只有切实满足农户的农业信息需求，提高农户的信息意识和信息分析能力，才能使农户真正富裕起来，才能实现农业的现代化，保证农业和农村经济的健康可持续发展。① 鉴于农户文化水平较低、信息意识薄弱、信息辨别能力差以及对信息风险敏感度高的特点，我国农业信息服务体系建设目标直指农户的农业信息服务需求，根据农户对农业信息的需求种类和强度，提供差异化、个性化的农业信息服务。从提高农户信息识别和利用角度看，农业信息服务体系建设能够淡化农户自身因素、自然环境因素和社会环境因素对农户客观信息需求状态的影响，帮助农户了解自身所处自然环境和社会环境特点，分析不同特征农户间的信息需求差异，指导农户根据自身特点进行相应角色定位，明确自己的农业信息需求，以便更好地为其提供农业信息服务。同时，农业信息服务体系建设能够帮助农户构建信息交流、信息传播以及信息运用的平台，让农户在信息获取和利用的实践中增加知识积累；培养农户的信息意识，使农户能够自己认识信息和识别信息需求，并产生下意识的信息行为，明确信息运用的方向和目的，寻求农业信息服务帮助，利用各类农业信息来改善自己的生活环境和经济状况。

（二）为农业政策制定和农业科研工作开展提供数据支持

政府是农业信息服务体系建设的主要间接受益主体，在农业信息服务体系建设中发挥着制定农业信息服务体系建设规划、完善农业信息服务相关政策、健全农业信息服务法律制度和鼓励多方社会主体参与农业信息服务体系建设投资的作用。② 我国农业信息服务体系建设目标瞄准政府的农业信息服务需求，意在通过提供准确、及时、完备的基层农业原始数据，帮助政府根据各地差异化的农业信息服务客观需求，制定具有现实指导意义的农业信息服务体系建设规划，预防盲目性农业信息服务体系建设项目的产生，保证农业信息服务体系建设项目的质量；同时，政府可以根据对农业原始信息数据的分析，结合农业信息服务体系建设现状，制定有针对性的金融、信贷以及税收等方面优惠政策，鼓励和引导各类社会力量参与农业信息服务体系建设，形成政府主导、各方参与的多元化农业信息服务体系建设格局。

农业高校及科研机构是农业信息服务体系建设的另一主要受益主体，是我国提供农业信息服务的事业单位，承担着培养“新型”农业人才、指导

---

① 郑怀国等：《基于农民视角的农业信息服务》，《安徽农业科学》2011 年第 27 期。

② 于冷、张兴旺：《政府部门在农业信息服务工作中的定位问题探讨》，《农业经济问题》2003 年第 12 期。

农民增收、促进农村繁荣和推动农业发展的重任。① 我国农业信息服务体系建设目标重视农业高校及科研机构农业信息服务需求，旨在通过向其提供准确、及时、全面的农业原始信息数据，指导农业高校及科研机构开展农业科研活动，加快农业科技成果的转换，为农业信息服务体系提供技术支撑。与政府不同，农业高校及科研机构无法行使公共权力，不能通过直接制定相关政策法规推动农业信息服务体系建设，而需要借助政府委托，通过进行对农业信息服务体系建设的研究，为政府制定优惠政策提出政策建议。此外，农业高校及科研机构在为农业信息服务体系输出信息人才的同时，也通过农业技术输出和专家指导服务为农业信息服务体系建设提供智力支持。

（三）为农业信息化和农业现代化的实现提供信息服务保障

农业信息服务体系建设是农业信息化建设的重要组成部分，是农业现代化建设的重要内容，农业信息化建设本身就涵盖有农业信息服务体系建设内容。农业信息服务体系建设目标要求服务农业信息化和农业现代化，就是通过农业信息服务体系对信息的有效组织，利用其高效的信息流循环体系，使农业信息服务体系为农业生产、经营的信息化和农村社会生活的数字化提供信息服务。同时，利用农业信息服务体系促进农业信息产品生成、流通与应用，在整合各传统信息传播媒介的同时，发挥网络技术的传播优势，使现代科学技术向农业经济活动最微观的经济单位渗透，开拓一条以信息资源为驱动力，充分发挥农业劳动力资源优势，克服农业资源匮乏短板的农业现代化建设道路。

二、农业信息服务体系建设的内容

农业信息服务体系具有农业信息价值链整合、农业信息服务关键技术研发和应用、缓解农产品市场信息不对称矛盾的功能。通过农业信息服务体系建设，能够帮助优化农业信息资源配置，实现农业信息增值；凭借农业信息系统、人工智能与专家系统、3S 技术以及自控技术的应用，创新农业信息服务方式，开拓农业信息服务渠道，提高农业信息服务效率，进一步推动农业信息化和农业现代化发展。农业信息服务体系建设主要包括以下四方面内容：一是农业信息服务组织体系建设；二是综合性农业信息服务平台建设；三是农业信息服务核心系统建设；四是农业信息服务评价体系建设。

---

① 张红芹、赵洪亮、张雯：《以农业高校为依托的现代农业信息服务平台建设对策》，《农业网络信息》2011 年第 11 期。

（一）农业信息服务组织体系建设

农业信息服务组织体系建设要从国家和地方两个层面分别进行，全面总结国家和地方层面的共性，充分考虑国家和地方层面的个性，确定农业信息服务组织体系建设目标，选择不同层面农业信息服务组织体系建设模式和路径①。从功能设计看，农业信息服务组织体系具备信息发布、农技推广、政策宣传、产品推介和政务监督五大功能。从建设条件看，农业信息服务组织体系建设要依靠政府部门的直接参与和扶持，并以权威的农业部门自建数据库和高效的基层信息传播网络为依托，保证农业信息准确、及时的同时，兼顾下层延伸性。从体系结构看（图2－2），农业信息服务组织体系建设包含国家和省级农业信息服

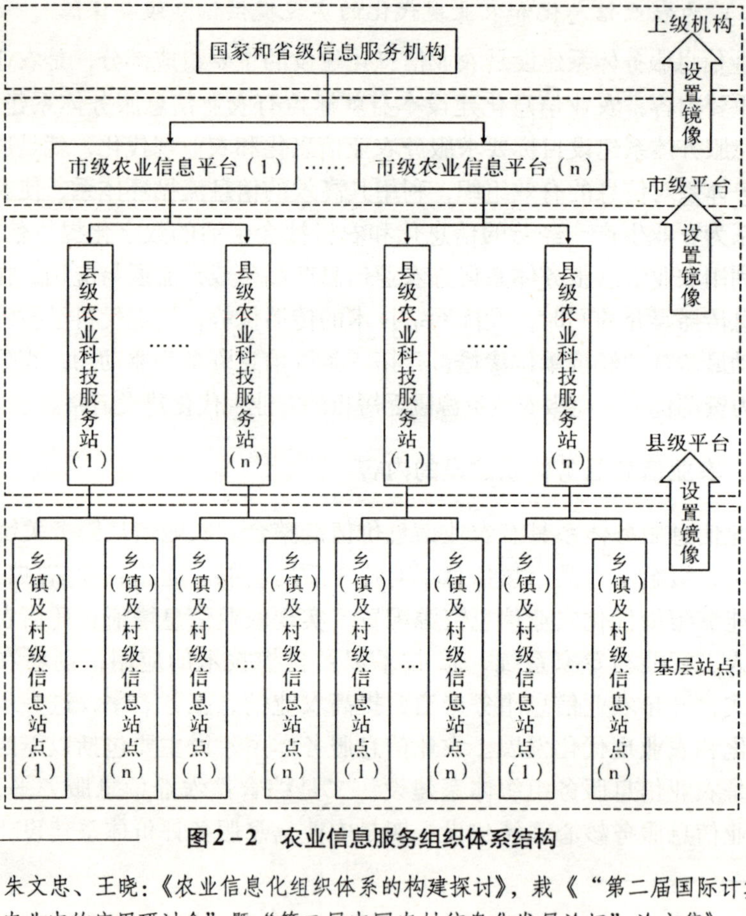

图2－2　农业信息服务组织体系结构

① 朱文忠、王晓：《农业信息化组织体系的构建探讨》，载《"第二届国际计算机及计算技术在农业中的应用研讨会"暨"第二届中国农村信息化发展论坛"论文集》，电子工业出版社2008年版。

务机构建设、市级农业信息平台建设、县级农业科技服务站建设和乡（镇）及村级信息站点建设。从建设重点看，受经济因素、技术因素和基础设施条件制约，农业信息服务组织体系建设的重点要放在基层信息平台和站点的建设上。

总体来讲，只有建立国家和省级农业信息服务机构、市级农业信息平台、县级农业科技服务站和乡（镇）及村级信息站点的联动机制，保持各机构、平台和站点的独立运行和相互服务关系，完善各级农业信息服务组织的服务功能，才能构建具有合力效应的农业信息服务组织体系。

（二）综合性农业信息服务平台建设

我国农业信息服务平台建设大致可分为三个发展阶段：1990—2000 年，我国农业信息服务平台建设以国家级信息平台建设为主，强调对农业生产的技术服务支持；2000—2005 年，随着农业信息化的深入，地区性农业信息平台建设开始兴起，平台建设以发布地区农业信息为主，部分地区尝试建设农业电子商务平台；2005 年以后，农业信息服务进入社会主义新农村信息服务为主阶段，平台建设目标瞄准新农村建设的信息服务需求。① 从平台特点看，农业信息服务平台可分为基础类平台和应用类平台，前者以构建大型农业信息数据中心为特点，后者以强调农业信息分类应用为核心。② 从平台信息分类看，农业信息服务平台主要提供农产品市场信息、农业技术信息、农业环境信息和农业宏观政策信息等。从平台功能看，农业信息服务平台主要有求购、销售、农技服务、第三方代理、项目合作和生活服务六大基础功能模块，涉及农业生产的整个供应环节和农村日常生活所需的信息服务内容。从平台依托网络看，现行农业信息服务平台主要基于互联网和无线移动运营商，前者凭借互联网自身特点可以很好地发挥平台信息交流、农技推广、农产品电子商务和农业企业宣传的优势，后者依靠个人移动终端和定制无线网络服务向农业信息需求主体提供方便、快捷的农业信息服务。从平台构成看，农业信息服务平台整体拓展框架先是以行政区域为单位构建上级农业信息服务平台，再以乡镇为单位进行服务平台的向下拓展，最终以村为最小单位完成农业信息服务平台的基层拓展。③ 农业信息服务平台由农业综合信息服务站点、基层

---

① 解蕙：《农业信息服务平台构建研究》，《东方企业文化》2010 年第 6 期。

② 彭晓东、苑隆寅：《我国农业信息服务平台理论构想探讨》，《农业网络信息》2012 年第 4 期。

③ 何志勇：《区域性农业信息服务平台构建》，《四川理工学院学报（自然科学版）》2010 年第 3 期。

涉农对象、智能网关、智能移动终端和农业信息服务应用系统五个部分构成。

（三）农业信息服务核心系统建设

农业信息服务核心系统主要由农业监测预警系统、农产品供求和推介服务系统、农产品价格信息系统、农业科技信息联合服务系统和农业市场监管信息系统构成。五大农业信息服务核心系统的建立，是解决我国农业信息资源规范化程度低和共享能力差等问题的重要措施。农业监测预警系统通过统计、预警和评价等一系列农业预警指标的制定，利用黑色、黄色、红色、绿色以及白色预警方法，对农业生产的未来趋势进行判断，并根据警兆发布警度预报，为相关部门对农业预警对象进行宏观调控和管理提供及时、准确的信息服务。① 农产品供求和推介服务系统利用现代信息技术，结合国内外区域特色，构建出农产品供求和推介信息互联网平台，提供国内外农产品信息查询、国内外农产品供求数据统计、农产品供求信息分析、农产品供求信息预测和农产品生产推介等农业信息服务。② 农产品价格信息系统由农产品价格信息采集、农产品市场监控和农产品价格分析及预测三大子系统构成，采用信息化手段对农产品市场价格行情进行全面检测，总结农产品价格波动的一般性规律，并对其价格走势作出合理分析和预测，在为农户与企业用户提供农产品价格信息服务的同时，也为政府对农产品价格的调控与管理提供数据支持。③ 农业科技信息联合服务系统建设以信息资源集成论文与信息服务推广理论为基础，以农业科技信息资源组织利用为目标，以农业数字图书馆为典型模式，以资源、技术与服务的集成为主要内容，为农业科技创新、推广以及农业成果转换提供数字资源保障。④ 农业市场监管信息系统具备市场数据挖掘、信息比较分析和实时跟踪报警等信息服务功能，能够对农业市场风险进行识别、预警和干预，为政府部门进行农业市场监管和宏观调控决策提供信息服务支持。

（四）农业信息服务评价体系建设

农业信息服务评价体系建设以客观性、代表性、系统性、可操作性以及

---

① 赵瑞莹、杨学成：《农业预警系统研究》，《生产力研究》2004 年第 1 期。

② 罗婷婷、赵瑞雪：《基于多模型的农产品供求信息预测系统研究》，《中国农学通报》2009 年第 23 期。

③ 杨坤、王志峰：《农产品价格信息监测预测系统设计与实现》，《农业网络信息》2010 年第 11 期。

④ 卓文飞：《论我国农业科技信息集成服务系统的构建》，《中国科技论坛》2010 年第 3 期。

可比较性为基本原则，以全面考察农业经济发展、农业现代化建设、农业信息化建设和农业信息服务建设现状为基础；采用直接评价与间接评价、宏观评价与微观评价相结合的农业信息服务评价思路；通过构建能够客观、准确、科学反映农业信息服务效果的指标体系；运用主成分分析法、层次分析法、灰色关联法以及模糊综合评价法等方法，从宏观层面、中观层面和微观层面对农业信息服务效果进行评价；为完善农业信息服务体系建设和指导政府部门制定农业信息服务发展规划提供科学依据。

第二节　“四化”同步发展的信息服务需求

一、“四化”之间的逻辑关系

（一）工业化与城镇化的关系

经济学家 M. 赛尔昆和 H. 钱纳里指出，在工业化发展进程中，劳动力和生产要素资本会不断向经济发达、工业化程度高的城镇区域聚集，由此表现出一种工业化与城镇化的一致性。① 具体来讲，工业化是城镇化发展的基础和“助推器”，城镇化为工业化提供发展支持；工业化是城镇化的经济内涵，城镇化是工业化发展的必然结果；工业化是经济发展的主旋律，城镇化则是社会发展的主旋律②（图 2－3）。

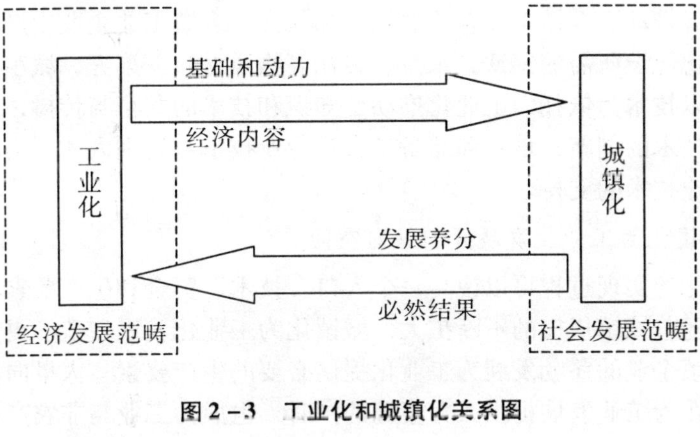

图 2－3　工业化和城镇化关系图

① 姜爱林：《城镇化与工业化互动关系研究》，《财贸研究》2004 年第 3 期。

② 姜爱林：《城镇化、工业化与信息化协调发展研究》，中国大地出版社 2004 年版。

1. 工业化为城镇化发展提供动力支持

城镇化实际上是社会化和市场化大生产发展的结果，随着生产和生活方式的改变，农村居民会逐渐放弃传统农业生产方式和原有生活方式，选择向城镇居民身份转变。工业化的发展一方面可以促进农村劳动力向第二、第三产业劳动力转换，引导农村劳动力融入城镇化进程中，为城镇化建设提供充足的劳动力资源保障。另一方面，随着工业经济的发展，人口、资源和财富会不断向一定区域聚集，人口的增加、资源的聚集以及财富的积累为城镇化创造条件，工业生产的集中性和规模化特质将更加凸显，这将进一步推动城镇化的快速发展。此外，在工业化不断实现的过程中，非农产业的壮大与发展推动了乡镇企业的技术、结构和体制的优化升级，提高了乡镇企业整体市场竞争能力，加快乡镇企业与大工业体系的融合步伐，推动了城镇化的快速发展。

2. 工业化为城镇化发展提供基础保障

城镇是工业发展的重要空间载体，城镇的建设与发展离不开工业的支撑，实现城镇化所需的经济、资源和技术等物质内容更离不开工业的支持。① 城镇化建设需要大量的资金投入，依靠单一的政府财政支持远远满足不了城镇化发展需求，寻找其他建设资金来源是保证城镇化建设顺利实施的重要保障。随着工业化的进一步深入，乡镇工业不断发展壮大，在提高乡镇居民收入的同时，乡镇工业利润成为了城镇化建设重要的资金来源。其次，工业化发展带动了乡镇工业企业的发展和壮大，乡镇工业企业生产和提供了大量城镇化建设所需的钢铁、水泥、砖瓦等物质材料。第三，城镇化建设和城镇管理以技术为依托，工业化推动了知识和技术的共享与传播，刺激了生产和管理技术的创新，培养和储备了大量专业技术和管理人才，为城镇化发展提供专业技术的支持。

3. 城镇化为工业化发展开创纵向空间

城镇化的实现过程可以说是一个人口、技术、资金和生产要素不断聚集的过程，随着城镇规模的不断扩大，城镇化为工业化发展创造了更大的市场空间。乡镇企业的蓬勃发展为工业化提供必要的生产要素；大量向城镇聚集的劳动力在为工业发展提供人力资源的同时，也成为工业与非农产业的主要

---

① 段禄峰、张沛：《我国农村城镇化与工业化协调发展问题研究》，《城市发展研究》2009 年第 7 期。

消费主体；城镇作为工业化发展的载体，其规模及经济容量决定了乡镇工业的发展速度，影响着工业化要素的聚集，随着城镇基础设施和辐射能力的不断完善增强，城镇聚集效应的发挥将为工业化开拓更广阔的发展空间。

4. 城镇化为工业化发展提供服务支撑

工业化的实现需要以足够的劳动力、充足的资金、先进的技术以及完备的生产资料为基础，在整个工业化发展进程中需要各类基础性服务、社会服务和中介服务的支持。城镇化提高了劳动力素质和工作效率，引导劳动力在不同地区和产业部门之间合理流动，细化了劳动分工，提高劳动力的组织和使用效率，为劳动者综合素质的提高创造条件。同时，在城镇化发展过程中，城镇的劳动力优势、公共服务基础设施优势以及社会事业基础设施优势会更加凸显，向工业化发展提供基础服务和中介服务的能力也会随之增强。

（二）工业化与农业现代化的关系

工业化的发展必然推动农业现代化进程，而农业现代化水平的提高也将为工业化发展提供物质支持。因此，在我国整个社会主义现代化进程中，必须坚持以新型工业化为主导、农业现代化为基础的建设道路，维持新型工业化与农业现代化的协调发展。① 从产生动因视角看，工业化是农业现代化的动力源泉，农业现代化是工业化的具体表现形式；从演进轨迹看，工业化是农业现代化的发展开端，农业现代化是工业化的内容延续；从相互关系的角度看，工业化是农业现代化的前提和基础，农业现代化是工业化发展的落脚点（图2-4）。

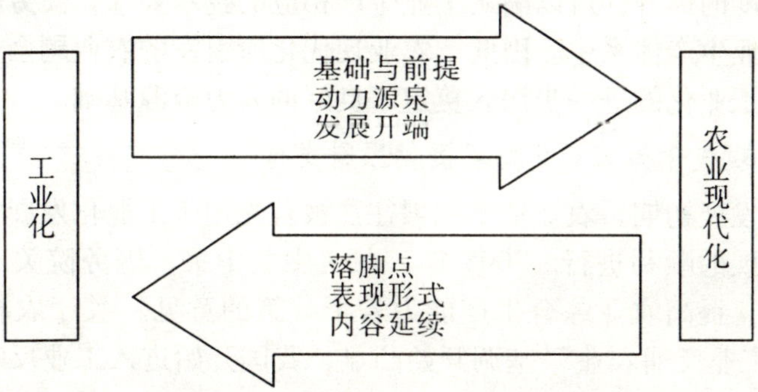

图2-4　工业化与农业现代化关系图

① 钱津：《中国农业必须走现代化之路》，《贵州社会科学》2010年第1期。

1. 工业化是农业现代化发展的基础

工业化为农业现代化发展提供资金和技术支持，促进农业专业化发展①。农业现代化建设不仅仅是农业基础设施的改善，更是整个农业发展所需物质条件的全面提升，这需要大量资金的投入，单纯依靠农业收入的增长来满足建设需求是远远不够的。随着有工业化带动的第二、第三产业的发展，大量社会资金财富被聚集，在推动区域经济发展的基础上，为农业现代化建设准备了大量的资金。同时，工业化发展所带来的技术革新，更是有效推动农业科技进步、促进农业产业升级以及改善农业发展现状，一定程度上解决农业科技对农业增长贡献率过低的问题，为提升农业现代化整体发展水平提供技术支持。此外，在工业化发展过程中，农业专业化分工也更加合理化，随着高产、高效农业的发展，农产品总量和质量不断提高，农产品价值和效益大幅提升，农产品加工业蓬勃发展，进一步推动着农业现代化的发展。

2. 农业现代化为工业化发展提供人力资源保障

随着农业现代化的深入，农业产业结构不断优化，农业现代化水平不断提高，农业开始向高质、高效的生产部门类型转变，农业生产部门劳动力资源被引导着逐渐从农业部门向非农部门转移，为非农产业提供大量人力资源。同时，随着工业化建设的不断深入，其对社会劳动力数量的需求进一步加大，从农业部门转移出来的大量劳动力恰好能够满足这一需要。此外，经过职业技能的教育与培育，农业剩余劳动力的职业技能和素养能够在短期内得到一定程度的提升，可以满足工业生产相应的技术要求，使劳动力能够快速融入到工业生产体系中。因此，农业现代化所引发的农业剩余劳动力的有序转移，为工业化的进一步深入奠定了良好的人力资源基础。

3. 农业现代化为工业化发展提供原料支持

工业化发展初期，农业资本积累往往被首先用于工业化发展，以保证我国工业化发展的顺利进行。2005 年，在《中共中央、国务院关于进一步加强农村工作，提高农业综合生产能力若干政策的意见》关于农村政策意见部分中，“工业反哺农业”基调开始凸显，我国开始进入工业反哺农业的历史阶段。然而，无论工业化发展处于怎样的历史阶段，支撑工业化发展的基

---

① 伍国勇：《基于现代多功能农业的工业化、城镇化和农业现代化“三化”同步协调发展研究》，《农业现代化研究》2011 年第 4 期。

本生产要素需要农业生产提供这一客观事实是无法改变的。随着农业产业结构的优化和农业生产效率的提高，农业将继续向工业化建设提供高质、多样的原材料，为工业化发展提供原料支持和保障。

（三）城镇化与农业现代化的关系

城镇化与农业现代化具有强内在关联性，两者可以说是同一事物的两个不同表现形式，都是建设社会主义新农村的重要手段和实现路径（图2-5）。城镇化与农业现代化既互为基础、彼此依托，又互为前提、彼此促进，更互为条件、彼此制约。① 城镇化为农业现代化提供资金与技术支持，优化农业产业结构，推动农业现代化水平提升。农业现代化为城镇化发展创造市场条件，提供发展要素。二者的协调统一是深入推进我国社会主义现代化建设的重要一环。

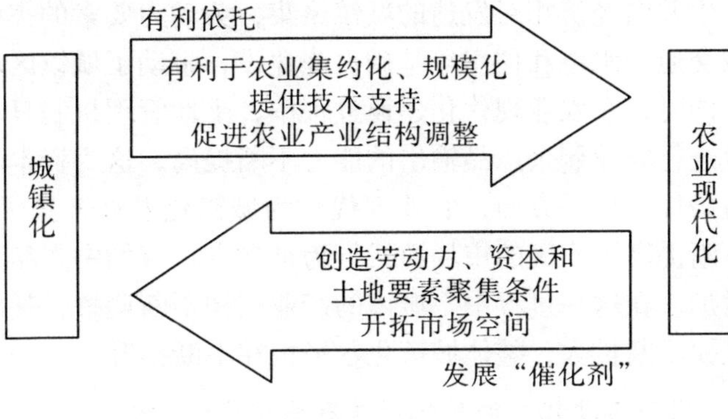

图2-5　城镇化与农业现代化相互关系图

1. 城镇化是农业现代化发展的有利依托

农业现代化加快了农业剩余劳动力向非农产业转移的步伐，大量农业剩余劳动力向经济发达、各产业聚集度高的地区汇集，积极推动城镇化进程能够为农业剩余劳动力创造容纳之所。随着城镇化建设的深入，城镇基础设施和经济发展条件得到明显提升，其农业剩余劳动力容纳能力明显增强，带动了农业剩余劳动力向非农产业有序转移，为农业集约化、规模化发展创造有利条件。同时，城镇化发展能够激发农民学习和生产的主动性和积极性，加快农民“小农”意识的转变，帮助农民树立正确的市场意识、法制意识和

① 吴文倩：《农村城镇化与农业现代化关系探析》，《商业时代》2007年第17期。

道德意识，为“新型农民”的培养打下基础，也为农业现代化建设储备劳动人才。其次，农业的现代化要求用先进农业科学技术装备农业，城镇化发展将促进农业技术革新和应用，在提高农业投入品生产量的同时，改善农村基层的农技推广条件，加快传统农业向现代农业改造的速度，为农业现代化提供技术支撑。第三，农业现代化发展要求农业产业结构的优化和升级，城镇化发展能够帮助加大初级农产品需求总量、丰富农产品生产种类以及拓宽农产品经销渠道，实现农业的多样化发展，促进农业内部产业结构和产品结构的优化调整。

2. 农业现代化是城镇化发展的催化剂

城镇化过程从本质上讲是劳动力、资本和土地等要素在地理位置上不断集中的过程。随着农业现代化的深入和农业生产率的提升，大量的农业剩余劳动力将会产生并向经济相对发达的城镇聚集，劳动力要素的集中促进和完善了城镇区域交通、水电和住房等基础设施建设，带动了城镇区域科教文卫事业的发展。同时，在农业现代化建设过程中，土地管理机制日趋成熟，农业对非农产业进行农业剩余产品输出的能力不断提高，这为资本和土地等要素的集聚创造条件。另一方面，农业现代化为城镇化发展开拓了市场空间。随着收入的不断提高，农民的市场消费行为被激发，市场中产品消费的数量和种类大幅增加，在这一过程中，城镇的产业结构不断调整，基础设施不断完善，发展规模不断扩大，整体城镇化水平也在不断提升。

（四）信息化与工业化、城镇化以及农业现代化的关系

从“工业化、城镇化、农业现代化”协调发展到“工业化、信息化、城镇化、农业现代化”同步发展，“信息化”作为重要内容被及时补充，体现出它在“四化”中的突出地位和重要作用，表明信息化已经成为国家发展战略范畴所考虑的内容。信息化对有力推动工业化、城镇化和农业现代化的发展起着重要作用；同时，信息化的发展也依赖于工业化、城镇化和农业现代化的发展。信息化内容的补充是科学发展观指引下的必然结果，更是国民经济发展和社会主义现代化建设的客观要求。

信息化是推进工业化、城镇化、农业现代化发展的重要手段，是我国构建社会主义和谐社会和实现社会主义现代化的必然选择，也是我国国民经济发展和社会进步的具体体现，加强信息化建设对推进工业化、城镇化和农业现代化发展具有重大意义。信息资源的整合与开发、信息技术的推广与应用以及信息服务系统的建设与完善能够促进关键技术创新和产业结构升级，实

现产品市场发展趋势预测功能，指导产品生产和经营，帮助规避市场风险，为工业化发展注入新的动力。同时，利用信息技术实现对传统农业的改造和对现代农业的武装，加快农业信息化建设步伐，通过农业信息服务体系搭建农户与市场之间信息流通的桥梁，缩小“城乡信息鸿沟”，指导农业生产和经营，促进粮食增产、农业增效以及农民持续增收，实现新农村经济社会的稳定繁荣与健康可持续发展，为城镇化和农业现代化打一剂“强心针”。

二、“四化”同步发展的目标瞄准

党的十八大报告指出：促进工业化、信息化、城镇化、农业现代化同步发展是加快完善社会主义市场经济体制和转变经济发展方式的重要途径，坚持走中国特色新型工业化、信息化、城镇化、农业现代化发展道路是贯彻科学发展观和实现社会主义现代化建设的必然选择。工业化、信息化、城镇化和农业现代化是一个相互关联且不可分割的整体，并统一于社会主义现代化建设过程中。针对我国“四化”新阶段发展要求，立足我国基本国情，结合十八大精神，可将“四化”同步战略实施目标瞄准以下三个方面：一是积极促进信息化和工业化的深度融合；二是大力推动工业化和城镇化的良性互动；三是努力实现城镇化和农业现代化的协调发展。

（一）促进信息化和工业化的深度融合

工业化作为带动我国社会主义现代化发展的龙头，对有效推进各类产业升级和激发各产业竞争力以及发展动力起着重要作用。目前我国已经进入资源约束时代，在生产总成本不断上升和社会总需求逐渐放缓的双重挤压下，加快中国特色新型工业化脚步势在必行。新型工业化要求不断提高科学技术贡献度、积极推进产业结构调整和大力促进产业层次升级，进而实现新一轮的社会经济增长和产业扩张。为抢占新一轮发展先机，信息化成为必然趋势。利用信息化技术方法和手段对现有产业进行全面改造，不仅能实现传统生产力的彻底提升，更能孕育出以信息技术应用为特征的全新产业，创造出一种全新生产方式。要实现信息化与工业化深度融合这一目标，一方面要大力开发工业信息化产品，积极应用工业信息化技术，不断创新工业信息化服务模式；另一方面要引导企业将信息化作为驱动企业发展的重要动力，通过信息技术的应用和信息平台的搭建，推动生产技术的改造，实现企业和产业技术创新能力的提升。

（二）推动工业化和城镇化的良性互动

工业化为城镇化提供经济支持，城镇化为工业化开拓依托空间，工业化和城镇化的良性互动，不仅是城镇化内在要求的体现，也是为工业化创造良好发展条件的要求。然而，当前我国的城镇化进程远远滞后于工业化，现行的户籍制度更是一度成为农民向市民身份转换的一大障碍。在此背景下，要扩大农民身份转换规模，加快我国城镇化建设脚步，提高中国的城镇化建设水平，可以说是任重而道远。因此，为实现推进城镇化和工业化良性互动这一目标，一方面要在促进公共服务均等化和统筹城乡发展上下工夫，以推进公共服务均等化为抓手，强调城镇化进程中的“城乡”协调，引导基础设施、公共服务以及社会保障的建设重心向农村倾斜；另一方面要不断探索城镇化和工业化良性互动模式，总结、完善和推广各省、市、区城镇化与工业化协调发展经验，提升我国城镇化和工业化协调发展的水平。

（三）实现城镇化和农业现代化的相互协调

城镇化与农业现代化的相互协调是我国农村发展的必然趋势，为规避以牺牲农业和生态资源为代价推进我国的城镇化进程，推动城镇化和农业现代化的协调发展成为必由之路。在这一目标的驱使下，首先要以耕地保护为基础，积极鼓励土地利用集约化，通过提高土地的集约利用率来推动城镇化发展；其次要以农村基本经营制度为基础，培育新型农业经营主体，结合农业标准化、高效化以及生态化要求，不断探索和发展规模经营方式，提高农业综合生产能力和抗风险能力；三是要贯彻“农民为本”的思想，切实保护农民的利益主体地位，努力实现农业增效与农民增收的“两增同步”，探索以农民利益为导向的规模经营新模式，在保障农民权益的同时，使农民成为城镇化和农业现代化的最大受益者。

三、“四化”同步发展的信息服务需求

（一）工业化发展与信息服务

工业化从广义上来讲就是工业或者第二产业占国民生产总值比重以及工业就业人数占总就业人数比重不断上升的过程，它是以工业的高速发展为特征，并高度依托于贸易的发展、市场范围的扩大和产权交易制度的完善。从工业化整体发展看，信息资源的有效利用能够促进生产和管理技术的革新、产业结构的调整和升级、市场和人力资源的合理利用及有效配置。从工业化微观主体运营看，信息资源的有效利用能够帮助企业提高技术开发、原料采

购、产品制造和顾客服务四大系统的运行效率，加强系统之间的协调互动能力。① 从农村工业化建设看，推动农村工业化发展进程要以全面及时、准确多样、实用且具有一定预见性的信息资源为基础，以面向市场竞争的信息需求为导向，以提供满足企业发展需要的信息服务为目标，构建企业信息查询、咨询和发布服务体系，通过信息的交流、传播和应用，增强企业信息开发和服务能力，优化企业知识结构，提升企业市场竞争能力，最终实现加快农村经济发展、推动农村社会进步、促进城镇化进程和建立新型城乡关系的目标。②

（二）信息化发展与信息服务

信息化是社会经济结构重心从物质与能源向信息转变的过程，也是信息技术高度渗透和广泛辐射的过程，是个人行为、组织决策和社会运行趋于合理化的一种理想状态。它具体表现为信息技术的高度应用、信息资源的高度共享、智力资源潜力的高度开发和物质资源潜力的充分发挥。从发展阶段看，信息化发展可以被划分为以信息产业化和产业信息化为特征的初级阶段、以经济结构信息化为特征的第二阶段和以社会信息化为特征的高级阶段。在信息化的每个发展阶段，信息都作为核心要素，发挥着重要的作用，并随着信息管理和应用水平的不断提升，逐渐成为各种决策行为的依据。信息化的实现需要依靠信息技术去拓展人类的信息功能，需要依靠信息人才去管理和控制结构复杂、组成多样的信息流，信息资源与物质资源、能量资源的结合利用构成信息化发展的"基石"③。因此，在信息化发展过程中需要加强信息服务的力度和广度，提高信息资源储备的精度与广度，提升信息人才的信息意识、素养和能力，并着眼于信息深度加工和目标性重组，开发差异化信息服务系统，为针对不同需求主体提供信息资源搜集和组织服务。

（三）城镇化发展与信息服务

城镇化是农村人口向城镇人口转化的过程，它以社会生产力的高度发展、科学技术的快速进步和产业结构的优化调整为具体表现，推动农村人口城镇导向化迁移，促使农村剩余劳动力资源向第二、第三产业方向转移。城

① 蓝庆新：《我国信息化推动工业化的状况评判及路径选择》，《福州党校学报》2003 年第 4 期。

② 汪红萍：《农村工业化的信息需求及对策探讨》，《安徽农业科学》2003 年第 6 期。

③ 陈榕虎：《信息化与信息服务》，《情报探索》2002 年第 1 期。

镇化建设主体主要包括中央政府、地方政府和农民。中央政府是城镇化建设的领导者，负责对整体建设过程进行宏观调控；地方政府是城镇化建设的组织者，负责具体的建设规划和关系协调工作；农民是城镇化建设的主要力量，在政府的引导下逐步完成身份和工作性质的转移。在当前城镇化进程中，各参与主体间的信息不对称问题成为制约城镇化发展的“绊脚石”。① 中央与地方政府之间、农民与地方政府之间以及农民与中央政府之间的信息不对称，导致建设以政绩为核心、运作以各部门利益为驱动现象的产生，严重影响城镇化建设效果。因此，在城镇化发展过程中需要信息服务支持，强化信息资源共享，实现政务公开，建立健全地方政府的业绩考察制度、问责机制和部门利益分配机制，才能提高农民参与城镇化建设的积极性，保持中央政府、地方政府和农民之间的信息互通，保证城镇化建设的有序进行。

（四）农业现代化发展与信息服务

农业现代化是以现代科学技术为手段推动我国传统农业向现代农业转变的过程，它包含农业生产全过程（产前、产中、产后）的现代化、农业过程经营管理的现代化和农业生产力的现代化。② 针对我国现阶段农业现代化发展中存在的农业机械化程度低、农业科学技术创新能力弱、农业科技成果转化率差、农业基础设施建设滞后、农业产业化发展步伐缓慢、农业生态环境恶化加剧以及农业从业人员综合素质不高的问题，加强农业信息服务，发挥信息对资源配置、技术推广以及市场调节的关键作用，是缓解压力的有效手段之一。现代化农业信息服务体系的建立不仅能够提供指导农业生产和帮助进行经营决策的农业信息服务，更能构建科技含量高、信息覆盖广、服务方式全的农业信息服务高速公路，通过提高农业信息服务水平，推动农业现代化发展。

综上所述，通过对工业化、信息化、城镇化和农业现代化与信息服务关系进行分析可以发现，信息的收集、整理、分析、共享和应用对推进工业化、信息化、城镇化和农业现代化进程发挥着重要作用，信息服务能力的高低直接影响着“四化”同步发展的效果。同时，为促进工业化、信息化、城镇化和农业现代化的同步发展，实现“四化同步”的发展目标，对信息

---

① 陈来芳：《中国农村城镇化进程中的信息不对称问题研究》，贵州大学硕士学位论文，2008 年。

② 高万林等：《加快农业信息化发展，促进农业现代化建设》，《农业现代化研究》2010 年第 3 期。

服务体系建设也提出新的要求：第一，要提高信息服务体系的资源整合效率，强调信息资源整合方式的创新，满足各类用户个性化的信息服务需求；第二，要扩大信息服务体系的服务范围，强调基层信息服务能力的提升，注重拓展基层信息服务的深度和广度；第三，要完善信息服务体系的组织机制，强调推进服务体系建设主体的多元化，探索信息服务体系建设参与新机制；第四，要监测信息服务体系的服务效果，强调信息服务评价体系的健全与完善，构建反映"四化"同步目标的信息服务评价指标体系。

第三节　"四化同步"阶段农业信息服务体系的建设要求

农业信息服务是信息服务的主要内容之一，农业信息服务体系作为信息服务体系重要的组成部分，在推动农村工业化、农业信息化、城镇化和农业现代化发展过程中起到了积极的作用。一方面，农业信息服务体系为农村工业化、农业信息化、城镇化和农业信现代化提供农业信息资源的保障。通过对农业信息资源的有效整合、开发和利用，针对农村工业化、农业信息化、城镇化和农业信现代化发展的具体目标和主要内容，提供与之对应的农业信息内容，有利于提高乡镇企业市场竞争能力、企业结构优化速度和企业技术创新效率，缓解农业信息化"最后一公里"困局，缩短城镇化过程中城乡主体间存在的"数字鸿沟"，促进农业生产经营方式、农业结构和农业科学技术的优化和升级。另一方面，农业信息服务体系在政府、农业科研机构、农业大专院校、农业专业合作组织、农民（户）和其他农业产品社会消费主体之间搭建沟通与交流的桥梁。通过农业信息服务平台、农业信息服务机构和农业信息服务站点的建设，能够实现政府、农业科研机构、农业大专院校、农业专业合作组织、农民（户）和其他农业产品社会消费主体之间农业信息的传递与共享，为农业相关政策、法规和制度的实施与落实提供保障和监督，为农业新技术和农业新品种的研发提供信息保障，为农业科技成果转化和农业技术推广提供平台和媒介保障，为农业生产经营的专业化和规范化提供信息服务保障，更为农民（户）获取农业生产与经营、农产品供求与销售以及农业技术应用等信息提供渠道保障。

随着近年来国家对农业信息服务命题和农业信息服务体系建设重视程度的提升，我国的农业信息服务将进入全新发展阶段，我国的农业信息服务体系建设面临着绝佳的发展机遇。同时，"四化同步"战略思路的提出，预示着我国将进入促进“四化同步”发展新阶段，也预示着我国农业信息服务体系建设将面临更大的挑战。如何围绕促进农业、农村、农民发展主题，结合我国社会和经济发展要求，立足国家发展整体战略，有效推动我国的农业信息服务体系建设，是把握农业信息服务体系发展机遇和战胜农业信息服务体系建设挑战的关键。因此，提高农业信息资源整合效率，扩大农业信息服务体系服务覆盖范围，加强农业信息服务保障体系建设，健全与完善农业信息服务综合评价指标体系，成为现阶段我国农业信息服务体系建设的重点。

一、提高农业信息服务体系的信息资源整合能力

农业信息资源整合是农业信息服务活动开展和农业信息服务体系运行的内容和信息保障。农业信息服务活动的进行以提供有针对性和目的性的具体农业信息为基础，农业信息资源整合能力的强弱将对农业信息服务的效率和效果造成直接影响。农业信息服务体系的运行是以农业信息的储存、传递和提供利用（服务）为主要特征，农业信息资源整合能力的高低将直接决定农业信息储存的质量、农业信息传播的效果以及农业信息提供给利用（服务）的效率。农业信息资源整合过程主要可分为农业信息采集和农业信息处理两部分内容。

1. 农业信息的采集包含农业信息采集范围、农业信息采集技术和农业信息采集周期三方面内容。农业信息采集范围从广度意义上讲，主要指农业信息采集的覆盖情况，例如农业信息采集站点的省级覆盖率、市级覆盖率和县乡级覆盖率等，反映区域内农业信息和数据采集站点的有无，体现信息采集的全面性；从深度上讲，农业信息采集范围指一定区域内农业信息和数据采集站点的数量，例如湖北省农业信息采集站点数量或者具体到武汉市、江夏区农业信息采集站点数量，反映区域内农业信息采集站点的多少，体现信息采集的针对性。农业信息采集技术主要指在信息采集过程中方法的使用，主要可以分为信息调查者主导和调查客体主导两类。信息调查者主导的农业信息采集方式是指在信息调查员的引导下根据农业信息采集的具体目的获取相关信息和数据；调查客体主导农业信息采集方式是指根据农业信息采集的总体要求以调查客体的主观表述为依据进行信息和数据的收集。农业信息采集周期是指一定时间范围内进行农业信息采集的频率，可根据具体时间跨度、区域范围和信息类别进行细分，例如全国农产品价格信息的周采集频率或者湖北省农业信息统计数据采集频率，反映农业信息采集的时间间隔情况，体现信息采集的及时性。

2. 农业信息的处理主要分为农业信息的整理和农业信息的分析与加工两方面内容。信息的整理是指对所采集农业信息和数据按照其具体类别、内容和形式进行分门别类，以便在从事农业信息服务活动的过程中，能够实现对相关信息及数据进行准确和快速的查找，保证农业信息服务方便与快捷。农业信息的分析与加工是指在对农业原始信息和数据进行整理的基础上，运用信息分析方法、工具和模型，对农业信息（数据）进行深层次的挖掘，形成具有一定附加价值的二级或者三级农业信息（数据），如农产品市场分析报告以及农产品生产可行性分析等，在提高农业信息（数据）自身价值的同时，也提高农业信息服务的实现价值和农业信息服务体系的应用价值。

综上所述，要提高农业信息服务体系的信息资源整合能力从内容上讲，就是要提高农业信息采集和农业信息处理能力。实现农业信息资源的有效整合，一方面，要扩大农业信息采集范围，提高农业信息（数据）采集站点的覆盖率和一定区域内的总体数量，要创新农业信息和数据采集技术，缩短农业信息和数据的采集周期，从整体上增强农业信息的全面性、针对性、有效性和及时性。另一方面，要提升农业信息（数据）的整理效率和提供应用的速率，加强先进信息分类、信息检索和信息管理技术的应用，要促进农业信息（数据）分析技术的升级和创新，强化信息挖掘深度，开发以二级或者三级农业信息（数据）为内容的农业信息服务产品，提高农业信息的自身价值和应用价值。

二、提高农业信息服务体系的服务渠道开拓能力

农业信息服务的渠道开拓是保证农业信息服务活动顺利开展和农业信息服务体系可持续运行的关键。农业信息服务渠道是连接农业信息服务主体与农业信息服务客体间的纽带，农业信息服务渠道的通畅程度的高低决定了农业信息服务内容能否被及时和准确地提供应用，农业信息服务渠道建设和开拓状况的好坏决定了农业信息服务体系服务功能的实现程度和实现效果。对农业信息服务体系服务渠道开拓能力的考查主要从农业信息发布和基层农业信息服务两方面进行。

1. 农业信息发布主要涉及农业信息的发布范围和农业信息的发布方式两方面内容。从广度上讲，农业信息发布范围是指农业信息的区域覆盖情况，具体来说可以以农业信息发布的省级覆盖率、地市级覆盖率或者县村级覆盖率进行衡量，反映农业信息服务体系信息服务功能所能涵盖的区域，体现信息发布面的大小。从深度上讲，农业信息发布范围是指一定区域范围内

单位数量人群拥有的农业信息数量，可以以湖北省万人拥有农业调查信息条数等方法来进行衡量，反映农业信息服务体系的信息应用状况，体现农业信息发布强度的高低。农业信息发布方式根据媒介的不同可划分为传统媒体发布方式和新媒体发布方式，并可以根据信息发布主体的不同进行细分。传统媒体发布形式主要借助纸质印刷品（报纸、图书和杂志等）、广播电视频道和节目等传统媒体进行农业信息的发布和农业信息服务的提供；新媒体发布形式则是以互联网和电信网络为依托，通过与网络运营商和电信运营商的合作，借助农业信息服务平台、农业综合信息网站、农业信息服务短信和触媒体等新媒体进行农业信息的发布和农业信息服务的提供。

2. 基层农业信息服务是指以村级行政区划单位为标准，考察农业信息服务的农民（户）落实情况。农民（户）是农业信息服务体系的主要服务对象，农业信息服务体系建设归根到底是为了解决农民（户）的农业信息服务需求，然而，农业信息服务的“最后一公里”问题一直制约着农业信息服务体系的服务效果，影响农民（户）进行农业信息的获取和享受高效的农业信息服务。基层农业信息服务能力高低对农业信息服务体系服务渠道的开拓能力有着最直接的反映，只有通过对服务渠道的不断开拓和探索才能彻底解决农业信息服务的“最后一公里”问题，才能发挥农业信息服务体系的最大功用。

综上所述，要提高农业信息服务体系的服务渠道开拓能力，需从提高农业信息的发布能力和农业信息服务体系的基层服务能力两方面着手。一方面，要扩大农业信息的发布范围，不仅要增加拥有农业信息服务机构区域的数量，还要增加农业信息服务机构、农业信息中心、农业信息服务站点的数量，从整体上提高农业信息发布的广度和强度。同时，加强农业信息发布方式的多元化发展，将传统媒体和新媒体结合起来，发挥两种媒体各自的优势，扬长避短，互为补充，实现农业信息服务的多渠道和多维度供给。另一方面，要以提升基层农业信息服务能力为目标，积极探索打通农业信息服务“最后一公里”通道的方法和路径，切实缩小“数字鸿沟”对农民增收和农业增效的影响。

三、提高农业信息服务体系的信息服务保障能力

农业信息服务保障主要包括农业信息服务基础设施建设、农业信息服务人才队伍培养与农业信息服务相关政策法规制定与颁布三方面内容。

1. 农业信息服务基础设施建设包含有硬件建设和软件建设两方面内容。

农业信息服务基础设施硬件建设主要考察电信运营网络、计算机网络和广播电视网络的建设情况，以及农业信息接收终端（手机、固定电话、电视机、收音机、计算机等）产品的拥有情况，反映农业信息服务接收能力的高低。农业信息服务基础设施软件建设是指对农业信息服务新技术的研发与创新，根据信息处理的不同环节可分为农业信息存储技术、农业信息传播技术和农业信息应用技术，反映农业信息应用能力的强弱。

2. 农业信息服务人才队伍培养是指针对农业信息服务要求和特点，培养出对农业知识、信息技术和信息服务和管理知识都具有一定认识的农业信息服务从业人员。农业信息服务人才培养将直接影响农业信息服务的质量和效果。目前的农业信息服务人才培养主要通过专业院校学习和进行职业技术培训来实现，通过专业院校学习，由于受到教学科目和方法的限制，所培养出的人才往往只专长于某一类知识或技能；而职业技术培训这一方式，由于受到培训人数、条件和范围的制约，无法满足全面提升农业信息服务人员整体素质的需要。

3. 农业信息服务相关政策法规制定和颁布考察的是农业信息服务相关政策、法律法规和制度的制定与发布情况。农业信息服务相关政策的制定与颁布体现了国家政府机关对农业信息服务未来发展方向以及农业信息服务体系建设重点的一种倾向性，有利于农业信息服务各主体把握农业信息发展脉搏，将有限资源投入到农业信息服务体系建设的核心领域。农业信息服务相关法律法规及制度制定与颁布是对农业信息服务活动各个环节的一种规范，有助于界定农业信息服务各主体的义务，保证农业信息服务各主体的权利，使农业信息服务体系建设朝着规范化、有序化和健康化方向发展。

综上所述，要提高农业信息服务体系的信息服务保障能力，需从提高农业信息服务基础设施建设能力、农业信息服务人才队伍培养能力和农业信息服务政策法规保障能力三方面入手。首先，加强农业信息服务基础设施建设，增加农业信息接收设备的单位拥有数量，提高电信网络的覆盖面积，特别是宽带入户率、3G 覆盖率和光纤接入率，加快农业信息服务技术创新和应用，为农业信息服务体系提供硬件支持。其次，注重农业信息服务人才培养，加大农业信息服务从业人员比重，增加高素质（高中及以上教育程度）农业信息服务从业人员比重，并扩大农业信息服务人员培训的覆盖范围，为农业信息服务体系提供人才储备保障。第三，尽快制定针对农业信息服务领域的法律法规，规范农业信息服务的各项活动，贯彻和落实国家制定和颁布的各项农业信息服务推进政策，激发农业信息服务发展活力，加快农业信息服务制度创新，保证农业信息服务活动和农业信息服务体系建设工作的有序进行。

四、健全和完善农业信息服务评价指标体系

建立和健全完善的农业信息服务评价指标体系是监测农业信息服务体系整体运行情况、实现农业信息服务体系信息资源高效整合、考察农业信息服务体系信息服务渠道开拓状况和强化农业信息服务体系信息服务保障能力的要求。根据农业信息服务体系建设的总体目标，结合现阶段农业信息服务体系建设的具体要求，选取能够客观反映农业信息服务体系服务能力、农业信息服务体系信息发布能力、农业信息服务渠道开拓能力和农业信息服务保障能力的评价要素，并对其相应测度指标进行筛选，构建农业信息服务体系服务综合评价指标体系。运用相关数学方法对各级指标和单层排序权重和总层次排序权重进行确定，并利用评价模型结合农业信息服务综合评价指标体系对当前农业信息服务体系整体服务能力进行综合评价。为确定现阶段农业信息服务体系建设的重点内容，明确农业信息服务体系建设的阶段性目标，拓展农业信息服务体系的建设思路，提供评价和决策依据。

第三章 农业信息服务体系综合评价指标筛选

提高农业信息服务能力是近年来一系列农业信息化建设政策制定和实施的重要目标。着眼于国家经济发展水平和财政实力现状，对现阶段农业信息服务体系建设进行全面考查和科学评估，以考察和评价结果为依据，将有限资源投入到农业信息服务体系建设的重点领域，不仅关系着农业信息服务水平的提高，也事关“农业、农村、农民”问题的发展全局。

本章在对现有五种极具代表性的农业信息服务综合评价指标体系进行比较分析的基础上，遵循简单性、独立性、普遍性和可操作性的农业信息服务综合评价指标筛选原则，以能够客观、科学评判当前农业信息服务体系的建设现状和运行效果为基础，以能够充分体现现阶段我国农业信息服务体系建设重点为前提，对农业信息服务体系综合评价指标进行筛选，构建农业信息服务综合评价指标体系。本书最终选择从农业信息采集能力、农业信息发布能力、农业信息服务基础设施建设水平、农业信息服务人力资源储备情况以及农业信息服务政策法规制定状况五个方面对农业信息服务体系建设情况进行综合评价，并筛选出26个测度指标构建出农业信息服务综合评价指标体系。

第一节 农业信息服务综合评价指标体系构建的内涵

一、农业信息服务综合评价指标体系构建的意义

立足农业信息服务体系建设内容和现状，科学选择农业信息服务综合评价指标，构建出能够全面考察农业信息服务体系建设效果的评价指标体系，不仅有利于提高农业信息服务体系的建设效率，更有利于优化农业信息服务体系的建设结构，充分发挥农业信息服务体系在推进现代农业发展中的服务功能。

一方面，通过建立农业信息服务综合评价指标体系，有助于实现农业信息服务体系建设效率的提高。经过近几年的农业信息服务体系建设，我国农

业信息服务网络建设初具规模，农业信息服务的覆盖广度与深度逐年增加，农业信息服务能力不断增强。从数据调查能力看，2013 年，农业信息数据调查覆盖全国 565 个统计基点县、325 个物价基点县、400 个农产品批发市场和 17 万农户，参与乡村调查的人员总数达到 3000 人，调查内容涉及 18 个品种的成本调查、60 个农产品和农资品种的市场价格调查、300 多种农产品的批发价格调查以及 150 余种蔬菜的农户出售价格调查，全年累计获取调查数据 4000 多万条。从信息服务效果看，截至 2013 年 12 月 15 日，湖北、四川、山东等十三省市“12316”信息服务平台共接收农业信息服务热线咨询达 533 万人次，发送短信 3182 万条。其中，针对不同用户需求订制的 12 类信息服务内容短信 2 万多条次，由农业部政府网站编发的信息 16 万条。然而，与欧、美、日、韩等农业发达地区和国家相比，我国农业信息服务基础设施薄弱、农业信息资源整合效率不高以及农业信息使用能力不强的问题依然突出，严重影响农业信息服务体系的整体运行效果①。针对农业信息化发展和农业信息服务体系建设要求，构建农业信息服务综合评价指标体系，并借助指标体系对农业信息服务体系运行效果进行评估，有助于确认农业信息服务体系建设的主要障碍，理清农业信息服务体系建设思路，进而达到创新农业信息服务体系运行模式，改善农业信息服务体系服务效果，提高农业信息服务体系建设效率的目的。

另一方面，通过建立农业信息服务综合评价指标体系，有助于进行农业信息服务体系建设结构的优化。农业信息服务体系建设是以推动农业发展、改善农村社会面貌、提高农民收入为根本出发点，其建设目标和具体内容具有很强的历史性和动态性特征。在农业发展的不同阶段，农业信息服务体系建设的目标和具体内容都反映着对应历史阶段的农业信息服务需求，并随着发展阶段的演变而不断发生变化。目前，我国正处于大力推进工业化、信息化、城镇化和农业现代化同步发展的历史新阶段，现有应用比较普遍的“5 大类 28 项指标”、“4 大类 25 项指标”、“7 大类 39 项指标”和“5 大类 15 项指标”都不足以对新阶段农业信息服务效果进行全面评价。根据现阶段“四化同步”和现代农业发展的信息服务要求，筛选农业信息服务综合评价指标，构建出能够科学、全面、客观评价当前农业信息服务建设的指标体系，是推进现代农业发展、实现“四化同步”目标的必然要求。利用完善

① 陈智、钱言玉：《我国农业信息服务问题研究》，《现代商贸工业》2011 年第 24 期。

之后的评价指标体系对农业信息服务体系建设效果进行评价，有助于优化农业信息服务体系建设结构，明确农业信息服务体系建设重点和内容，调整农业信息服务组织体系建设、综合性农业信息服务平台建设以及农业信息服务核心系统建设目标，保证新阶段农业战略发展目标的实现。

总体而言，农业信息服务综合评价指标体系构建是探索农业信息服务体系建设路径，强化农业信息服务体系服务效果的基础性常规工作，其评价结果将是后续农业信息服务体系建设和管理制度创新与农业信息服务体系建设目标和内容调整的重要依据。

二、农业信息服务综合评价指标体系构建的目标和原则

（一）农业信息服务综合评价指标体系的构建目标

在农业信息服务综合评价指标体系构建的过程中，既要考察农业信息服务体系预期建设目标的实现程度，还要反映农业发展所处阶段的农业信息服务需求，更要指明农业信息服务体系建设的改进方向和完善重点。通过农业信息服务综合评价指标体系的构建，能够形成客观、科学的评判标准，并对农业信息服务体系的建设现状、运行效果进行综合判断，真实反映体系建设的现实状况。农业信息服务综合评价指标主要关注农业信息服务体系建设的实施情况，具体内容涉及农业信息资源利用情况、农村信息基础设施建设情况、农业产业信息服务情况、农业信息服务主体水平以及农业信息服务环境建设等方面，评价结果将作为下一阶段确定农业信息服务体系建设核心目标和重点领域的参考。

（二）农业信息服务综合评价指标体系的构建原则

农业信息服务综合评价指标体系由多个相互联系和作用的评价指标所组成，是一个具有一定层次结构的有机整体，选择农业信息服务综合评价指标必须考虑数据的可获取性和可计量性。从指标量化角度考虑，如果一些指标在目前的统计年鉴、资料和网络数据库中无法获得相关统计数据，便无法对其进行量化；另一方面，如果仅以是否能进行量化为标准选择评价指标，会破坏评价理论和评价实践的关联性，降低指标间的关联度。基于此，为保证农业信息服务综合评价指标体系的系统性和完整性，在体系构建过程中应尽量遵循“简单、独立、普遍、可行”的基本原则。

1. 简单性原则

简单原则是指在指标选取的过程中应该特别注意指标在整个评价过程中

所起到的作用，贯彻“宜少而不宜多、易简而不易繁”的选择思路，凸显所选指标的目的性。指标数量的多少和指标体系层级的繁简程度并不是衡量指标体系科学性以及合理性的唯一标准，过于繁复的层级设计和大量的指标涵盖会加大指标数据的获取难度，使评价过程复杂化，进而影响评价的结果；相比而言，简单、易懂的评价指标体系设计往往能够获得更好的评价效果。

2. 独立性原则

独立原则是指为保证评价结果的科学与客观，评价指标体系中的各评价指标要内涵清晰、指向明确，并保持较强的独立性。从单个指标个体看，每一个指标都要求能够独立反映事物某一方面的典型特征，具有很好的代表性和说明性。从评价指标体系整体看，处于不同层级的上下级关系指标之间要有强关联性，低层级的各指标能够对上级指标进行诠释和说明；处于同一层级的评价指标要不重叠，指标与指标之间不存在包含或者因果关系。

3. 普遍性原则

普遍原则是指整个指标体系的构建要站在全国农业信息服务发展全局视角对评价农业信息服务体系建设的各个指标进行筛选，使农业信息服务综合评价指标体系在全国各个省、市、地区都具有强适用性，能够在各地区客观基础条件存在差异的情况下，通过对指标的选择性使用或赋予其不同权数，实现对不同级别、不同区域农业信息服务体系建设现状和运行效果的评价。

4. 可操作性原则

可操作原则是指在指标体系构建过程中指标设计要符合农业信息服务体系建设的客观实际，有稳定的数据来源，且便于计算。评价指标体系中的定量指标和定性指标要尽量与国家相关行业指标内容保持一致，方便以指标为依据，从国家权威统计部门和职能部门获取数据资料。在整个评价过程中，稳定、可靠的数据来源进行评价的根本保障，只有保证了指标数据的易获取性，才能实现对农业信息服务体系建设的科学评价。

三、农业信息服务综合评价指标体系的构建程序

农业信息服务综合评价指标体系构建可分为以下三个步骤（如图 3 - 1 所示）：

第一步，对现有关于农业信息服务综合评价指标体系构建的研究成果进行梳理，总结各指标体系的组成及其特征。

第二步，对各指标体系的适用条件和优缺点进行系统分析，了解指标体

系的构建原理和具体思路。

第三步，根据“四化同步”发展和农业信息服务体系建设要求，结合对现有各农业信息服务评价指标体系的分析结果，对农业信息服务综合评价指标进行筛选，构建农业信息服务体系的农业服务能力评价指标体系、基层实用性评价指标体系和农业信息服务利益分配机制评价体系。

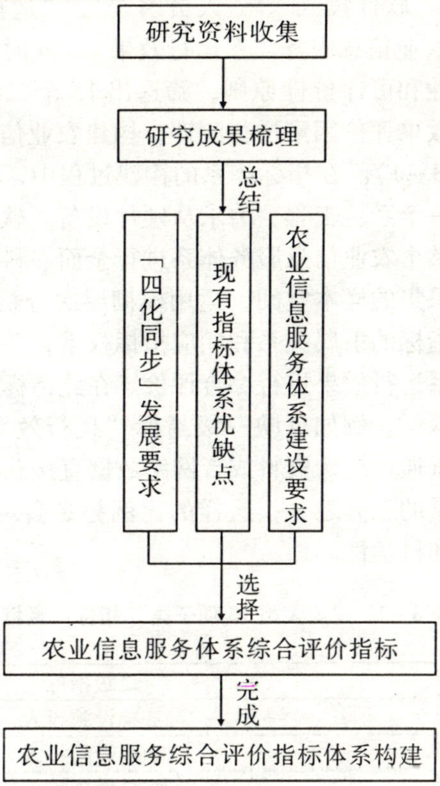

图3-1　农业信息服务综合评价指标体系构建流程图

第二节　现有农业信息服务评价指标体系的比对研究

近年来，对农业信息服务评价指标体系构建理论与实践的探索取得了一定成绩，形成了几种极具代表性的指标体系框架，为进一步深化农业信息服务评价指标体系研究打下坚实的基础和提供有效的参考。通过对现有指标体系框架的研究，从科学性、系统性和可操作性角度来分析各指标体系的优点和不足，对构建基于“四化同步”发展要求的农业信息服务综合评价指标体系，具有极其重要指导意义。

一、“5 大类 15 项子类指标体系”评述

该指标体系立足于对农业信息资源识别和对农业信息服务环境的分析，选取“硬件投入”、“软件投入”、“人员因素”、“运行效率”和“信息环境”五大因素反映农业信息服务体系运行效果①。同时，依据全面性、代表性、适用性、层次性和可评价性原则，筛选出 15 个二级指标，对五大农业信息服务体系运行效果评价因素进行测评，构建农业信息服务体系运行效果评价指标框架（表 3－1）。在指标体系的构建过程中，将农业信息服务体系运行效果评价看成一个系统工程，力求从硬件设备、软件应用和人文管理等多角度，分层次对整个农业信息服务体系进行全面、科学和客观的评价。选择吉林省作为数据采集的样本空间，运用模糊层次分析方法（FAHP）确定指标体系中各层级指标的隶属关系和相应指标权重，并利用指标体系对吉林省农业信息服务体系运行效果进行综合评价。在此指标体系中，部分指标数据的可获取性值得探讨。例如反映一级指标“运行效率”的一系列二级指标，其指标数据很难通过统计资料或者网络数据直接获取，且该系列指标数占到二级指标总数量的三分之一，这样的比例势必会对评价结果产生影响，降低评价的客观性和科学性。

表 3－1　“5 大类 15 项子类”指标体系框架

一级指标	二级指标
硬件投入	基础设施投入
	专业设施投入
软件投入	商品软件投入
	信息员培训投入
	信息服务体系日常运行投入
人员因素	信息员信息识别能力
	信息员信息处理能力

① 刘彦圻：《吉林省农业信息服务体系构建及评价研究》，吉林农业大学硕士学位论文，2004 年。

续表

一级指标	二级指标
运行效率	信息采集的全面性和针对性
	信息处理的科学性和实用性
	信息发布的全面性和快捷性
	信息采集处理发布的技术先进性
	信息发布模式与经济现状的匹配性
信息环境	农民的信息意识
	信息市场的发育程度
	相关政策法规

二、"5 大类 17 项子类指标体系" 评述

该指标体系以农业信息循环的三大主要环节为基础，结合农业信息服务在农业发展中的战略地位以及农业信息服务的整体发展环境，选取"农业信息服务战略地位"、"农业信息生产子系统"、"农业信息传播子系统"、"农业信息服务施效子系统"和"农业信息服务建设环境"五大要素对农业信息服务体系建设进行综合评价。① 同时，筛选出 17 个二级指标对五大要素进行说明，并挑选出 59 个三级指标对 17 项二级指标进行测评，构建农业信息服务评价指标体系（表 3 - 2）。在指标体系的构建过程中，吸取美国、法国、韩国和日本等国外农业信息服务体系建设经验，立足中国农业信息服务体系建设现状，贯彻系统性、目的性、普适性、独立性和可操作性设计原则，以为国家实现对农业信息服务体系的调控和监督管理提供客观依据为目标，对评价指标体系的各指标进行筛选。利用模糊综合评价方法（FCE）对指标层级的隶属关系进行考察，运用层次分析方法（AHP）确定体系中各指标的权重，并以河北省作为数据采集的样本空间，运用评价指标体系对河北省农业信息服务体系建设进行评价。该指标体系最大的问题在于指标的直接数据获取困难。例如对"信息源"、"信息采集"、"信息加工"、"传播方式创新"和"系统产出"等二级指标的测评，其对应三级指标设计过于主观，无法直接用统计数据进行计算和判断，在运用指标体系进行农业信息服

① 王艳霞：《网络环境下中国农业信息服务系统研究》，河北农业大学博士学位论文，2007 年。

务体系评价的过程中会对评价结果的客观性产生一定的影响。

表3－2 "5大类17项子类"指标体系框架

一级指标	二级指标	三级指标
战略地位	政府重视程度	信息项目规划
		项目领导协调能力
		系统建设总投资
生产子系统	信息源	机构信息源
		人物信息源
		实物信息源
		科技信息源
		文献信息源
	信息采集	采集指标设计
		采集点覆盖率
		采集设备先进性
		采集周期
	信息加工	加工技术先进性
		加工标准化程度
		加工深度与质量
	信息存量与利用	万人均区域内数据库资源
		万人均区域外数据库资源
		万人均网站
		数据库访问量
传播子系统	传播组织体系	万人均县级以上信息服务者
		万人均基层信息员
		基层服务站比率
	传播资源整合	电视农业节目播出比重
		县、乡信息服务大厅比率
		广播农业节目播出比重
		村图书室比率与利用情况
		传播与下乡服务设施及利用
		科技示范园规模和个数
		电话语音服务
	传播方式创新	人际传播发展情况
		组织传播发展情况
		传播方式创新典型数

续表

一级指标	二级指标	三级指标
	网络传播	县级以上服务中心平均计算机数
		乡村农业公共服务专用计算机数
		网站内容丰富程度与更新速度
		网络安全运行率
施效子系统	信息接收设施	每百农户拥有电视机
		有线电视入户率
		每百农户拥有电话数
		每百农户拥有计算机数
	农民信息素质	农民参加培训积极性和效果
		农民主动咨询信息情况
		平均受教育年限
	决策支持服务	辅助决策工作量
		辅助决策水平
		农业电子商务
	系统产出	经济效益
		生态效益
		社会效益
建设环境	通讯基础环境	通讯基础设施
		人均宽带拥有率
		电波覆盖率
	政策环境	财政补贴和奖励
		金融优惠贷款
	法律环境	数据标准化规范
		信息安全法律、信息化法律法规
	农业经营环境	规模化经营
		农业合作社发展
		产业化经营

三、“7 大类 39 项子类指标体系”评述

该指标体系着眼于农业信息化发展战略的根本目标和农业信息服务对农村经济发展的推动作用，结合基层农村信息服务体系建设、信息化建设和经济发展实际情况，在贯彻科学性、综合性和可操作性原则的基础上，选取“农村信息化资源”、“农村信息化发展”、“农村信息服务基础设施”、“农村信息服务人力资源”、“农村信息技术普及与应用”、“农业信息服务发展环境”和“农业信

息服务效益”七大因素，衡量农村信息服务体系建设情况①。同时，筛选出39个二级指标对其进行测评，构建农业信息服务评价指标体系（表3-3）。在指标体系的构建过程中，采取问卷调查、专家访谈和实地调研现结合的方法，以贵州省作为数据采集的样本空间进行调查与研究，总结农业信息服务评价指标体系的各指标要素。利用层次分析方法（AHP）对评价指标体系的层级划分进行验证，运用逼近理想点排序法（TOPSIS法）确定指标体系中各评价指标的权重，保证评价结果的客观性和准确度。然而，该指标体系在指标选择与分类上仍存在一些值得商榷的地方：一是在评价体系的指标设定上存在含义重叠，会对指标体系的评价效果造成影响。例如一级指标“农业信息服务发展环境”和“农村信息化发展”的设定，前者包括对农村信息化发展现状的部分内容，后者也涵盖了农村信息服务发展环境的相关内容，两个一级指标之间存在明显的重叠关系。又如二级指标“农业经济信息资源开发应用所创产值占农业总产值比重”和“农业信息资源应用所创产值占农业总产值比重”中，农业信息资源和农业经济信息资源也存在明显的包含关系。二是某些二级指标的数据获取困难，会对指标体系的评价过程增添难度。例如对二级指标中“农业信息资源应用所创产值”进行界定和计算，“农业信息资源应用”本身就是一个边界定义模糊的概念，想在农业生产总值中准确划分出由农业信息资源应用所创造的产值，操作难度很大。

表3-3 “7大类39项子类”指标体系框架

一级指标	二级指标	单位
农村信息化资源	农村广播人口覆盖率	%
	农村电视人口覆盖率	%
	农业经济信息数据库信息资源应用覆盖率（村为单位）	%
	农村每万人拥有图书杂志报纸总印张数	张/万人
	农业经济信息网络乡镇覆盖率	%
农村信息化发展	农业信息化R&D支出占各地GDP比重	%
	农村信息化产业基础设施投资占农村全部基础设施投资比重	%
	农村信息化产业增加值占GDP的比重	%
农村信息服务基础设施	农村已建成网络基础环境和通讯网络结构比重	%

① 韩兴顺等：《农业信息服务发展水平评价研究》，《农机化研究》2007年第10期。

续表

一级指标	二级指标	单位
	农业经济信息频道或节目数量比重	%
	农业网络数据库保有量和规模	个
	农业信息密度	指标数
	农业信息力度	指标数
农村信息服务人力资源	农村高等教育毛入学率	%
	农村中等教育毛入学率	%
	农村信息服务专业人员占农村总人数比重	%
	农村信息服务专业人员中等教育以上学历比重	%
	农村职业培训人次占农村总人数比重	%
	农村党员干部远程教育村覆盖率	%
	农村中小学远程教育覆盖率	%
农村信息技术普及与应用	固定电话村通比率	%
	农村固定电话普及率	%
	农村移动电话普及率	%
	农村影碟机普及率	
	农村每万人拥有计算机数	台/万人
	农村每百户拥有电视机数	台/百户
	农村每万人互联网用户数	个/万人
	农业信息系统利用比重	%
农业信息服务发展环境	农业批发市场互联网个数占批发市场总数比重	%
	每100平方公里农业批发市场个数	个/100km^2
	每100平方公里农业集贸市场个数	个/100km^2
	农业经济专业组织人数占农村劳动力总数比重	%
	农村经纪人人数占农村劳动力总数比重	%
	专业大户占农户数比重	%
	涉农的龙头企业所创产值占农业总产值比重	%
	小城镇化水平提高率	%
农业信息服务效益	农业经济信息资源开发应用所创产值占农业总产值比重	%
	农业信息资源应用所创产值占农业总产值比重	%
	农业信息化服务产业链所吸纳就业人数占农村劳动力总数比重	%

四、“4大类25项子类指标体系”评述

该指标体系以农业信息传播理论为依据，从“信息主体发布信息的能力”、“信息传播基础设施的建设水平”、“农民接受并且应用信息的能力”以及“农业信息服务效用”四个方面对农业信息服务体系建设进行评价，筛选出对应的25项评价指标，构建农业信息服务评价指标体系（表3－4），并利用该体系对黑龙江省农业信息服务体系运行效果进行评价。① 在指标体系在构建过程中，充分考虑黑龙江省农业信息服务体系建设实际，从农业信息传播视角，依照农业信息发布、传播、接收、应用以及最终的应用效果考察这一主线，设计农业信息服务评价指标体系的一级指标。结合农业信息指标定义，参考国家信息化指标体系，对二级指标进行设计和选取。整个评价指标体系层次分明，指标数量选择适当，指标体系中的指标数据可以从《黑龙江省统计年鉴》、《中国信息年鉴》、《中国农村互联网发展状况调查报告》以及《中国农业年鉴》中获取，基本满足了系统性、代表性和可行性要求。然而，该指标体系仍存在一些值得进一步探讨的地方：一是部分二级指标不能很好地对主体要素进行解释。例如“农村投资”这一二级指标的涵盖面过广，信息传播基础设施建设只是农村投资的一部分，并不是所有的农村投资都用于信息基础设施建设，以农村的整体投资总量大小来对信息传播基础设施建设进行考量，指向性不明，改为“信息基础设施投入占农村总投资比重”可能更为恰当。二是部分二级指标归类不科学。例如“邮路及农村投递路线长度”这一二级指标反映的是农村基础建设水平，虽然信息基础设施建设也属于农村基础设施建设，但其与邮路及农村投递路线长度的关联度太低，将其作为二级指标测评信息基础设施建设过于牵强。三是个别一级指标命名不合理。例如在“农民接受并且应用信息的能力”这一要素的二级指标系统中，除“高中及以上程度农民比重”能反映农民接收并应用信息的能力外，其他二级指标对农民应用信息能力的反映程度并不高，从二级指标的整体设定考虑，将其改为“农民获取信息的能力”会更为妥当。

① 马增林、谭延强：《黑龙江省农业信息服务体系水平的测度研究》，《生态经济》2012年第2期。

表3－4 “4大类25项子类”指标体系框架

一级指标	二级指标	单位
信息主体发布信息的能力	县级平均每周电视播出时间	小时
	县级平均每日广播播出时间	小时
	图书出版数量	种
	期刊出版数量	种
	报纸出版数量	种
	国有企事业单位农业技术人员数	种
信息传播基础设施的建设水平	农村投资	亿元
	电视节目综合人口覆盖率	%
	广播节目综合人口覆盖率	%
	县级图书馆数量	册
	县级图书馆藏书量	册
	设在农村的邮政局所数	处
	邮路及农村投递线路长度	万公里
	数字电视入户率	%
农民接受并且应用信息的能力	高中及以上程度农民的比重	%
	农村家庭平均每百户拥有彩色电视机数量	台/百户
	农村家庭平均每百户拥有手机数量	部/百户
	农村家庭平均每百户拥有电话数量	部/百户
	农村家庭平均每百户拥有电脑数量	台/百户
	农村上网人数	万人
	农村电话用户	万户
	移动通信交换机容量	万户
农业信息服务效用	农业信息指数	%
	农村居民人均纯收入指数	指数值
	农业总产值指数	指数值

五、"5大类28项子类指标体系"评述

该指标体系立足于信息化绩效评估的内涵与基本特征，着眼于农业信息服务绩效评估体系创建原则，从"农业信息资源服务绩效"、"农村信息装备服务绩效"、"农业产业信息服务绩效"、"农业信息化主体水平"和"农业信息服务环境"五个方面对农业信息服务绩效进行考察①。通过对现有几类农业信息化测评指标体系的比对研究，遵循系统性、代表性、可操作性以及可比较性原则，采用"两个结合"的构建思路（即将直接与间接信息服务绩效评价相结合、将宏观与微观信息服务绩效评价相结合），选取28个评价指标，构建出农业信息服务评价指标体系（表3－5）。在指标体系的构建过程中，将农业信息服务与绩效内涵相结合，把农业信息服务绩效概括为：在推进农业信息服务体系建设过程中，通过农业信息主体、农业信息资源和信息设备的有效配置，利用现代信息技术，优化农业信息服务环境，促进农业信息化的全面发展，实现农业信息服务体系高效、公平的运行目标。同时，注重服务绩效的考察与评估，对指标数据可获取性进行充分考虑，并选择《全国农业普查报告》、《中国统计年鉴》、《中国农村全面建设小康监测报告》、《中国农村信息化测评理论与方法研究》、《中国国力报告》、《中国省域经济综合竞争力发展报告》和《中国政府网站绩效评估报告》中的权威数据作为指标的数据支撑，保证了指标体系测评结果的客观性。但该指标体系在某些指标的设定和选择上仍存在进一步探讨的空间，某些二级指标对一级指标的解释程测评程度有待商榷。例如"农业产业信息服务绩效指数"这一类指标系统中，"农业经济转化效率指数"、"农业信息咨询服务业产值占农村GDP比重"和"举办过农业技术讲座的村比重"这些二级指标对一级指标"农业产业信息服务绩效"的测评过于间接，其直接指标数据无法很好地对一级指标进行客观反映，且这类指标数量超过整体指标总数的三分之一，这势必会对整个指标体系评价的科学性产生影响。

---

① 梁春阳：《论农业信息服务绩效评价体系的构建——兼评我国农业及农村信息化测评模型研究》，《图书馆理论与实践》2012年第9期。

表 3－5　“5 大类 28 项子类”指标体系框架

一级指标	二级指标	单位
农业信息资源服务绩效指数	有农业技术推广服务机构的乡镇比重	%
	有图书室和文化站的村比重	%
	百万人涉农网站拥有量	个/百万人
	设立农村经济信息服务点的行政村比率	%
	农村互联网用户比例	%
农村信息装备服务绩效指数	能接收电视节目的自然村比重	%
	安装了有线电视的自然村比重	%
	农户彩电拥有率	台
	农户手机普及率	台
	农户家用电脑普及率	台
	农村居民人均文化娱乐、交通和通讯支出	元
农业产业信息服务绩效指数	农业经济转化效率指数	指数值
	农业科技成果转换率指数	%
	农业信息技术应用指数	指数值
	有农产品专业市场的乡镇比重	%
	每百万人现代农业示范基地及龙头企业数	家/百万人
	农业信息咨询服务业产值占农村 GDP 比重	%
	通过“公司＋农户”方式生产、销售农产品的村比重	%
	举办过农业技术讲座的村比重	%
农业信息化主体水平指数	农村劳动力大专及大专以上文化程度者比重	%
	农村万人农业科技人员数	人/万人
	农民信息化程度	%
	有农业专业技术人员的村比重	%
农业信息服务环境指数	农民生活质量全面小康实现程度	%
	政府作用竞争力指数	指数值
	农民对村政务公开满意度	%
	县级政府网站绩效指数	指数值
	有职业技术学校的乡镇比重	%

第三节　农业信息服务体系的评价指标筛选

一、农业信息服务体系评价指标筛选依据

构建农业信息服务综合评价指标体系的根本目的：一是对现有农业信息服务体系建设和运行状况进行评价。二是根据农业信息服务综合评价指标体系的评价结果，对农业信息服务体系建设内容进行调整，对农业信息服务体系建设结构进行优化，最终达到提高农业信息服务体系建设效率的目标。

现阶段农业信息服务体系建设要求提高农业信息资源整合效率，遵循规范化、个性化以及实用、易用性原则，向农业信息服务需求主体提供标准化农业数据共享服务、专业化农技咨询服务、智能化专家决策支持服务和客制化的农业信息服务。要求提高农业信息服务体系基层服务能力，加强乡（镇）及村级基层信息服务站建设，开拓基层农业信息服务新渠道，创新基层农业信息服务模式，探索基层农业信息服务站点自运营机制，提升农业信息服务体系基层服务的深度和广度。要求提高农业信息服务体系中各信息服务主体的信息服务能力，通过技术培训、网络指导以及服务站点定期宣讲等方式，提高各信息服务主体的信息意识和信息分析应用能力，特别是农民和基层农业信息服务人员的信息意识和信息分析应用能力，保证农业信息服务效果。

农业信息服务体系要满足以农户为主的信息主体服务需求，要根据农户对农业信息的需求种类和优先序，向其提供差异化、个性化的农业信息服务；同时，帮助农户构建信息交流、信息传播以及信息运用的平台，让农户在信息获取和利用的实践中增加知识积累；培养农户的信息意识，使农户能够自己认识信息和识别信息需求，并产生下意识的信息行为，明确信息运用的方向和目的，寻求农业信息服务帮助，利用各类农业信息来改善自己的生活环境和经济状况。其次，农业信息服务体系要为农业政策制定和农业科研工作开展提供数据支持，通过提供准确、及时、完备的基层农业原始数据，帮助政府根据各地差异化的农业信息服务客观需求，制定具有现实指导意义的农业信息服务体系建设规划，预防盲目性农业信息服务体系建设项目的产生，保证农业信息服务体系建设项目的质量；同时，通过向农业高校及科研机构提供准确、及时、全面的农业原始信息数据，指导其开展农业科研活动，加快农业科技成果的转换，为农业信息服务体系提供技术支撑。第三，

农业信息服务体系要为农业信息化和农业现代化的实现提供信息服务保障，通过对信息的有效组织和高效利用，为农业生产、经营的信息化和农村社会生活的数字化提供信息服务；同时，利用农业信息服务体系促进农业信息产品生成、流通与应用，通过对各传统信息传播媒介的整合，发挥网络技术的传播优势，开拓一条以信息资源为驱动力，充分发挥农业劳动力资源优势，克服农业资源匮乏短板的农业现代化建设道路。

二、农业信息服务能力评价指标体系的建立

农业信息服务从发起到最后产生效果的过程从本质上说就是农业信息从收集到分析整理、从发布到接收应用并最终产生经济效果的过程，通过对现有几种农业信息服务评价指标体系的总结和分析，结合现阶段农业信息服务体系建设在提高农业信息资源整合能力、农业信息服务渠道开拓能力和农业信息服务保障能力上的具体要求，并通过仔细研究和认真筛选，决定从农业信息采集能力、农业信息发布能力、农业信息服务基础设施建设水平、农业信息服务人力资源储备情况以及农业信息服务政策法规制定状况五个方面对农业信息服务体系建设情况进行综合评价。同时，遵循简单性、独立性、普遍性和可操作性原则，选定“农业信息数据统计基站覆盖率”、“农业信息数据采集频率”和“农业信息调查人员占农村人口总数比重”3个指标作为农业信息采集能力的测度指标，选定“农业图书、期刊和报纸年发行量”、“广播农业专题频道或节目比重”、“电视农业专题频道或节目比重”、“农业信息电话或短信年服务频率”、“农业信息服务平台覆盖率”、“农业信息服务机构覆盖率”、“百人农业信息调查数据拥有条数”、“万人农业综合信息网站拥有数”和“农业信息服务网站覆盖率”9个指标作为农业信息发布能力的测度指标，选定“农村百户电视机拥有数”、“农村百户固定电话拥有数”、“农村百户移动电话拥有数”、“农村百户计算机拥有数”、“农村广播电视普及率”、“农村宽带入户率”、“农村3G网络覆盖率”和“农村光纤网络覆盖率”8个指标作为农业信息服务基础设施建设水平的测度指标，选定“农业信息服务从业人员比重”、“农业信息服务从业人员技术培训率”和“高中及以上教育程度农业信息服务从业人员比重”3个指标作为农业信息服务人力资源储备情况的测度指标，选定“农业信息服务相关政策年发布比重”、“农业信息服务相关法规发布比重”和“农业信息服务相关制度发布比重”3个指标作为农业信息服务政策法规制定状况的测度指标。最终确定了由5大类26项子类指标构成的农业信息服务综合评价指标

体系，如表3-6所示。

表3-6 农业信息服务综合评价指标体系

一级指标	二级指标	三级指标	单位
农业信息服务体系评价	农业信息采集能力	农业信息数据统计基站覆盖率	%
		农业信息数据采集频率	指标数
		农业信息调查人员占农村人口总数比重	%
	农业信息发布能力	农业图书、期刊和报纸年发行量	指标数
		广播农业专题频道或节目比重	%
		电视农业专题频道或节目比重	%
		农业信息电话或短信年服务频率	次/年
		农业信息服务平台覆盖率	%
		农业信息服务机构覆盖率	%
		百人农业信息调查数据拥有条数	条/百人
		万人农业综合信息网站拥有数	个/万人
		农业信息服务网站覆盖率	%
	农业信息服务基础设施建设	农村百户电视机拥有数	台/百户
		农村百户固定电话拥有数	部/百户
		农村百户移动电话拥有数	部/百户
		农村百户计算机拥有数	台/百户
		农村广播电视普及率	%
		农村宽带入户率	%
		农村3G网络覆盖率	%
		农村光纤网络覆盖率	%
	农业信息服务人力资源储备	农业信息服务从业人员比重	%
		农业信息服务从业人员技术培训率	%
		高中及以上教育程度农业信息服务从业人员比重	%
	农业信息服务政策法规保障	农业信息服务相关政策年发布比重	%
		农业信息服务相关法规发布比重	%
		农业信息服务相关制度发布比重	%

（一）农业信息采集能力指标

1. 农业信息数据统计基站覆盖率

指标解释：农业信息统计基站的数量决定了农业统计数据抽样空间的大小，其全国覆盖情况直接反映着农业信息原始数据的采集能力和效果。根据具体抽样情况可细分为省级、市级和县级覆盖率。

指标单位:%。

测算方法:

(1) 农业信息统计基站省级覆盖率=(拥有农业信息统计基站的省的数量/全国省级行政区划单位总数) ×100%;

(2) 农业信息统计基站市级覆盖率=(拥有农业信息统计基站的城市数量/城市总数) ×100%;

(3) 农业信息统计基站县级覆盖率=(拥有农业信息统计基站的区县数量/区县总数) ×100%。

数据来源:农业部统计数据、农业信息中心统计数据。

2. 农业信息数据采集频率

指标解释:指一定时间范围内进行农业信息数据采集的次数,反映的是农业信息数据采集的及时性问题。鉴于农业信息的特殊自然属性,其准确性和时效性直接影响着农业信息的应用和服务效果,信息的采集周期越短,信息的相对准确性越高,其应用性越强。

指标单位:指标数。

数据来源:统计局统计数据、工信部统计数据。

3. 农业信息调查人员占农村人口总数比重

指标解释:指从事农业信息数据采集工作人员与所调查地区农村人口总数的比例,反映基层农业信息数据采集的效率问题。农业信息调查人员比重越高,农业信息数据采集相对时间越短,单位时间内获取的信息量越大。

指标单位:%。

测算方法:农业信息调查人员占农村人口总数比重=(农业信息调查人员总数/农村人口总数) ×100%。

数据来源:农业部统计数据。

(二) 农业信息发布能力指标

1. 农业图书、期刊和报纸年发行量

指标解释:指一年内农业相关书籍、刊物和报纸的发行数量,反映传统纸质媒介的农业信息传播能力。

指标单位:指标数据(册、份)。

数据来源:统计局统计数据、图书出版社统计数据、网络平台查询数据。

2. 广播农业专题频道或节目比重

指标解释：指农业专题广播频道或涉及农业相关内容的广播节目数量分别占广播频道总数或节目总数的比例，可根据省域、市域和县域进行细分，反映传统广播媒体的农业信息传播能力。

指标单位:%。

测算方法：

（1）广播农业专题频道比重=（农业专题广播频道数量/区域广播频道总数）×100%；

（2）广播农业节目比重=（涉及农业相关内容的广播节目数量/区域广播节目总数）×100%。

数据来源：统计局统计数据、广播网查询数据、广播电台查询数据。

3. 电视农业专题频道或节目比重

指标解释：指农业专题电视频道或涉及农业相关内容的电视节目数量分别占电视频道总数或节目总数的比例，可根据省域、市域和县域进行细分，反映传统电视媒体的农业信息传播能力。

指标单位:%。

测算方法：

（1）电视农业专题频道比重=（农业专题电视频道数量/区域电视频道总数）×100%；

（2）电视农业节目比重=（涉及农业相关内容的电视节目数量/区域电视节目总数）×100%。

数据来源：统计局统计数据、电视台网站查询数据。

4. 农业信息电话或短信年服务频率

指标解释：指一年内农业信息通过电话或者手机短信方式提供服务的次数，反映固定电话和移动手机的农业信息服务能力。

指标单位：指标单位（次、条）。

数据来源：统计局统计数据、工信部统计数据。

5. 农业信息服务平台覆盖率

指标解释：根据具体抽样情况，可细分为拥有农业信息服务平台的省、市或县的数量分别占全国省级、市级或者县级行政区划单位总数的比例，反映各地区农业信息服务平台的建设情况。

指标单位:%。

测算方法：

（1）农业信息服务平台省级覆盖率＝（拥有农业信息服务平台的省的总数/全国省级行政区划单位总数）×100%；

（2）农业信息服务平台市级覆盖率＝（拥有农业信息服务平台的城市个数/城市总数）×100%；

（3）农业信息服务平台县级覆盖率＝（拥有农业信息服务平台的区县个数/区县总数）×100%。

数据来源："12316"农业综合信息服务平台统计数据。

6. 农业信息服务机构覆盖率

指标解释：根据具体抽样情况，可细分为拥有农业信息服务中心的省、市或县的数量分别占全国省级、市级或者县级行政区划单位总数的比例，以及拥有基层农业信息服务站的村的数量占村级行政区划单位总数的比例，反映各地区农业信息服务机构的建设情况。

指标单位：%。

测算方法：

（1）农业信息服务中心省级覆盖率＝（拥有农业信息服务中心的省的总数/全国省级行政区划单位总数）×100%；

（2）农业信息服务中心市级覆盖率＝（拥有农业信息服务中心的城市个数/城市总数）×100%；

（3）农业信息服务中心县级覆盖率＝（拥有农业信息服务中心的区县个数/区县总数）×100%；

（4）农业信息服务站村级覆盖率＝（拥有农业信息服务站的村的个数/区域农村总数）×100%。

数据来源：统计局统计数据、农业部统计数据、农业信息中心统计数据。

7. 百人农业信息调查数据拥有条数

指标解释：指每百人平均拥有农业信息调查数据的条数，可抽样区域（全国、省、市、县等）进行具体划分，反映农业信息调查数据的应用效果。

指标单位：条/百人。

测算方法：百人农业信息调查数据拥有条数＝100×（农业信息调查数据总数/人口总数）。

数据来源：农业部统计数据、农业信息中心统计数据、网络搜索统计数据。

8. 万人农业综合信息网站拥有数

指标解释：指每一万人平均拥有农业综合信息网站的数量，根据研究对象的差异，可依据网站类型和抽样区域（全国、省、市、县等）进行具体划分。

指标单位：个/万人。

测算方法：万人农业综合信息网站拥有数＝10000×（农业综合信息网站总数/人口总数）。

数据来源：农业信息中心统计数据、网络搜索统计数据。

9. 农业信息服务网站覆盖率

指标解释：根据具体抽样情况，可细分为省、市或县的农业信息服务网站覆盖率，反映各地区农业信息服务网站的建设情况。

指标单位：%。

测算方法：测算方法：

（1）农业信息服务网站省级覆盖率＝（建有农业信息服务网站的省的总数/全国省级行政区划单位总数）×100%；

（2）农业信息服务网站市级覆盖率＝（建有农业信息服务网站的城市个数/城市总数）×100%；

（3）农业信息服务网站县级覆盖率＝（建有农业信息服务网站的区县个数/区县总数）×100%；

数据来源：农业部统计数据、农业信息中心统计数据、网络搜索统计数据。

（三）农业信息服务基础设施建设指标

1. 农村百户电视机拥有数

指标解释：指一定区域内农村每百户家庭平均拥有的电视机数量（包括黑白电视机和彩色电视机），反映传统通讯设施建设情况。

指标单位：台/百户。

数据来源：统计局统计数据、工信部统计数据、农业信息中心统计数据。

2. 农村百户固定电话拥有数

指标解释：指一定区域范围内农村每百户家庭平均拥有固定电话的数

量，反映农村固定电话网络建设情况。

指标单位：部/百户。

数据来源：统计局统计数据、工信部统计数据。

3. 农村百户移动电话拥有数

指标解释：指一定区域范围内农村每百户家庭平均拥有移动电话的数量，反映农村移动电话普及和移动通讯网络建设情况。

指标单位：部/百户。

数据来源：统计局统计数据、工信部统计数据。

4. 农村百户计算机拥有数

指标解释：指一定区域范围内农村每百户家庭平均拥有家用电子计算机的数量（不包括平板电脑和集体所有的计算机），反映农村计算机普及程度。

指标单位：台/百户。

数据来源：统计局统计数据、工信部统计数据。

5. 农村广播电视普及率

指标解释：指一定区域范围内拥有广播电视的农户数量占农村人口总数的比例，反映农村广播电视的普及状况。

指标单位：%。

测算方法：农村广播电视普及率 =（拥有广播电视的农户数量/农村人口总数）×100%。

数据来源：统计局统计数据、工信部统计数据。

6. 农村宽带入户率

指标解释：指一定区域范围内可用宽带连接访问互联网的农户占行政村农户总数的比例，反映农村通信基础设施建设情况。

指标单位：%。

测算方法：农村宽带入户率 =（开通宽带上网服务的农户数/行政村农户总数）×100%。

数据来源：统计局统计数据、工信部统计数据。

7. 农村 3G 网络覆盖率

指标解释：指一定区域范围内可以使用 3G 网络访问互联网的行政村占行政村总数的比例，反映农村 3G 无线移动通信网络的建设情况。

指标单位:%。

测算方法：农村3G网络覆盖率＝（可以使用3G上网的行政村数/行政村总数）×100%。

数据来源：统计局统计数据、工信部统计数据。

8. 农村光纤网络覆盖率

指标解释：指一定区域范围内拥有光纤网络的农村数量占农村总数的比例，反映基层农村光纤网络的建设状况。

指标单位:%。

测算方法：农村光纤网络覆盖率＝（拥有光纤网络的农村数量/农村总数）×100%。

数据来源：统计局统计数据、农业部统计数据、农业信息中心统计数据。

（四）农业信息服务人力资源储备指标

1. 农业信息服务从业人员比重

指标解释：指一定区域范围内从事农业信息服务工作的从业人员数量占农业从业人员总数的比例，反映农业信息服务人才储备情况。

指标单位:%。

测算方法：农业信息服务人员占农业从业人员比重＝（农业信息服务人员数量/农业从业人员总数）×100%。

数据来源：统计局统计数据、农业部统计数据、农业信息中心统计数据。

2. 农业信息服务从业人员技术培训率

指标解释：指一定区域范围内经过培训的农业信息服务工作从业人员数量占农业信息服务工作从业人员总数的比例，反映农业信息服务机构的工作人员信息服务水平。

指标单位:%。

测算方式：农业信息服务从业人员技术培训率＝（经过培训的农业信息服务从业人员数量/农业信息服务从业人员总数）×100%。

数据来源：统计局统计数据、农业部统计数据、农业信息中心统计数据。

3. 高中及以上教育程度农业信息服务从业人员比重

指标解释：指一定区域范围内拥有高中及以上学历的农业信息服务工作

从业人员占农业信息服务工作从业人员总数的比例，反映农业信息服务工作人员的知识水平和专业能力。

指标单位:%。

测算方法：高中及以上教育程度农业信息服务从业人员比重＝（拥有高中及以上学历的农业信息服务从业人员数量/农业信息服务从业人员总数）×100%

数据来源：统计局统计数据、农业部统计数据、农业信息中心统计数据。

（五）农业信息服务政策法规保障指标

1. 农业信息服务相关政策年发布比重

指标解释：指农业信息服务相关政策的年发布数量占政策发布总数的比例，反映农业信息服务政策的建设情况和完善程度。

指标单位:%。

测算方法：农业信息服务相关政策年发布比重＝（年农业信息服务政策发布数量/政策发布总数）×100%。

数据来源：农业部统计数据、司法部统计数据、农业信息中心统计数据。

2. 农业信息服务相关法规发布比重

指标解释：指农业信息服务相关法规的发布数量占法规发布总数的比例，反映农业信息服务法规的建设情况和完善程度。

指标单位:%。

测算方法：农业信息服务相关法规发布比重＝（农业信息服务法规发布数量/法规发布总数）×100%。

数据来源：农业部统计数据、司法部统计数据、农业信息中心统计数据。

3. 农业信息服务相关制度发布比重

指标解释：指农业信息服务相关制度的制定数量占制度制定总数的比例，反映农业信息服务制度的建设情况和完善程度。

指标单位:%。

测算方法：农业信息服务相关制度发布比重＝（农业信息服务制度制定数量/制度制定总数）×100%

数据来源：农业部统计数据、司法部统计数据、农业信息中心统计数据。

第四章　湖北省农业信息服务体系建设综合评价

本章以基于“四化同步”发展要求建立的农业信息服务综合评价指标体系为基础，以湖北省农业科研机构、政府机关和高等院校的专家咨询数据为支撑，运用层次分析方法（AHP）确定农业信息服务综合评价指标体系中各评价指标的权重，并依据其对农业信息服务体系建设的重要程度进行排序，再利用模糊综合评价方法对湖北省农业信息服务体系建设进行综合评价。研究结果表明，农业信息采集能力、农业信息服务基础设施建设水平和农业信息发布能力是对湖北省农业信息服务体系建设影响最大的三个因素。尽管目前湖北省农业信息服务基础设施建设处于较高水平，但是农业信息采集以及发布能力弱、农业信息服务队伍建设相对滞后和农业信息服务相关政策法规缺失的问题仍然突出。从总体上看，湖北省农业信息服务体系建设水平还是较低。

第一节　研究方法选择

一、AHP 层次分析法

层次分析法（Analytic Hierarch Process，AHP）最早在 20 世纪 70 年代初由美国著名运筹学家 T. L. Satty 提出，是一种将定性分析与定量分析有机结合的多准则决策方法。层次分析法将人们对复杂问题的思维过程数学化、定性分析定量化，并将各判断要素之间的关系数字化，是一种被广泛应用的确定指标权重的方法①。层次分析法的基本原理是：将相对复杂的多准则决策问题分解为若干组成要素，根据要素之间的隶属关系和影响程度，对各要

① 徐建华：《现代地理中的数学方法》，高等教育出版社 2004 年版。

素进行分层和归类，把多准则决策问题转化为低层次要素相较于高层次要素的相对重要性权重确定问题或者相对优先序排列问题。

在层次分析法的应用过程中，先将问题分解为若干相互联系的层级：最上层称为目标层，其次是反映目标主要特征的准则层，最后是反映准则层主要特征的指标层。再采用两两比较的做法，逐层计算较低层级要素相对于紧邻的较高层级要素的相对重要性：根据参与比较的两个要素相对于上一层它们共同隶属的那个要素的重要性，赋予一个 1－9 的标度值，并构建要素判断矩阵；通过计算判断矩阵的最大特征根和相应特征向量，确定准则层和指标层的层次单排序权重。最后，从上往下，以层次单排序权重为基础，计算最底层要素相对于目标层的总排序权重。整个分析过程中并不强行规定各要素是定性还是定量，因此，层次分析法既适用于定量的决策问题，也适用于定性的决策问题，还适用于定性定量相结合的决策问题。

一般而言，层次分析方法会包含有递阶层次结构的构建、判断矩阵的建立、对判断矩阵一致性的检验、层次单排序、层次总排序和结果分析 6 个主要环节，详见图 4－1。

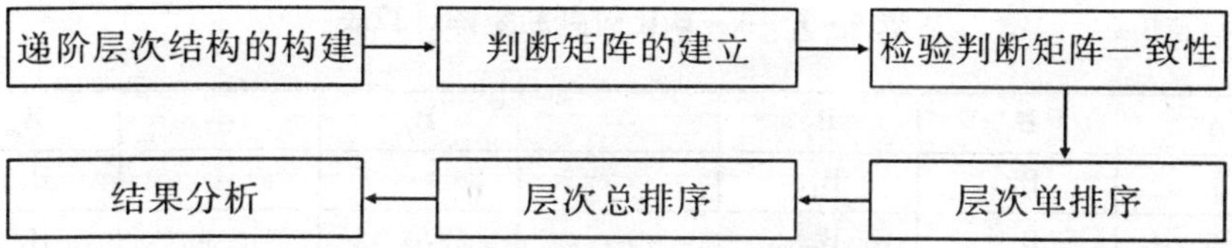

图 4－1　层次分析法建模步骤

（一）递阶层次结构模型构建

应用层次分析法，首先要将问题分解成若干层次，并根据各层次要素与要素之间的相互关系，构建能够表现总体目标、评价准则和评价指标关系的递阶层次结构（图 4－2）。对于递阶层次结构模型，具有某种联系的要素之间用直线连接，上层要素可能只与下层要素中的一些要素有联系，但下层要素必须与上层要素中的某一个要素存在联系。

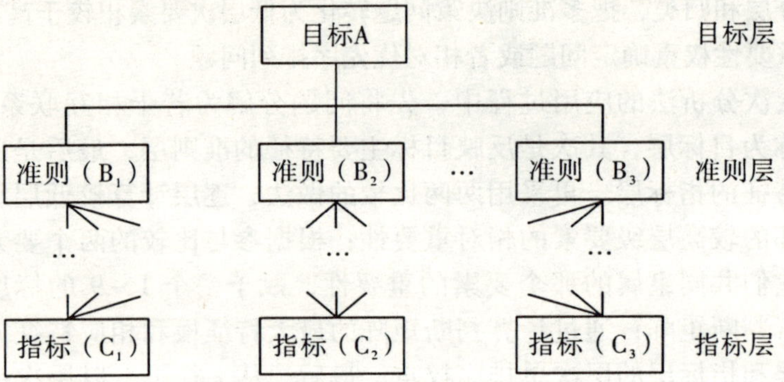

图4－2 递阶层次架构模型示意图

（二）建立判断矩阵

在构建出指标体系的递阶层次结构模型后，根据模型所反映的层次与要素之间的关系，由上而下，建立上层某一要素与相邻下一层级所有关联要素的比较判断矩阵。以目标层A与准则层B为例，构建出A－B比较判断矩阵（如表4－1所示）：

表4－1 A－B比较判断矩阵计算表

A	B_1	B_2	…	B_j	…	B_m
B_1	B_{11}	B_{12}	…	…	…	B_{1m}
B_2	B_{21}	B_{22}	…	…	…	B_{2m}
…	…	…	…	…	…	…
B_i	…	…	…	B_{ij}	…	B_{im}
…	…	…	…	…	…	…
B_m	B_{m1}	B_{m2}	…	…	…	B_{mm}

其中，B_{ij}表示准则层要素B_i与要素B_j之间对于目标A的相对重要性数值，且判断矩阵B同时满足$B_{ij}>0$（i，$j=1$，2，…，m）、$B_{ii}=1$（$i=1$，2，…，m）和$B_{ij}=1/B_{ji}$（$i\neq j$）三个条件。目前比较常用的相对重要性比例标度方法是1－9比例标度法，其详细含义见表4－2所示①。

① 刘新宪、朱道立：《选择与判断——AHP（层次分析法）决策》，上海科学普及出版社1990年版。

表 4-2　相对重要性比例标度的意义

B_{ij}标度值	具体含义	B_{ij}标度值	具体含义
1	i与j同等重要		
3	i比j稍微重要	1/3	i比j稍微不重要
5	i比j明显重要	1/5	i比j明显不重要
7	i比j强烈重要	1/7	i比j强烈不重要
9	i比j极度重要	1/9	i比j极度不重要
2，4，6，8	介于{1，3，5，7，9}之间	1/2，1/4，1/6，1/8	介于{1/3，1/5，1/7，1/9}之间

（三）一致性检验

在实际问题的分析过程中，对相对重要性的判断是由决策者或者专家根据自身的经验和知识评定的，这会使得根据评判意见所建立的判断矩阵不一定具有一致性。因此，为保证层次分析法分析结果的科学性与客观性，需要对判断矩阵的一致性进行检验。

当判断矩阵的最大特征根 λ_{max} 与其阶数 m 相等，且其余特征根均为 0 时，判断矩阵具有完全一致性。当判断矩阵的最大特征根 λ_{max} 与其阶数 m 不相等时，需引入随机一致性比值 CR 来进行矩阵的一致性判断，其计算方法如公式（4.1）所示，当 CR<0.1 时，认为判断矩阵具有良好的一致性。

$$CR = \frac{CI}{RI} \tag{4.1}$$

其中，CI 为度量判断矩阵偏离一致性的指标，其计算方法如公式（4.2）所示：

$$CI = (\lambda_{max} - m) / (m - 1) \tag{4.2}$$

RI 为平均随机一致性指标，其值根据判断矩阵的阶数 m 确定，详见 RI 查询表表 4-3：

表 4-3　1-10 阶判断矩阵 RI 值表

阶数（m）	1	2	3	4	5	6	7	8	9	10
RI 值	0.00	0.00	0.58	0.89	1.12	1.24	1.36	1.41	1.46	1.49

（四）层次单排序

在判断矩阵通过一致性检验后，可以根据判断矩阵计算 n+1 层中各要素相对于 n 层的相对权重。以目标层 A 与准则层 B 为例，准则层 B 中各要素对 A 的相对重要性数值可用向量表示，如公式（4.3）所示。

$$WB_i = \begin{Bmatrix} WB_1 \\ WB_2 \\ \cdot \\ \cdot \\ \cdot \\ WB_m \end{Bmatrix} \text{ 且} \sum_{i=1}^{m} WB_i = 1 \tag{4.3}$$

具体计算步骤如下：

第一步，计算判断矩阵中每一行要素标度值的乘积。

$$M_i = \prod_{j=1}^{m} \quad (i=1,\ 2\cdots,\ m) \tag{4.4}$$

第二步，计算 M_i的方根。

$$\overline{WB_i} = \sqrt[m]{MB_i} \tag{4.5}$$

第三步，对$\overline{WB_i}$进行规范化，得WB_i。

$$WB_i = \overline{WB_i} / \sum_{i=1}^{m} \overline{WB_i} \tag{4.6}$$

（五）层次总排序

层次总排序是在层次单排序的基础上，计算出底层因素相对于最高层的相对权重。以图 4-2 为例，A 为目标层；B 位准则层，准则层中包含 m 个要素，分别为 B_1，B_2，…，B_m；C 为第三层，包含 n 个要素，分别为 C_1，C_2，…，C_n，且 C 层各要素关于 B 某要素 B_i的相对权重分别为 W_{c1}^i，W_{c2}^i，…，W_{cj}^i，…、W_{cn}^i，则 C 层中各要素相对于目标层 A 的相对权重为：

$$W_{Gj} = \sum_{i=1}^{m} W_{bi} W_{cj}^i \quad (i=1,\ 2,\ \cdots,\ n) \tag{4.7}$$

二、模糊综合评价方法（FCEM）

美国加州大学控制论专家扎德 1965 年在 *Information and Control* 杂志上发表了一篇题为 *Fuzzy Sets* 的论文，标志着模糊数学的诞生。模糊综合评价法就是以模糊数学为基础，运用模糊关系合成原理，通过对各要素隶属关系的考察，进行综合评价的一种方法。其具体分析步骤如下：

第一步，确定评价要素集和评价集，根据评价的目的，选择评价标准，并用相应指标进行度量，构成评价要素集 $U = \{u_1,\ u_2,\ \cdots,\ u_m\}$。对于评价要素集中的每个要素 u_i（$i=1, 2, \cdots, m$），分析其评价集 v_j（$j=1, 2, \cdots, n$）构成总评价集 $V=\{v_1, v_2, \cdots, v_n\}$。

第二步，分析评价要素集中的每一个要素集 u_i 对于评价集 v_j 的隶属度 r_{ij}，并建立模糊评价矩阵 R。

$$R=\begin{Bmatrix} r_{11} & r_{12} & \cdots & r_{1n} \\ r_{21} & r_{22} & \cdots & r_{2n} \\ \cdots & \cdots & \cdots & \cdots \\ r_{m1} & r_{m2} & \cdots & r_{mn} \end{Bmatrix}$$

第三步，将模糊评价矩阵 R 和评价要素集 U 中各要素的权重向量 W 进行模糊合成，得到模糊综合评价结果向量 S，依据模糊综合评价结果向量 S 判断被评价对象的评价集隶属程度，并按照最大隶属度法则作出最终决策。

$$W=\{w_1, w_2, \cdots, w_m\}$$
$$S=R\cdot W=\{s_1, s_2, \cdots, s_n\} \tag{4.8}$$

第二节　评价指标体系构建

一、样本选择和数据准备

对农业信息服务体系建设的综合评价问题，不仅仅涉及农业信息服务本身，还要对农业经济发展、农业生产经营、信息管理和情报数据分析及应用等影响农业信息服务效果和农业信息服务体系运行的诸多因素行进全面考量，以求达到最佳的评价效果。本研究选择湖北省部分农业科研机构和高等院校的专家作为咨询对象，专家研究领域涵盖农业经济学、农业信息化、农业公共服务、情报学、农作物生产、农产品加工和项目管理等方向，以《农业信息服务综合评价指标分析专家咨询表》的调查结果为数据支撑，运用层次分析方法（AHP）来确定农业信息服务综合评价指标体系中的各评价指标的指标权重。专家咨询调查数据整理如表 4－5 至表4－10 所示。

表 4-4　评价指标名称和代码表

目标层	一级指标名称	代码	二级指标名称	代码
农业信息服务体系评价 A	农业信息采集能力	B_1	农业信息数据统计基站覆盖率	C_1
			农业信息数据采集频率	C_2
			农业信息调查人员比重	C_3
	农业信息发布能力	B_2	农业图书、期刊和报纸年发行量	C_1
			广播农业专题频道或节目比重	C_2
			电视农业专题频道或节目比重	C_3
			农业信息电话或短信服务频率	C_4
			农业信息服务平台覆盖率	C_5
			农业信息服务机构覆盖率	C_6
			百人农业信息调查数据拥有条数	C_7
			万人农业综合信息网站拥有数	C_8
			农业信息服务网站覆盖率	C_9
	农业信息服务基础设施建设	B_3	农村百户电视机拥有数	C_1
			农村百户固定电话拥有数	C_2
			农村百户移动电话拥有数	C_3
			农村百户计算机拥有数	C_4
			农村广播电视覆盖率	C_5
			农村宽带入户率	C_6
			农村 3G 网络覆盖率	C_7
			农村光纤网络覆盖率	C_8
	农业信息服务人力资源储备	B_4	农业信息服务从业人员比重	C_1
			农业信息服务从业人员技术培训率	C_2
			高中及以上教育程度农业信息服务从业人员比重	C_3
	农业信息服务政策法规保障	B_5	农业信息服务相关政策年发布比重	C_1
			农业信息服务相关法规发布比重	C_2
			农业信息服务相关制度发布比重	C_3

表 4-5　A-B_i咨询结果汇总表　　（单位：%）

对比指标	相对重要	同样重要	相对不重要
B_1-B_2	62.50	12.50	25.00
B_1-B_3	50.00	4.17	45.83

对比指标	相对重要	同样重要	相对不重要
$B_1 - B_4$	62.50	25.00	12.50
$B_1 - B_5$	62.50	12.50	25.00
$B_2 - B_3$	16.33	8.34	75.33
$B_2 - B_4$	25.00	12.50	37.50
$B_2 - B_5$	50.00	25.00	25.00
$B_3 - B_4$	83.33	4.17	12.50
$B_3 - B_5$	25.00	37.50	37.50
$B_{7-}B_5$	41.66	16.67	41.67

表 4－6　$B_1 - C$ 咨询结果汇总表　　（单位：%）

对比指标	相对重要	同样重要	相对不重要
$C_1 - C_2$	75.00	4.17	20.83
$C_1 - C_3$	62.50	12.50	25.00
$C_2 - C_3$	62.50	25.00	12.50

表 4－7　$B_2 - C$ 咨询结果汇总表　　（单位：%）

对比指标	相对重要	同样重要	相对不重要	对比指标	相对重要	同样重要	相对不重要
$C_1 - C_2$	14.29	28.57	57.14	$C_3 - C_7$	71.09	8.34	20.57
$C_1 - C_3$	14.29	28.57	57.14	$C_3 - C_8$	81.71	4.17	14.12
$C_1 - C_4$	42.86	14.28	42.86	$C_3 - C_9$	71.42	4.17	24.41
$C_1 - C_5$	38.86	8.34	53.80	$C_{7-}C_5$	42.86	42.85	14.39
$C_1 - C_6$	40.85	4.17	55.08	$C_{7-}C_6$	77.38	8.34	14.28
$C_1 - C_7$	28.57	42.86	28.57	$C_{7-}C_7$	64.43	12.51	23.06
$C_1 - C_8$	71.43	4.17	27.40	$C_{7-}C_8$	81.71	4.17	14.12
$C_1 - C_9$	14.28	28.57	57.15	$C_{7-}C_9$	57.14	14.28	28.58
$C_2 - C_3$	28.57	57.14	14.29	$C_{7-}C_6$	57.14	14.28	14.28
$C_2 - C_4$	67.09	8.34	25.57	$C_{7-}C_7$	71.25	4.17	24.58
$C_2 - C_5$	42.86	28.57	28.57	$C_{7-}C_8$	85.54	10.29	4.17
$C_2 - C_6$	42.85	14.29	42.86	$C_{7-}C_9$	85.54	10.29	4.17
$C_2 - C_7$	62.50	12.50	25.00	$C_{5-}C_7$	57.14	28.57	14.29
$C_2 - C_8$	81.71	4.17	14.12	$C_{5-}C_8$	81.73	14.10	4.17
$C_2 - C_9$	57.14	14.28	28.58	$C_{5-}C_9$	57.14	28.57	14.29
$C_3 - C_4$	57.14	14.28	28.58	$C_7 - C_8$	71.08	20.58	8.34
$C_3 - C_5$	57.14	14.29	28.57	$C_7 - C_9$	63.43	8.34	28.23
$C_3 - C_6$	42.86	28.57	28.57	$C_8 - C_9$	38.52	8.34	53.14

表 4-8　B_3-C 咨询结果汇总表　　　　（单位：%）

对比指标	相对重要	同样重要	相对不重要	对比指标	相对重要	同样重要	相对不重要
C_1-C_2	83.33	4.17	12.50	C_3-C_5	83.33	4.17	12.50
C_1-C_3	50.00	25.00	25.00	C_3-C_6	62.50	12.50	25.00
C_1-C_4	50.00	12.50	37.50	C_3-C_7	37.50	25.00	37.50
C_1-C_5	25.00	62.50	12.50	C_3-C_8	75.00	12.50	12.50
C_1-C_6	45.83	8.34	45.83	C_7-C_5	62.50	12.50	25.00
C_1-C_7	37.50	12.50	50.00	C_7-C_6	25.00	50.00	25.00
C_1-C_8	62.50	25.00	12.50	C_7-C_7	50.00	25.00	25.00
C_2-C_3	12.50	12.50	75.00	C_7-C_8	83.33	4.17	12.50
C_2-C_4	12.50	12.50	75.00	C_7-C_6	33.33	8.34	58.33
C_2-C_5	25.00	25.00	50.00	C_7-C_7	33.33	4.17	62.50
C_2-C_6	37.50	4.17	58.33	C_7-C_8	62.50	12.50	25.00
C_2-C_7	37.50	4.17	58.33	C_5-C_7	37.50	50.00	12.50
C_2-C_8	37.50	12.50	50.00	C_5-C_8	79.16	8.34	12.50
C_3-C_4	50.00	25.00	25.00	C_7-C_8	83.33	4.17	12.50

表 4-9　B_7-C 咨询结果汇总表　　　　（单位：%）

对比指标	相对重要	同样重要	相对不重要
C_1-C_2	50.00	25.00	25.00
C_1-C_3	41.67	12.50	45.83
C_2-C_3	45.83	8.34	45.83

表 4-10　B7-C 咨询结果汇总表　　　　（单位：%）

对比指标	相对重要	同样重要	相对不重要
C_1-C_2	25.00	37.50	37.50
C_1-C_3	37.50	37.50	25.00
C_2-C_3	50.00	25.00	25.00

二、指标权重确定

（一）构建递阶层次结构

根据农业信息服务综合评价指标体系可构建递阶层次结构模型（见图4-

3），对目标层、准则层以及方案层进行划分，并确定三个层次之间的关系。

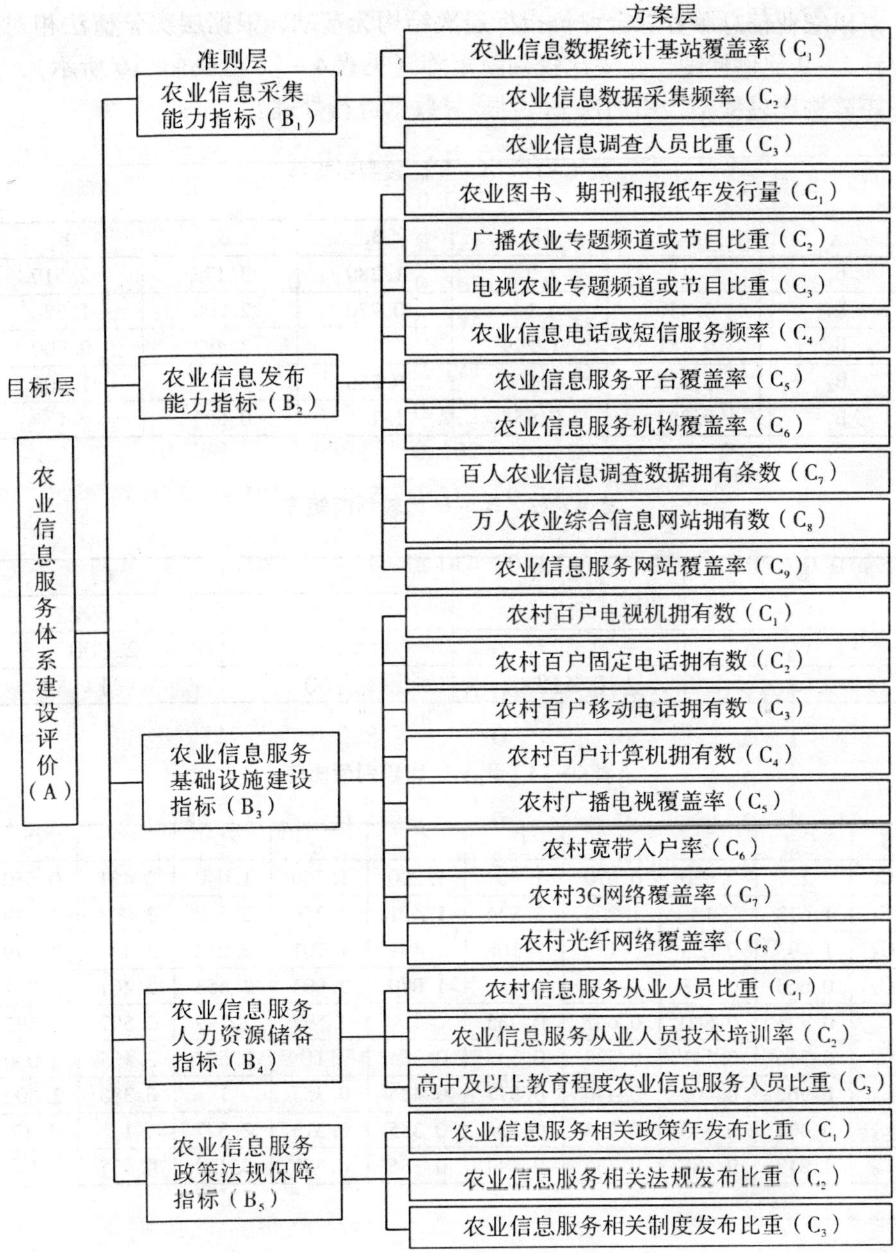

图 4－3　农业信息服务能力评价指标层次结构图

（二）建立判断矩阵

以农业信息服务综合评价指标层次结构为基础，根据层次分析法相对重要性1－9比例标度，建立比较判断矩阵（见表4－11至表4－16所示），并在矩阵构建过程中，用加权平均法①对数据进行处理。

表4－11　A－B比较判断矩阵

A	B_1	B_2	B_3	B_4	B_5
B_1	1	2.222	1.280	3.175	2.519
B_2	0.450	1	0.770	2.000	1.520
B_3	0.781	1.299	1	3.497	0.900
B_4	0.315	0.500	0.286	1	1.908
B_5	0.397	0.658	1.111	0.524	1

表4－12　B_1－C比较判断矩阵

B_1	C_1	C_2	C_3
C_1	1	3.058	2.392
C_2	0.327	1	2.000
C_3	0.418	0.500	1

表4－13　B_2－C比较判断矩阵

B_2	C_1	C_2	C_3	C_4	C_5	C_6	C_7	C_8	C_9
C_1	1	0.620	0.670	1.508	1.200	1.340	1.040	2.451	0.550
C_2	1.613	1	1.200	2.874	1.471	1.350	2.500	3.003	2.049
C_3	1.493	0.833	1	2.268	1.499	1.701	2.242	3.401	2.299
C_4	0.663	0.348	0.441	1	1.070	3.003	2.653	3.401	2.252
C_5	0.833	0.680	0.667	0.935	1	2.597	2.299	2.597	2.597
C_6	0.746	0.741	0.588	0.333	0.385	1	2.597	3.195	2.000
C_7	0.962	0.400	0.446	0.377	0.435	0.385	1	0.385	2.500
C_8	0.408	0.333	0.294	0.294	0.385	0.313	2.597	1	1.17
C_9	1.818	0.488	0.435	0.444	0.385	0.500	0.400	0.855	1

① 加权平均数＝$(x_1 \cdot f_1 + x_2 \cdot f_2 + ... + x_k \cdot f_k)/n$，其中$x$是比例标度值，$f$是选择对应标度值的次数，且$f_1 + f_2 + ... + f_k = n$。

表 4－14 B_3－C 比较判断矩阵

B_3	C_1	C_2	C_3	C_4	C_5	C_6	C_7	C_8
C_1	1	3.831	2.392	1.942	1.330	1.631	1.149	2.331
C_2	0.261	1	0.410	0.390	0.790	1.000	1.170	1.220
C_3	0.418	2.439	1	1.890	2.833	1.869	1.449	2.331
C_4	0.515	2.564	0.529	1	1.869	0.900	2.198	2.833
C_5	0.752	1.266	0.353	0.535	1	1.560	1.211	1.529
C_6	0.613	1	0.535	1.111	0.641	1	2.500	4.167
C_7	0.870	0.855	0.690	0.455	0.826	0.400	1	4.405
C_8	0.429	0.820	0.429	0.353	0.654	0.240	0.227	1

表 4－15 B_7_C 比较判断矩阵

B_1	C_1	C_2	C_3
C_1	1	1.880	1.290
C_2	0.532	1	0.330
C_3	0.775	3.030	1

表 4－16 B_7_C 比较判断矩阵

B_1	C_1	C_2	C_3
C_1	1	0.930	1.200
C_2	1.075	1	1.639
C_3	0.833	0.610	1

（三）判断矩阵的一致性检验

运用层次分析软件 yaahp 计算 6 个判断矩阵的最大特征根如表 4－17 所示，并将其带入公式（4.1）和公式（4.2）可分别求得 6 个判断矩阵的随机一致比率值 CR。

表 4－17 判断矩阵最大特征根及阶数汇总表

判断矩阵	λ_{max}	阶数	RI 值
A－B	5.32	5	1.12
B_1－C	3.09	3	0.58

续表

判断矩阵	λ_{max}	阶数	RI 值
B_2-C	9.77	9	1.46
B_3-C	8.66	8	1.41
$B_{7-}C$	3.06	3	0.58
$B_{7-}C$	3.01	3	0.58

根据表 4－17 计算可得：

（1）$CI_{A-B}=(5.32-5)/(7-1)=0.08$，
$CR_{A-B}=0.08/1.12-0.071$；

（2）$CI_{B1-C}=(3.09-3)/(3-1)=0.045$，
$CR_{B1-C}=0.045/0.58=0.077$；

（3）$CI_{B2-C}=(9.77-9)/(9-1)=0.096$，
$CR_{B2-C}=0.096/1.46=0.065$；

（4）$CI_{B3-C}=(8.65-8)/(8-1)=0.094$，
$CR_{B3-C}=0.094/1.41=0.066$；

（5）$CI_{B7-C}=(3.05-3)/(3-1)=0.03$，
$CR_{B7-C}=0.03/0.58=0.051$；

（6）$CI_{B7-C}=(3.01-3)/(3-1)=0.005$，
$CR_{B7-C}=0.005/0.58=0.008$。

由计算结果可知，判断 6 个矩阵的 CR 值分别为 0.071、0.077、0.065、0.066、0.051 和 0.008，均小于 0.1，说明 6 个判断矩阵均具有良好的一致性。

（四）层次单排序

运用公式（4.3）、公式（4.4）、公式（4.5）和公式（4.6）求解，可得各判断矩阵中评价指标的层次单排序权重如表 4－18 至表 4－23 所示。

表 4－18　A－B 判断矩阵指标单排序权重表

A	B_1	B_2	B_3	B_4	B_5	单排序权重
B_1	1	2.222	1.280	3.175	2.519	0.329
B_2	0.450	1	0.770	2.000	1.520	0.179

续表

A	B_1	B_2	B_3	B_4	B_5	单排序权重
B_3	0.781	1.299	1	3.497	0.900	0.238
B_4	0.315	0.500	0.286	1	1.908	0.119
B_5	0.397	0.658	1.111	0.524	1	0.133

表 4-19　B_1—C 判断矩阵指标单排序权重表

B_1	C_1	C_2	C_3	单排序权重
C_1	1	3.058	2.392	0.571
C_2	0.327	1	2.000	0.255
C_3	0.418	0.500	1	0.175

表 4-20　B_2—C 判断矩阵指标单排序权重表

B_2	C_1	C_2	C_3	C_4	C_5	C_6	C_7	C_8	C_9	单排序权重
C_1	1	0.620	0.670	1.508	1.200	1.340	1.040	2.451	1	0.107
C_2	1.613	1	1.200	2.874	1.471	1.350	2.500	3.003	1.613	0.176
C_3	1.493	0.833	1	2.268	1.499	1.701	2.242	3.401	1.493	0.165
C_4	0.663	0.348	0.441	1	1.070	3.003	2.653	3.401	0.663	0.139
C_5	0.833	0.680	0.667	0.935	1	2.597	2.299	2.597	0.833	0.127
C_6	0.746	0.741	0.588	0.333	0.385	1	2.597	3.195	0.746	0.099
C_7	0.962	0.400	0.446	0.377	0.435	0.385	1	0.385	0.962	0.076
C_8	0.408	0.333	0.294	0.294	0.385	0.313	2.597	1	0.408	0.043
C_9	1.818	0.488	0.435	0.444	0.385	0.500	0.400	0.855	1.818	0.066

表 4-21　B_3 - C 判断矩阵指标单排序权重表

B_3	C_1	C_2	C_3	C_4	C_5	C_6	C_7	C_8	单排序权重
C_1	1	3.831	2.392	1.942	1.330	1.631	1.149	2.331	0.208
C_2	0.261	1	0.410	0.390	0.790	1.000	1.170	1.220	0.076
C_3	0.418	2.439	1	1.890	2.833	1.869	1.449	2.331	0.178
C_4	0.515	2.564	0.529	1	1.869	0.900	2.198	2.833	0.142
C_5	0.752	1.266	0.353	0.535	1	1.560	1.211	1.529	0.105
C_6	0.613	1	0.535	1.111	0.641	1	2.500	4.167	0.131
C_7	0.870	0.855	0.690	0.455	0.826	0.400	1	4.405	0.105
C_8	0.429	0.820	0.429	0.353	0.654	0.240	0.227	1	0.053

表4-22 B_7-C 判断矩阵指标单排序权重表

B_1	C_1	C_2	C_3	单排序权重
C_1	1	1.880	1.290	0.416
C_2	0.532	1	0.330	0.174
C_3	0.775	3.030	1	0.410

表4-23 B_7-C 判断矩阵指标单排序权重表

B_1	C_1	C_2	C_3	单排序权重
C_1	1	0.930	1.200	0.341
C_2	1.075	1	1.639	0.397
C_3	0.833	0.610	1	0.262

（五）层次总排序

根据各要素的层次单排序权重，运用公式（4.7）求解，可得各二级指标相对于目标层的层次总排序权重，具体数值见表4-24。

表4-24 农业信息服务能力评价指标总排序权重

测度指标	B_1	B_2	B_3	B_4	B_5	总排序权重
1.1 农业信息数据统计基站覆盖率	0.571	0	0	0	0.0274	0.188
1.2 农业信息数据采集频率	0.255	0	0	0	0.0230	0.084
1.3 农业信息调查人员比重	0.175	0	0	0	0.0665	0.057
2.1 农业图书、期刊和报纸年发行量	0	0.107	0	0	0.0933	0.019
2.2 广播农业专题频道或节目比重	0	0.176	0	0	0.2965	0.032
2.3 电视农业专题频道或节目比重	0	0.165	0	0	0.1834	0.029
2.4 农业信息电话或短信服务频率	0	0.139	0	0	0.0559	0.025
2.5 农业信息服务平台覆盖率	0	0.127	0	0	0.0125	0.023
2.6 农业信息服务机构覆盖率	0	0.099	0	0	0.0835	0.018
2.7 百人农业信息调查数据拥有条数	0	0.076	0	0	0.0075	0.014
2.8 万人农业综合信息网站拥有数	0	0.043	0	0	0.0055	0.001
2.9 农业信息服务网站覆盖率	0	0.066	0	0	0.0030	0.012
3.1 农村百户电视机拥有数	0	0	0.208	0	0.0207	0.049
3.2 农村百户固定电话拥有数	0	0	0.076	0	0.0035	0.018

续表

测度指标	B_1	B_2	B_3	B_4	B_5	总排序权重
3.3 农村百户移动电话拥有数	0	0	0.178	0	0.0042	0.042
3.4 农村百户计算机拥有数	0	0	0.142	0	0.0183	0.034
3.5 农村广播电视覆盖率	0	0	0.105	0	0.0103	0.025
3.6 农村宽带入户率	0	0	0.131	0	0.0181	0.031
3.7 农村3G网络覆盖率	0	0	0.105	0	0.0050	0.025
3.8 农村光纤网络覆盖率	0	0	0.053	0	0.0620	0.013
4.1 农业信息服务从业人员比重	0	0	0	0.416	0	0.049
4.2 农业信息服务从业人员技术培训率	0	0	0	0.174	0	0.021
4.3 高中及以上教育程度农业信息服务从业人员比重	0	0	0	0.410	0	0.049
5.1 农业信息服务相关政策年发布比重	0	0	0	0	0.341	0.046
5.2 农业信息服务相关法规年发布比重	0	0	0	0	0.397	0.053
5.3 农业信息服务相关制度年发布比重	0	0	0	0	0.262	0.035

三、农业信息服务能力评价指标体系整体框架

通过层次单排序和层次总排序可以确定一级指标和二级指标的单层指标权重，以及二级指标相对于农业信息服务综合评价这一总体目标的指标权重，并最终构建出农业信息服务综合评价指标体系，如表4-25所示。

表4-25 农业信息服务能力评价指标体系的指标构成及其权重

一级指标	单序权重	二级指标	单序权重	总序权重
农业信息采集能力	0.329	农业信息数据统计基站覆盖率	0.571	0.188
		农业信息数据采集频率	0.255	0.084
		农业信息调查人员比重	0.175	0.057
农业信息发布能力	0.179	农业图书、期刊和报纸年发行量	0.107	0.019
		广播农业专题频道或节目比重	0.176	0.032
		电视农业专题频道或节目比重	0.165	0.029
		农业信息电话或短信服务频率	0.139	0.025
		农业信息服务平台覆盖率	0.127	0.023
		农业信息服务机构覆盖率	0.099	0.018

续表

一级指标	单序权重	二级指标	单序权重	总序权重
		百人农业信息调查数据拥有条数	0.076	0.014
		万人农业综合信息网站拥有数	0.043	0.001
		农业信息服务网站覆盖率	0.066	0.012
农业信息服务基础设施建设	0.238	农村百户电视机拥有数	0.208	0.049
		农村百户固定电话拥有数	0.076	0.018
		农村百户移动电话拥有数	0.178	0.042
		农村百户计算机拥有数	0.142	0.034
		农村广播电视覆盖率	0.105	0.025
		农村宽带入户率	0.131	0.031
		农村3G网络覆盖率	0.105	0.025
		农村光纤网络覆盖率	0.053	0.013
农业信息服务人力资源储备	0.119	农业信息服务从业人员比重	0.416	0.049
		农业信息服务从业人员技术培训率	0.174	0.021
		高中及以上教育程度农业信息服务从业人员比重	0.410	0.049
农业信息服务政策法规保障	0.133	农业信息服务相关政策年发布比重	0.341	0.046
		农业信息服务相关法规发布比重	0.397	0.053
		农业信息服务相关制度发布比重	0.262	0.035

由表4-25可知：

（1）一级指标“农业信息采集能力”、“农业信息发布能力”、“农业信息服务基础设施建设”、“农业信息服务人力资源储备”和“农业信息服务政策法规保障”相对于目标层“农业信息服务体系综合评价”的指标权重分别为0.329、0.179、0.238、0.119和0.133。在5个一级指标中，依据对农业信息服务体系建设水平的反映程度排序，农业信息采集能力排在第1位，农业信息服务基础设施建设排在第2位，农业信息发布能力、农业信息服务政策与法规保障和农业信息服务人力资源储备分列3至5位。

（2）二级指标“农业信息数据统计基站覆盖率”、“农业信息数据采集频率”和“农业信息调查人员占农村人口总数比重”相对于一级指标“农业信息采集能力”的指标权重分别为0.571、0.255和0.175。在这3个二级指标中，依据对农业信息采集能力的反映程度进行排序，农业信息数据统计基站覆盖率排在第1位，农业信息数据采集频率排在第2位，农业信息调查人员占农村人口总数比重排在第3位。

(3) 二级指标“农业图书、期刊和报纸年发行量”、“广播农业专题频道或节目比重”、“电视农业专题频道或节目比重”、“农业信息电话或短信年服务频率”、“农业信息服务平台覆盖率”、“农业信息服务机构覆盖率”、“百人农业信息调查数据拥有条数”、“万人农业综合信息网站拥有数”和“农业信息服务网站覆盖率”相对于一级指标“农业信息发布能力”的指标权重和反映程度排序如表4－26所示。

表4－26 信息发布能力指标反映程度表

排序	二级指标	单序权重
1	广播农业专题频道或节目比重	0.176
2	电视农业专题频道或节目比重	0.165
3	农业信息电话或短信服务频率	0.139
4	农业信息服务平台覆盖率	0.127
5	农业图书、期刊和报纸年发行量	0.107
6	农业信息服务机构覆盖率	0.099
7	百人农业信息调查数据拥有条数	0.076
8	农业信息服务网站覆盖率	0.066
9	万人农业综合信息网站拥有数	0.043

由表4－26可知，依据对农业信息发布能力的反映程度进行排序，广播农业专题频道或节目比重排在第1位，电视农业专题频道或节目比重排在第2位，农业信息电话或短信服务频率排在第3位，农业信息服务平台覆盖率，农业图书、期刊和报纸年发行量，农业信息服务机构覆盖率，百人农业信息调查数据拥有条数，农业信息服务网站覆盖率和万人农业综合信息网站拥有数分列4至9位。

(4) 二级指标“农村百户电视机拥有数”、“农村百户固定电话拥有数”、“农村百户移动电话拥有数”、“农村百户计算机拥有数”、“农村广播电视普及率”、“农村宽带入户率”、“农村3G网络覆盖率”和“农村光纤网络覆盖率”相对于一级指标“农业信息服务基础设施建设水平”的指标权重和反映程度排序如表4－27所示。

表4-27 农业信息服务基础设施建设水平指标反映程度表

排序	二级指标	单序权重
1	农村百户电视机拥有数	0.208
2	农村百户移动电话拥有数	0.178
3	农村百户计算机拥有数	0.142
4	农村宽带入户率	0.131
5	农村广播电视覆盖率	0.105
6	农村3G网络覆盖率	0.105
7	农村百户固定电话拥有数	0.076
8	农村光纤网络覆盖率	0.053

由表4-27可知，依据对农业信息服务基础设施建设水平的反映程度进行排序，农村百户电视机拥有数排在第1位，农村百户移动电话拥有数排在第2位，农村百户计算机拥有数排在第3位，农村宽带入户率、农村广播电视覆盖率、农村3G网络覆盖率、农村百户固定电话拥有数和农村光纤网络覆盖率分列4至9位。

(5) 二级指标“农业信息服务从业人员比重”、“农业信息服务从业人员技术培训率”和“高中及以上教育程度农业信息服务从业人员比重”相对于一级指标“农业信息服务人力资源储备”的指标权重分别为0.416、0.174和0.410。在3个二级指标中，依据对农业信息服务人力资源储备状况的反映程度进行排序，农业信息服务从业人员比重排在第1位，高中及以上教育程度农业信息服务从业人员比重排在第2位，农业信息服务从业人员技术培训率排在第3位。

(6) 二级指标“农业信息服务相关政策年发布比重”、“农业信息服务相关法规发布比重”和“农业信息服务相关制度发布比重”相对于一级指标“农业信息服务政策法规保障”的指标权重分别为0.341、0.397和0.262。在3个二级指标中，依据对农业信息服务政策法规保障能力的反映程度进行排序，农业信息服务相关法规发布比重排在第1位，农业信息服务相关政策年发布比重排在第2位，农业信息服务相关制度发布比重排在第3位。

(7) 26个二级指标相对于目标层“农业信息服务体系综合评价”的指标权重和反映程度排序如表4-28所示。

表 4－28　二级指标总序权重表

排序	二级指标	总序权重
1	农业信息数据统计基站覆盖率	0. 188
2	农业信息数据采集频率	0. 084
3	农业信息调查人员比重	0. 057
4	农业信息服务相关法规发布比重	0. 053
5	农业信息服务从业人员比重	0. 049
6	农村百户电视机拥有数	0. 049
7	高中及以上教育程度农业信息服务从业人员比重	0. 049
8	农业信息服务相关政策年发布比重	0. 046
9	农村百户移动电话拥有数	0. 042
10	农业信息服务相关制度发布比重	0. 035
11	农村百户计算机拥有数	0. 034
12	广播农业专题频道或节目比重	0. 032
13	农村宽带入户率	0. 031
14	电视农业专题频道或节目比重	0. 029
15	农业信息电话或短信服务频率	0. 025
16	农村广播电视覆盖率	0. 025
17	农村 3G 网络覆盖率	0. 025
18	农业信息服务平台覆盖率	0. 023
19	农业信息服务从业人员技术培训率	0. 021
20	农业图书、期刊和报纸年发行量	0. 019
21	农业信息服务机构覆盖率	0. 018
22	农村百户固定电话拥有数	0. 018
23	百人农业信息调查数据拥有条数	0. 014
24	农村光纤网络覆盖率	0. 013
25	农业信息服务网站覆盖率	0. 012
26	万人农业综合信息网站拥有数	0. 001

由表 4－28 可知，依据对农业信息服务体系建设水平的反映程度进行排序，农业信息数据统计基站覆盖率、农业信息数据采集频率、农业信息调查人员比重分别排在 1 至 3 位，排在 4 至 10 位的分别是农业信息服务相关法规发布比重、农业信息服务从业人员比重、农村百户电视机拥有数、高中及以上教育程度农业信息服务从业人员比重、农业信息服务相关政策年发布比重、农村百户移动电话拥有数和农业信息服务相关制度发布比重。

从各评价指标的排序结果可以看出：要切实提高农业信息服务能力、加快推进农业信息服务体系建设，必须以提高农业信息采集能力和加强农业信息服务基础设施建设为基础，强化农业信息数据统计基站建设，增加农业信息调查人员数量，缩短农业信息数据采集周期，在扩大基站覆盖范围的同时提高农业信息采集密度，并加强农业信息服务法制法规建设，对农业信息服务各环节的行为与活动进行规范。此外，要在继续发挥传统媒体（书刊、报纸、广播、电视等）农业信息服务功能的同时，提高新媒体（网络媒体、移动媒体等）在农业信息服务提供过程中的贡献率，构建由互联网、电信网络和传统媒介共同参与的多维农业信息服务供给渠道，为农业信息服务体系的运行提供渠道保证。

第三节　综合评价与结果分析

一、样本说明

在对湖北省农业信息服务体系建设情况进行调查的过程中，本研究选定武汉市江夏区、黄冈市浠水县、咸宁市咸安区、宜昌市长阳县四个地区 9 个村作为调查地点，通过专家座谈、问卷调查和田间访谈等调研方式，完成调查问卷 127 份（表 4 – 29）。

表 4 – 29　样本的区域分布情况

样本区域	样本问卷
武汉市江夏区	35
黄冈市浠水县	27
咸宁市咸安区	23
宜昌市长阳县	42
合计	127

在 127 名被调查者中，男性受访者有 110 名，女性受访者有 17 名，从受访者的年龄层分布看，37 ~ 44 岁、47 ~ 54 岁、57 ~ 64 岁三个年龄段的受访者分别占到 17.32%、26.77%、30.71%，35 岁以下和 65 岁以上年龄段受访者分别只占 10.24% 和 14.96%；从受访者的受教育程度看，文盲半文盲、小学、初中、高中、大专及以上教育程度受访者分别占 7.87%、29.92%、40.94%、16.54% 和 4.73%；从受访者年均收入情况看，同村对比，处于低水平、中等偏低水平、中等水平、中等偏高平、高水平的受访者

分别占9.45%、22.05%、40.94%、15.75%和11.81%（表4－30）。

表4－30 受访者基本情况

	样本区域	男性			女性	
性别分布	武汉市江夏区	31			4	
	黄冈市浠水县	21			3	
	咸宁市咸安区	22			3	
	宜昌市长阳县	36			7	
	总体比例	86.61%			13.39%	
		35岁以下	37～44岁	47～54岁	57～64岁	65及以上
年龄分布	武汉市江夏区	3	6	10	12	4
	黄冈市浠水县	3	4	6	8	3
	咸宁市咸安区	3	5	7	6	4
	宜昌市长阳县	4	7	11	13	8
	总体比例	10.24%	17.32%	26.77%	30.71%	14.96%
		文盲半文盲	小学	初中	高中	大专及以上
教育程度	武汉市江夏区	1	10	14	8	2
	黄冈市浠水县	2	7	10	4	1
	咸宁市咸安区	2	7	11	4	1
	宜昌市长阳县	5	14	17	5	2
	总体比例	7.87%	29.92%	40.94%	16.54%	4.73%
		低水平	中等偏下水平	中等水平	中等偏上水平	高水平
年均收入	武汉市江夏区	2	6	17	7	3
	黄冈市浠水县	3	4	10	5	2
	咸宁市咸安区	2	8	9	3	3
	宜昌市长阳县	5	10	16	5	7
	总体比例	9.45%	22.05%	40.94%	15.75%	11.81%

二、评价因素集和隶属度的确定

根据农业信息服务综合评价指标体系结构可将评价因素集可分为两个层次：第一个层次中，对农业信息采集能力的评价因素集 U_1 =（农业信息数据统计基站覆盖率，农业信息数据采集频率，农业信息调查人员占农村人口总数比重）；对农业信息发布能力的评价因素集 U_2 =（农业图书、期刊和报纸年发行量，广播农业专题频道或节目比重，电视农业专题频道或节目比重，农业信息电话或短信年服务频率，农业信息服务平台覆盖率，农业信息服务机构覆盖率，百人农业信息调查数据拥有条数，万人农业综合信息网站拥有数，农业信息服务网站覆盖率）；对农业信息服务基础设施建设水平的评价因素集 U_3 =（农村百户电视机拥有数，农村百户固定电话拥有数，农村百户移动电话拥有数，农村百户计算机拥有数，农村广播电视普及率，农村宽带入户率，农村3G网络覆盖率，农村光纤网络覆盖率）；对农业信息服务人力资源储备状况的评价因素集 U_4 =（农业信息服务从业人员比重，农业信息服务从业人员技术培训率，高中及以上教育程度农业信息服务从业人员比重）；对农业信息服务政策法规保障情况的评价因素集 U_5 =（农业信息服务相关政策年发布比重，农业信息服务相关法规发布比重，农业信息服务相关制度发布比重）。第二个层次中，对农业信息服务体系建设整体水平的评价因素集 U =（农业信息采集能力，农业信息发布能力，农业信息服务基础设施建设，农业信息服务人力资源储备，农业信息服务政策法规保障）。本研究采用5级量表将评价等级分为高、较高、一般、较低、低，对应评价等级集 V =（高，较高，一般，较低，低）。根据《农业信息服务建设问题调查问卷》反馈结果，各二级指标的评价等级隶属情况整理如表4－31所示。

表4－31　二级指标评价等级隶属情况表

二级指标	高	较高	一般	较低	低
农业信息数据统计基站覆盖率	0	0	0.145	0.553	0.302
农业信息数据采集频率	0.347	0.572	0.081	0	0
农业信息调查人员比重	0	0	0	0.415	0.585
农业图书、期刊和报纸年发行量	0	0	0	0.321	0.679
广播农业专题频道或节目比重	0	0	0	0.313	0.687
电视农业专题频道或节目比重	0	0	0.012	0.353	0.635
农业信息电话或短信服务频率	0	0	0.325	0.573	0.102
农业信息服务平台覆盖率	0	0.131	0.565	0.272	0.032
农业信息服务机构覆盖率	0.112	0.360	0.376	0.152	0
百人农业信息调查数据拥有条数	0	0	0.171	0.387	0.442
万人农业综合信息网站拥有数	0.105	0.335	0.431	0.129	0
农业信息服务网站覆盖率	0.209	0.659	0.132	0	0
农村百户电视机拥有数	0.307	0.693	0	0	0
农村百户固定电话拥有数	0	0	0.090	0.763	0.147
农村百户移动电话拥有数	0.772	0.228	0	0	0

续表

二级指标	高	较高	一般	较低	低
农村百户计算机拥有数	0.791	0.117	0.92	0	0
农村广播电视覆盖率	1	0	0	0	0
农村宽带入户率	0.105	0.366	0.457	0.072	0
农村3G网络覆盖率	0.279	0.721	0	0	0
农村光纤网络覆盖率	0	0	0.107	0.412	0.481
农业信息服务从业人员比重	0	0	0.093	0.759	0.148
农业信息服务从业人员技术培训率	0	0	0.081	0.571	0.348
高中及以上教育程度农业信息服务从业人员比重	0.194	0.487	0.319	0	0
农业信息服务相关政策年发布比重	0.076	0.484	0.301	0.139	0
农业信息服务相关法规发布比重	0	0	0	0.102	0.898
农业信息服务相关制度发布比重	0	0	0	0.158	0.842

三、模糊评价矩阵构建和权重向量确定

根据评价因素集 U_1、U_2、U_3、U_4、U_5 和其指标评价隶属度，可构建出模糊综合评价矩阵 R_1、R_2、R_3、R_4 和 R_5。并由表 4－25 可知各二级指标相对于一级指标的权重向量分别为 W_1、W_2、W_3、W_4 和 W_5，以及一级指标对于总体目标的权重向量 W。

(1) $$R_1 = \begin{Bmatrix} 0 & 0 & 0.145 & 0.553 & 0.302 \\ 0.347 & 0.572 & 0.081 & 0 & 0 \\ 0 & 0 & 0 & 0.415 & 0.585 \end{Bmatrix},$$

$$W_1 = (0.571 \quad 0.255 \quad 0.175);$$

(2) $$R_2 = \begin{Bmatrix} 0 & 0 & 0 & 0.321 & 0.679 \\ 0 & 0 & 0 & 0.313 & 0.687 \\ 0 & 0 & 0.012 & 0.353 & 0.635 \\ 0 & 0 & 0.325 & 0.573 & 0.102 \\ 0 & 0.131 & 0.565 & 0.272 & 0.032 \\ 0.112 & 0.360 & 0.376 & 0.152 & 0 \\ 0 & 0 & 0.171 & 0.387 & 0.442 \\ 0.105 & 0.335 & 0.431 & 0.129 & 0 \\ 0.209 & 0.659 & 0.132 & 0 & 0 \end{Bmatrix},$$

$W_2 = (0.176 \quad 0.165 \quad 0.139 \quad 0.127 \quad 0.107 \quad 0.099 \quad 0.076 \quad 0.066 \quad 0.043)$;

(3) $R_3 = \begin{Bmatrix} 0.306 & 0.693 & 0 & 0 & 0 \\ 0 & 0 & 0.090 & 0.763 & 0.147 \\ 0.772 & 0.228 & 0 & 0 & 0 \\ 0.791 & 0.117 & 0.92 & 0 & 0 \\ 1 & 0 & 0 & 0 & 0 \\ 0.105 & 0.366 & 0.467 & 0.072 & 0 \\ 0.279 & 0.721 & 0 & 0 & 0 \\ 0 & 0 & 0.107 & 0.412 & 0.481 \end{Bmatrix}$,

$W_3 = (0.208 \quad 0.178 \quad 0.142 \quad 0.131 \quad 0.105 \quad 0.105 \quad 0.076 \quad 0.053)$;

(4) $R_4 = \begin{Bmatrix} 0 & 0 & 0.093 & 0.759 & 0.148 \\ 0 & 0 & 0.081 & 0.571 & 0.348 \\ 0.194 & 0.487 & 0.319 & 0 & 0 \end{Bmatrix}$,

$W_4 = (0.416 \quad 0.174 \quad 0.410)$;

(5) $R_5 = \begin{Bmatrix} 0.076 & 0.484 & 0.301 & 0.139 & 0 \\ 0 & 0 & 0 & 0.102 & 0.898 \\ 0 & 0 & 0 & 0.158 & 0.842 \end{Bmatrix}$,

$W_5 = (0.341 \quad 0.397 \quad 0.262)$;

(6) $W = (0.329 \quad 0.179 \quad 0.238 \quad 0.119 \quad 0.133)$。

四、模糊合成

（一）一级指标的模糊合成

由公式（4.8）计算可得评价因素集 U_1、U_2、U_3、U_4 和 U_5 的单级评价向量 S_1、S_2、S_3、S_4 和 S_5，并构建出对总目标层的模糊综合评价矩阵 R。

$$S_1 = W_1 R_1 = (0.571 \quad 0.255 \quad 0.175) \times \begin{Bmatrix} 0 & 0 & 0.145 & 0.553 & 0.302 \\ 0.347 & 0.572 & 0.081 & 0 & 0 \\ 0 & 0 & 0 & 0.415 & 0.585 \end{Bmatrix}$$

$$= (0.089 \quad 0.146 \quad 0.103 \quad 0.387 \quad 0.275)$$

$$S_2 = W_2R_2 = (0.176 \quad 0.165 \quad 0.139 \quad 0.127 \quad 0.107 \quad 0.099 \quad 0.076 \quad 0.066 \quad 0.043)$$

$$\times \begin{pmatrix} 0 & 0 & 0 & 0.321 & 0.679 \\ 0 & 0 & 0 & 0.313 & 0.687 \\ 0 & 0 & 0.012 & 0.353 & 0.635 \\ 0 & 0 & 0.325 & 0.573 & 0.102 \\ 0 & 0.131 & 0.565 & 0.272 & 0.032 \\ 0.112 & 0.360 & 0.376 & 0.152 & 0 \\ 0 & 0 & 0.171 & 0.387 & 0.442 \\ 0.105 & 0.335 & 0.431 & 0.129 & 0 \\ 0.209 & 0.659 & 0.132 & 0 & 0 \end{pmatrix}$$

$$= (0.027 \quad 0.101 \quad 0.187 \quad 0.312 \quad 0.373)$$

$$S_3 = W_3R_3 = (0.208 \quad 0.178 \quad 0.142 \quad 0.131 \quad 0.105 \quad 0.105 \quad 0.076 \quad 0.053)$$

$$\times \begin{pmatrix} 0.307 & 0.693 & 0 & 0 & 0 \\ 0 & 0 & 0.090 & 0.763 & 0.147 \\ 0.772 & 0.228 & 0 & 0 & 0 \\ 0.791 & 0.117 & 0.92 & 0 & 0 \\ 1 & 0 & 0 & 0 & 0 \\ 0.105 & 0.366 & 0.457 & 0.072 & 0 \\ 0.279 & 0.721 & 0 & 0 & 0 \\ 0 & 0 & 0.107 & 0.412 & 0.481 \end{pmatrix}$$

$$= (0.414 \quad 0.285 \quad 0.191 \quad 0.165 \quad 0.055)$$

$$S_4 = W_4R_4 = (0.416 \quad 0.174 \quad 0.410)$$

$$\times \begin{pmatrix} 0 & 0 & 0.093 & 0.759 & 0.148 \\ 0 & 0 & 0.081 & 0.571 & 0.348 \\ 0.194 & 0.487 & 0.319 & 0 & 0 \end{pmatrix}$$

$$= (0.079 \quad 0.199 \quad 0.185 \quad 0.415 \quad 0.122)$$

$$S_5 = W_5R_5 = (0.341 \quad 0.397 \quad 0.262)$$

$$\times\begin{Bmatrix} 0.076 & 0.484 & 0.301 & 0.139 & 0 \\ 0 & 0 & 0 & 0.102 & 0.898 \\ 0 & 0 & 0 & 0.158 & 0.842 \end{Bmatrix}$$

$$=(0.026\quad 0.165\quad 0.103\quad 0.129\quad 0.577)$$

$$R=(S_1\quad S_2\quad S_3\quad S_4\quad S_5)$$

$$=\begin{Bmatrix} 0.089 & 0.146 & 0.103 & 0.387 & 0.275 \\ 0.027 & 0.101 & 0.187 & 0.312 & 0.373 \\ 0.414 & 0.285 & 0.191 & 0.165 & 0.055 \\ 0.079 & 0.199 & 0.185 & 0.415 & 0.122 \\ 0.026 & 0.165 & 0.103 & 0.129 & 0.577 \end{Bmatrix}$$

（二）总目标的模糊合成

根据一级指标对总体目标的指标权重 W 和对目标层的模糊综合评价矩阵 R，运用公式（4.8）进行计算，可得出对湖北省农业信息服务体系建设水平的模糊评价结果向量 S。

$$S=WR=(0.329\quad 0.179\quad 0.238\quad 0.119\quad 0.133)$$

$$\times\begin{Bmatrix} 0.089 & 0.146 & 0.103 & 0.387 & 0.275 \\ 0.027 & 0.101 & 0.187 & 0.312 & 0.373 \\ 0.414 & 0.285 & 0.191 & 0.165 & 0.055 \\ 0.079 & 0.199 & 0.185 & 0.415 & 0.122 \\ 0.026 & 0.165 & 0.103 & 0.129 & 0.577 \end{Bmatrix}$$

$$=(0.145\quad 0.179\quad 0.148\quad 0.289\quad 0.239)$$

五、评价结果分析

由模糊合成的结果可以分别得出农业信息服务体系建设水平和农业信息采集能力、农业信息发布能力、农业信息服务基础设施建设水平、农业信息服务人力资源储备状况以及农业信息服务政策法规保障能力的评价等级隶属度，如表 4－32 所示。

表 4－32　一级指标和总目标评价等级隶属情况表

	高	较高	一般	较低	低
农业信息采集能力	0.089	0.146	0.103	0.387	0.275
农业信息发布能力	0.027	0.101	0.187	0.312	0.373

续表

	高	较高	一般	较低	低
农业信息服务基础设施建设水平	0.414	0.285	0.191	0.165	0.055
农业信息服务人力资源储备状况	0.079	0.199	0.185	0.415	0.122
农业信息服务政策法规保障能力	0.026	0.165	0.103	0.103	0.577
农业信息服务体系建设水平	0.145	0.179	0.148	0.289	0.239

从多级模糊评价结果来看，在对农业信息服务体系建设水平的5级评价中（高，较高，一般，较低，低），认为湖北省农业信息服务体系建设属于高水平的测度为0.145，认为属于较高水平的测度为0.179，认为属于一般水平的测度为0.148，认为属于较低水平的测度为0.289，认为属于低水平的测度为0.239。依据最大隶属度原则，可以判断湖北省农业信息服务体系建设处于较低水平。其中，除农业信息服务技术设施建设处于高水平之外，农业信息采集和农业信息服务人力资源储备能力处于较低水平，农业信息发布和农业信息服务政策法规保障能力都处于低水平。其主要原因如下：

（一）农业信息资源的整合能力不足

湖北作为一个农业大省在长期的农业发展和科研过程中积累了大量农业信息数据，但由于在农业信息采集能力、农业信息处理和发布能力上的不足，导致全省的农业信息资源无法得到有效整合，直接影响了整个农业信息服务体系的运行和服务效果。农业信息资源整合能力不足主要表现在以下三个方面：第一，农业信息数据采集的规范化程度低，数据采集过程缺乏统一指标体系进行规范，农业信息的分类、分级和储存没有形成统一标准，限制了农业信息的处理加工、传递和提供应用程度；同时，农业信息数据采集点和统计基站设置不足、农业数据采集技术和方法缺乏科学指导等问题降低了农业信息的采集效率区域代表性差。第二，农业信息的处理和分析水平低，研究发现，目前提供服务应用的农业信息多为未经处理和加工的原始农业数据，这些数据对于信息意识弱、信息处理能力差的农业信息需求主体来讲使用价值极低，远不能满足其对农业信息的服务要求，加强农业信息数据加工和分析深度，提供实用、易用和指向明确的农业信息是满足农业生产、经营和管理决策信息需求的关键。第三，农业综合信息网站服务功能弱，据统计，全国综合性农业信息服务网站总数3.1万个，以湖北省总人口计，万人拥有农业综合性信息服务网站数仅为5个，无法切实满足农业信息需求者日益增长的农业信息服务需求；同时，除由中央和各地政府机关主建的农业综合性信息服务网站外，大部分网站的建设水平较低、使用价值差，网站内容重复、功能交叉、信息量少和信息更新周期较长等问题突出，影响其农业信息服务功能的发挥。

（二）农业信息的共享程度低，基层信息服务供给渠道单一

从对农业信息服务的数据支持角度看，目前应用比较普遍的农业信息数据库仍是由国家农业信息中心开发的那几个数据库，其他农业信息数据库由于受到开发部门职能和数据库访问权的限制，农业信息数据采集和应用范围有限，数据库的信息开放性不足，导致这些农业信息数据库没有很好地发挥其对农业信息服务应有的数据支持作用。从农业信息服务的供给渠道选择看：一方面，传统媒体的农业信息服务功能较弱，虽然湖北全省广播和电视覆盖率分别达到 98.7% 和 98.8%①，出版图书、杂志和报纸共计 14794 种②，但由于农业信息服务类广播电视节目和频道过少，农业类出版物比重过低，传统媒体在农业信息服务提供过程中的所能发挥作用非常有限，一般只作为农业信息服务主要供给渠道的补充角色进行考虑。另一方面，新媒体的农业信息服务功能强大，但基层服务能力相对不足。互联网可以说在推进农业信息服务发展方面作用明显，且湖北省农村互联网基础设施建设成效显著，全省已有 25204 个行政村开通宽带③，农村宽带通村率和百户计算机拥有数分别达到 96.58% 和 19.73 台④，但受到宽带入户率低、网速较慢和计算机应用能力差等因素的影响，通过互联网渠道提供农业信息服务的效果并不理想。因此，当前湖北省的基层农业信息服务供给的主要渠道移动电话和基层农业信息服务站。借助移动通讯强大的电信网络，配合湖北省农业厅、湖北“12316”“三农”信息服务平台、湖北农技“110”、湖北星火科技“12396”信息服务网和湖北省农业信息网的农业信息服务活动，电信运营企业开发出农业信息服务相关应用，通过手机短信或者智能手机 APP 的方式向用户提供农业信息服务；同时，以全省 591 个乡镇基层信息服务站和 1000 个村级信息服务点为依托，打造湖北省基层农业信息服务网络，向基层农业信息需求者提供点对点、面对面的服务。

（三）农业信息服务的人力资源储备不足

目前，尽管湖北省农业厅联合省委组织部、省文化厅、省气象局和省科技厅等部门选聘信息员和科技特派员近 6 万人，但面对湖北省信息传输、软

①②③④ 湖北省统计局、国家统计局湖北调查总队：《2013 湖北统计年鉴》，中国统计出版社 2013 年版。

件和技术服务行业的从业人员数量不足全行业从业人员总数1%的现实，农业信息服务人才相对缺乏的问题依然突出。一方面，由于农业信息服务的准公共产品属性，农业信息服务工作的开展对政府财政和政策支持的依赖度极高，但就现阶段而言，各级政府对农业信息服务的财政和政策支持明显不足，无法对信息服务人才产生足够的吸引力，让其进入农业信息服务领域，并从事农业信息服务工作。另一方面，农业信息服务工作者的人员结构不合理，农业信息服务人员从总体上讲专业知识单一，要么只懂农业知识、要么只懂信息技术应用或者只懂信息管理，这与信息服务人员既要对农业知识有一定了解也要对信息技术有一定熟悉度的要求相背离，影响了农业信息服务质量和效率的提高。此外，对农业信息服务从业人员的培训力度不足也制约着农业信息服务能力的提高，虽进行了一定范围内的人员技术培训，并取得一定成效，提高农业信息服务某些环节的工作效率和质量，但距离全面提升农业信息服务人员整体素质和农业信息服务整体水平的要求仍有很大差距。

（四）农业信息服务的法律法规缺失

我国现行农业领域有效法律共计15件、行政法规25件、农业部规章154件以及地方性农业法规规章近600件，基本涵盖农业农村经济社会发展的主要方面。仅“十一五”期间，农业部就推动出台了包括农产品质量安全法在内的4部法律、5部行政法规和47件农业部规章。但是，就农业信息服务领域而言，仍没有一部能够规范农业信息服务活动、明确农业信息服务主体权责和界定农业信息服务非法行为并对其进行惩戒的农业信息服务相关法规出台。现行的农业信息服务相关规范多是参照相关行业的法律法规，这就容易造成在农业信息服务提供过程中对某些交叉环节的监管存在盲区的情况出现，让投机者钻法律界定模糊的漏洞，对农业信息服务各主体的利益造成损害，不利于农业信息服务体系的健康可持续发展。

第五章　国内外农业信息服务体系建设经验借鉴

本章在对我国农业信息服务体系发展历史进行回顾的同时，对国内农业信息服务体系建设概况、京津冀地区农业信息服务体系建设情况和其他地区农业信息服务体系构建特色进行总结，指出国内农业信息服务体系建设存在的主要问题：第一，农业信息服务主体功能不全；第二，农业信息服务成本高、质量低；第三，农业信息服务利益分配机制不够合理。同时，通过对美国、英法德等欧盟国家、日本以及韩国等国的农业信息服务体系建设现状进行分析，归纳出国外农业信息服务体系建设的主要经验：一是具有完善的农业信息服务保障体系；二是重视农业信息采集、分析、发布的质量；三是农业信息服务人员工作严谨高效；四是强调农业信息服务的多元化、社会化和商业化；五是智能设备及信息技术的广泛应用。

第一节　我国农业信息服务体系发展历程

自20世纪70年代末农村改革开放以来，在全国农业系统、涉农部门、民间组织和经济实体等多方面的共同努力下，我国农业信息服务体系建设成果显著。纵观新中国成立以来的农业信息服务体系发展历程，主要可以分为以下六个阶段：指令性计划信息服务为主时期、政策信息服务为主时期、向市场信息服务过渡时期、市场供求和价格信息服务为主时期、农业质量标准和食品安全信息服务为主时期和新农村信息服务为主时期。

一、指令性计划信息服务为主时期（1949—1978年）

新中国成立至1978年农村改革以前，我国农业发展的主要任务是解决农产品供给问题，这一阶段的农产品供给主要依靠计划安排，市场能起到的作用十分微小。农产品的生产者、加工者、经营者依照政府计划安排进行生产、加工和销售，消费者没有太多的产品可供选择，所以，大家对市场信息并不敏感。这一时期的农业信息服务工作主要体现在提供各种统计报表、农情信息为政府决策和做计划服务，基本没有市场信息，农业信息的收集、汇总、发布和反馈是以人为规定模式自下而上或者自上而下进行，农业信息也不对社会公开，信息对基层农业经济不产生直接影响。该时期农业信息服务主要特征表现为：农业信息服务手段原始，主要以传统信息技术为支撑，信息服务效率低下；对农业信息服务体系的研究主要由农业部、中国科学院、各地的农业科学院及一些高校在政府主管部门的支持下分散进行。

二、政策信息服务为主时期（1978—1992 年）

1978 年农村改革开始以后至 1992 年，农业政策信息服务在促进我国农业和农村经济发展中发挥巨大作用。1982—1986 年，中央连续发了 5 个“一号文件”，积极主张和切实推行农村家庭联产承包责任制，并提出了 15 年不变的政策，让农民吃下一粒“定心丸”。同时，国家还大幅提高粮食等主要农产品价格，并出台一系列推动乡镇企业、农村专业户发展等新政策。这些政策信息通过各种渠道反馈到农村，调动了农民的生产积极性和发展多种经营的聪明才智，解放了我国农村社会生产力，农业生产和农村经济得到了空前的发展，农产品供给出现了前所未有的大好局面。这一时期，我国农业的生产关系发生重大变化，农业经济逐步摆脱计划经济的束缚，农业信息开始与劳动者、劳动工具、劳动对象等有形生产要素一起共同构成农业生产力的基础。1979 年遥感技术的引进，拉开了我国农业信息化的序幕；1981 年，我国建立中国农业科学院计算中心；国家农业部也分别在 1985 年和 1986 年提出《建设农牧渔信息系统的方案意见》、《农牧渔业部电子计算机应用规划》和《农牧渔业信息管理系统总体方案》，并组建了农业部信息中心。

三、向市场信息服务过渡时期（1992—1997 年）

1992 年至 1997 年我国农业进入以粮食产量突破 1 万亿斤为标志的快速发展时期。这一时期，为响应发展社会主义市场经济号召，贯彻加强“信息引导”工作的指导思想，持续推动农业信息服务体系发展，农业部实施一系列举措，相继出台了《农村经济信息体系建设工作方案》，提出了《关于加强农村经济信息体系建设的总体构想》，制定了农村经济信息体系建设“九五”计划和 2010 年规划，建成了农业部局域网，成立了农村经济信息体系建设领导小组和行政工作机构市场信息司，建立了我国农业综合信息发布的权威网站"中国农业信息网"，并组织实施了农业综合管理和服务信息系统——金农工程，推进我国农业和农村信息化。1996年，我国粮食生产首次突破1万亿斤，农业部第一次召开全国性的农村经济信息工作会议，制定了《"九五"时期农村经济信息体系建设规划》和"金农工程"（草案），并将农村信息体系建设列入农业部《农业和农村经济发展"九五"计划和2010年规划》。

四、市场供求和价格信息服务为主时期（1997—2001年）

1997年，第一次全国信息化工作会议在深圳召开，会议提出要将推动农业信息化发展纳入我国中央及各地区的农业发展规划中；会议同时强调，要逐步建立农业综合管理与服务信息系统，向各级农业管理部门和生产单位提供相关的农业信息服务。我国农业信息服务体系建设的基本框架初现雏形。1998年10月，中共十五届三中全会通过的《中共中央关于农业和农村工作若干重大问题的决定》中，对农业信息服务工作提出了"完善信息收集和发布制度，向农民提供及时准确的市场信息"的要求。2000年1月，《中共中央、国务院关于2000年农业和农村工作的意见》再次强调："农业行政主管部门要尽快制定农产品市场信息采集标准和规范，完善信息发布制度，建立及时、准确、系统、权威的农业信息体系。"2001年，农业部将农村经济信息体系建设领导小组改名为农村市场信息体系建设领导小组，启动《"十五"农村市场信息服务行动计划》，建立了初步的信息发布制度，形成了以"一网、一台、一报、一刊、一校"（即农业部信息中心、中国农业影视中心、农民日报社、中国农村杂志社和中央农业广播电视学校）为主体的信息发布窗口，力求为农业和农村经济发展、农业结构战略性调整和农民增收提供及时、准确的信息服务

五、农业质量标准和食品安全信息服务为主时期（2001—2006年）

2001年12月，我国加入了世界贸易组织（WTO），正式实现了与国际市场接轨，围绕农业质量标准和食品安全问题的讨论与摩擦逐渐增多。为顺应国内外农业市场竞争和发展的要求，农业质量标准和食品安全问题被提上了重要议事日程。该阶段农业部市场与经济信息司新成立了质量标准处、市场秩序处和质量监督处，农业部也新成立了农业部农产品质量安全中心，负责农产品质量监管。各省（区、市）乃至全国农业系统相应强化农业质量标准和食品安全体系建设工作，扩大对农产品质量安全的监测范围，并向社

会公布监测结果；完善农产品质量追溯制度，加强对农产品污染源头的控制；在2006年审议通过并实施了《中华人民共和国农产品质量安全法》。这一时期农业信息服务的主要内容就是配合农产品质量安全监管工作，为其提供农产品质量溯源、农业质量标准发布、农产品质量安全监测结果发布等信息服务支持。2005年中央一号文件就指出要以加强农业信息化建设推动农产品流通和检验检测设施建设。

六、新农村信息服务为主时期（2006年至今）

2006年，中央一号文件《关于推进社会主义新农村建设的若干意见》中明确指出，要通过积极推进农业信息化建设、充分利用和整合涉农信息资源、强化面向农村的广播电视电信等信息服务，重点抓好“金农”工程和农业综合信息服务平台建设工程的方式，推动我国社会主义新农村建设的发展。2007年，农业部提出《全国农业和农村信息化建设总体框架（2007—2015)》，计划到2015年，我国农业信息化对现代农业、农村公共服务和社会管理的支撑能力显著增强，乡、村两级信息化服务组织得到充分发展，农业和农村信息化可持续发展机制逐步健全，达到“十万村庄建站，百万专家在线，五亿农民受益”的目标，基本满足社会主义新农村建设的总体要求。2011年，农业信息服务体系发展进入颇具分水岭特征的一年，随着农业信息资源的开发和利用能力显著增强，农业信息服务体系被不断完善，农业信息服务模式也在不断创新。提高农业生产经营、质量安全控制、市场流通的信息服务水平，鼓励搭建区域性农业社会化服务综合平台，重点开发信息采集、精准作业、农村远程数字化和可视化、气象预测预报、灾害预警等技术，成为健全和加强农业信息服务体系的重点内容。落实“四化同步”战略部署，增强农业信息服务体系在促进信息化与工业化深度融合、推动工业化与城镇化良性互动、实现城镇化与农业现代化相互协调过程中的服务功能，成为当前我国农业信息服务体系建设的重要目标。

第二节　国内农业信息服务体系的建设经验

一、国内农业信息服务体系的整体建设状况

我国的农业信息服务体系建设起步较晚，20世纪80年代以后，我国才开始关注信息技术在农业相关领域的研究和应用。1993年，中国农业部开

始筹建中国农业信息网；1994 年提出了“金农工程”，推进国家农业电子政务建设；1999 年开始，农业信息资源数据库建设、农业信息监测与速报系统以及发展精确农业等相继成为我国农业信息服务体系建设重点内容。近年来，在国家和各级地方政府的努力下，中央、地方以及基层农业信息服务体系建设成绩显著。

在全国范围内，“金农工程”以实现国内农业和农村信息化为总体目标，以建设国家级农业数据库群及其应用系统为主导，制定统一的农业信息采集和发布标准，以各类信息技术的应用，促进农业信息服务方式的创新和农业信息服务渠道的拓展，实现对农业信息服务网络和农业信息传递过程的管理。目前，除中国农业信息网和中国农业科技信息网外，还陆续开通了中国家禽业信息网、中国蔬菜信息网及中国花卉信息网等专业网。全国各省市已基本实现了农业信息服务中心全面覆盖，已建有各级政府部门的农业信息网站、农业科研和教育信息网站、涉农企业和机构网站等共 8000 多个，建成农业智能应用系统 100 多个。这些农业信息服务网络大多由政府、农业行业协会、涉农企业等农业信息服务主体进行建设和维护，并根据不同主体的农业信息资源优势，提供以政策、法规、行业动态和市场信息为主的农业信息服务，实现了我国农业生产科技含量以及农业信息资源利用效率的“双提高”。

在农业信息数据库建设方面，除了国家级农业信息核心数据库和中国农林文献数据库外，各省、市级农业部门也建立了一定规模和数量的农业信息数据库，包括农业资源信息数据库、生产技术数据库、专家系统数据库等。同时，为了能获取更多的国际农业信息数据，我国还引进了世界粮农组织农业索引数据库（AGRIS）、国际农业和生物科学中心文摘（CABI）、国际食物信息数据库（IFIS）和美国农业联机检索数据库（AGRICOLA），使我国农业信息需求者可以更及时地了解世界农业科学和生产新动态。此外，我国的农业专家系统技术也日趋成熟，不仅种类在不断增加，而且各种信息新技术也不断被应用其中，开发出大量的农业软件。例如河北农业大学开发的基于神经网络的棉铃虫预测专家系统①、禹城小麦和玉米施肥专家系统、福建农业大学研究开发的“农药处方与病虫害综合治理计算机咨询专家系统”和上海博纳新技术研究所结合 HACCP（危害分析和关键控制点）管理系统

① 吴玺、谭宏：《试论我国农业专家系统的应用及发展》，《计算机与农业》2000 年第 8 期。

开发的数字化农场管理系统①等，这些系统立足我国国情和农情，技术应用已经达到国际先进水平，真正实现了“从农田到餐桌”的全过程安全控制。

在农业信息服务平台的建设上，全国各省、市除加强与传统媒体（报纸、书刊、广播电视）的合作外，还加强了与电信运营商的合作，建立了服务模式多样、服务内容丰富、服务渠道多元的农业信息服务平台，提供农村远程教育、各种惠农信息服务、农村远程医疗等农业信息服务，涵盖了生活、教育、医疗等各方面的内容。吉林省开设了“12316 新农村热线”，将省、市、县、乡各级 400 余名农业专家组织起来，为农民提供各类咨询服务；浙江省农业厅联合浙江移动，推出了“百万农民信箱工程”，政府部门可以通过这个农业信息服务平台向全省农民提供农产品采购和销售、自然灾害预警预报以及农业新技术推广等信息，农民则可以通过这个农业信息服务平台与政府和农业专家进行互动，反映具体的农业信息服务需求，并就农业政策法规、农业实用技术应用、农业新品种等问题向农业专家进行咨询。这类以电信网络依托的农业信息服务平台建设模式，虽然使平台的服务更加便捷和丰富，但仍需在农业信息的可靠性、及时性和实用性上下工夫，才能保证农业信息服务的质量，满足广大农民的农业信息服务需求。②

二、各地区农业信息服务体系的建设经验

（一）京津冀地区农业信息服务体系建设经验

北京市作为全国农业信息服务体系建设示范区，经过多年的建设与发展，逐渐形成了以北京农业局和市属农业科研院校为农业信息服务供给主体，GIS 技术和 GPS 技术的广泛应用为基本特征，以图书、期刊、电视和移动互联网为主要农业信息发布渠道，极具北京特色的农业信息服务体系结构。同时，通过建立农业专家系统、政务办公系统、无公害农产品安全追溯系统等农业信息服务系统，为用户提供全方面的农业信息服务。此外，北京市还建立了“北京农业信息网”，用于及时发布各类农业生产和销售信息；构建了北京农业语音信息咨询服务平台，实现了用户和专家的实时互动；建设了包括近 200 个数据库的“北京农业数字信息资源中心”，用于农业信息

---

① 鲍敏飞：《中国首家国产农业管理软件——数字化农场管理系统》，《计算机与农业》2003 年第 2 期。

② 吴江寿：《农业科技信息移动服务系统设计与实现》，中国农业科学院硕士学位论文，2009 年。

资源的整合；开发了“现代农民远程教育与培训系统”，辐射京郊14个区县，方便对基层农业信息服务人员进行培训和提高农村人力资源的储备。

天津市注重农业信息服务的网络建设和信息技术应用，基本形成了市区—乡镇—农户（涉农企业）的农业信息服务网络体系。通过电话语音咨询系统、短信服务平台和“天津农业科技信息网”的结合，开辟出一条便捷、通畅的双向式农业信息服务途径。在以培养农业信息服务人才为农业信息服务体系建设重点内容的同时，建立基层农民科技书屋，开展各类农业技术培训活动，普及农业信息获取、分析和应用知识。

河北省重视基层农业信息服务站点的建设，全省11个地级市、70%以上的县（市）、近50%的乡镇建设有农业信息中心或信息服务站，其中农业信息服务从业人员达到了万余人，使河北省农业信息的采集和发布能力从整体上得到了提升。在此基础上，河北省加强对农业信息资源的整合，建立了农业网站数据采集中心及12个相关农业信息数据库，并通过传统媒体与新媒体的有机结合，开发出菜篮子产品市场报价系统、农业技术视频点播系统和专家智能咨询系统，进一步提高了河北省农业信息服务的质量和效率。

（二）其他地区农业信息服务体系建设经验

作为农业大省，黑龙江省在农业信息服务体系建设方面成绩斐然。该省坚持以电话、电视、电脑网络为载体，大力推广“三网合一”的农业信息服务模式。目前，黑龙江省已建成各类农业信息网站、农业行业网站和农业专业网站几十个，形成了综合性较强的农业信息服务系统网络集群，为农业部门、涉农企业和农户提供了较为完备的农业政策、法规和市场行情等方面的信息服务。同时，利用多种信息技术实现农业科技的远程培训，并通过建立农业智能呼叫中心，为农户提供及时、准确、直接的农业信息服务。

广东省提出“全局规划，协同攻关”的农业信息服务体系建设理念，由政府主导，财政投资建设农业网络资源库，以增强农业信息服务供给效率和经济效益。广东省农科院科技情报研究所集成网络应用技术和数据库技术，建立农业科技信息数据库群，创建了高效、规范的“一站式”农业科技信息网络服务模式，为农业信息需求者提供与农业新技术、农业新品种和农技指导相关的农业信息服务。

广西壮族自治区已经建成以广西农业信息网为中心，以种业、果业、农产品贸易、质量标准管理和农业科技推广等14个专业子网为补充，辐射范围覆盖自治区、地、县、乡四级行政单位的网络集群。该信息网集群通过互联网向政府农业部门、农技人员和广大农业生产经营者传播各类政策、市场和科技等相关农业信息。

山东省为推动农业信息服务体系的发展，先后建立了济南、烟台、威海和莱州四个农业信息化示范区，为全省农业信息服务体系建设起到了示范带头作用。其中，济南市建立了济南农业信息中心，并创办了山东金农信息网，形成“市、县、乡”三级农业信息服务体系，拥有“市、县、乡、村”四级农业信息服务网络用户，并建设出一批具有区域特色的农业数据库；莱州市则率先推出了农业信息服务热线，利用电话网络，整合农业专家和农业科研人员资源，为广大农业信息服务需求者提供所需的农业信息服务。

安徽省农业信息服务体系建设以安徽省农科院科技情报研究所建立的“安徽农业大平台”为基础，构建出农业知识仓库，将各种农业信息进行梳理、分类和储存，农业信息用户可通过该农业信息服务平台实现对农业信息的“按需索取”。

内蒙古自治区在农业信息服务体系建设方面，为发展当地的农牧业，增强农牧业的竞争力，偏重于农牧业信息网络的建设，坚持以农业信息技术的开发和应用推广推动内蒙古农业信息服务体系发展。

宁夏回族自治区农业信息服务体系的建设结合当地的农业资源优势，注重各类农业信息服务系统的开发，目前，已经开发出奶牛、肉牛饲养管理专家系统，麻黄栽培管理专家系统，宁夏枸杞栽培管理专家系统以及酿酒葡萄栽培管理专家系统等极具宁夏特色的农业专家系统，为指导农业生产提供专业的信息服务。

第三节　我国农业信息服务体系建设存在的问题

无论是从农业信息服务体系建设的整体态势看，还是从各地区区域农业信息服务体系的建设现状看，我国农业信息服务体系建设一直在朝着科学化、高效化和可持续化的方向发展。第一，农业信息服务的基础设施建设力度进一步加大。近年来，各级政府不断增加对农业信息基础设施的投入，全国各地农业信息服务基础设施建设不断加强，以“三网”通讯途径为基础推动农业信息服务平台建设，以信息技术产品为载体促进农业信息的传递与共享，以各类智能通讯设备为依托实现农业信息服务的实时交互。同时，随着农村信息服务基础设施建设的加快，农民对农业信息服务的接受度大大提升，“推送式”和“互动式”的农业信息服务体系在农村也逐渐被认可和接受。第二，农业信息资源的开发力度进一步增强。我国已启动了农产品市场监测预警系统，建立定期信息发布制度，并按月提供主要农产品国内外市场供求走势。同时，根据各省、市农业信息的需求状况，各地政府逐渐增强对农业信息资源的开发，加强农业政策法规、农业生产技术、农产品生产加工等各类农业信息数据库的构建。第三，农业信息服务的组织体系进一步壮大。目前，全国所有省、市、县级农业部门都设有农业信息管理和服务机构，负责各地农业信息服务体系和农业信息数据库集群的建设。农业信息服务主体的功能性逐步增强，农业信息采集、处理加工和提供应用的效率逐步提高，农业信息服务体系的服务覆盖面也在逐步扩大。第四，农业信息服务技术的研究和应用进一步加强。我国信息技术在农业信息服务领域的应用面正在不断扩大，前沿性、关键性信息技术的研究也在不断加强。可以看到，信息技术已应用到农业生产的各个环节，对数字农业技术和精准农业技术等方面的研究也取得一定突破。例如中国农业大学联合国家农业信息化工程技术研究中心开发的“基于移动 GIS 的品种县域精准推广支持系统”，该系统能在 WM5.0 及以上的智能手机上运行，操作简单，能大大减轻农资产品推广人员的工作负担，并提高推广精准度。又如中国农业大学的李明和钱建平设计了一套部署在移动设备上的黄瓜生产系统，解决小规模黄瓜生产中的可追溯信息记录以及决策支持的问题，且该系统目前已被相关农业生产企业所利用。

然而，在我国农业信息服务体系建设不断取得突出成绩的同时，其建设过程中所暴露出的问题也不容忽视。只有在巩固我国农业信息服务体系建设成果的基础上，直面体系建设所存在的问题，并对解决问题的路径进行不断探索，才能实现我国农业信息服务体系建设的进一步完善。

一、农业信息服务主体功能有待提高

农业信息服务主体包括政府、农业科研机构、农业专业院校、涉农企业、农业专业合作组织和个人。我国农业信息服务体系建设主要依靠政府的直接参与，农业科研机构和农业大专院校因其公共服务组织性质，更容易受政府引导而参与到农业信息服务体系建设中，发挥其主体的服务功能。相比而言，涉农企业、农业专业合作组织和个人在农业信息服务体系建设过程中所表现出的服务功能就要差得多。

1. 涉农企业服务主体。企业参与农业信息服务体系建设主要还是以盈利为根本目的，但由于涉农企业对信息服务投入的资金有限、企业农业信息服务人才储备不足、企业提供农业信息服务的利益无法得到保障以及企业农业信息服务产品缺乏特色等原因，导致涉农企业参与农业信息服务体系建设的动力不足，其农业信息服务功能无法得到很好的开发和利用。

2. 农业专业合作组织服务主体。作为政府部门在农业信息服务领域的有力补充，农业专业合作组织本应该解决政府在农产品产前指导、产中问题解决和产后深加工等农业生产具体环节中信息服务能力不足的问题，然而由于利益驱动机制的缺乏，农业专业合作组织无法在向农业信息需求主体提供信息服务的过程中获得足够的经济回报，使得其农业信息服务功能很难维持在一个高水平。

3. 个人服务主体。农民作为农业信息服务最直接的服务对象和农业原始信息最直接的提供者，农业信息服务功能的发挥受知识水平和参与成本影响较深。然而，教育程度低、信息技术掌握度弱以及计算机熟练度差等问题限制了农民信息发布、传播和获取应用的能力。尽管近年来国家出台了各种政策来推动农村教育事业和农民技术培训工作，但远没有达到预期效果。同时，农业经济人由于人员数量偏少、事业素质偏低、队伍分布不均匀以及对其监管不到位等原因，并没能很好地实现利用农业信息收集、分析和应用来为农业生产经营、农民增收和农村经济发展服务的功能。

二、农业信息服务供给方式有待完善

农业信息必须通过一定方式才能实现对其的提供和应用，鉴于我国各地农村区域的经济发展、交通状况和农业生产状况各有不同，在对农业信息服务方式的选择上需要因地制宜、区别对待。目前，我国在农业信息服务方式的选择和创新上已经积累了大量的经验，已经能够通过互联网、广播电视、语音电话、手机短信、科技下乡、期刊、中介组织、专业协会、科技培训等多种方式提供农业信息服务。

1. 互联网服务方式。利用互联网进行农业信息服务供给，其最大的优点就在于知识涵盖面广、农业信息容量大、信息传输速度快，且不容易受时间、区域和信息员的限制，各类农业信息网站（如“12316”农业信息服务平台体系、中国农村信息网、中国农村远程教育网等）的普遍应用就是其特点的最好体现。互联网服务方式的不足主要体现在，受到互联网终端设备价格偏高、农业信息服务平台建设水平偏低以及互联网农村普及率不理想等因素的影响，想要更好地发挥互联网方式的农业信息服务功能，必须从终端设备普及、农业信息平台建设和宽带入户率等方面进行完善。

2. 广播电视服务方式。利用广播电视进行农业信息服务供给，其最大的优点是区域针对性强、贴近百姓、内容通俗易懂，且更容易被农民所接受。目前，中央及地方都设有各种极具特色的农业频道或者节目（如中央电视台7套军事·农业频道、湖北的垄上频道等），为农技推广、农产品销售、农业政策发布和农业生产经验分享等提供服务，并取得一定效果。广播电视服务方式最大的不足表现在信息不可重复利用、信息总量受到节目时长制约和信息播放时段多与农民娱乐时间相冲突等问题，需从农业信息的重复利用、频道节目的信息容量以及播出时段选择等方面对广播电视方式进行改进和优化。

3. 固定和移动电话方式。我国固定电话和移动电话的普及率较高，通过电话方式以供农业信息服务，不仅能保证服务的及时性和高效性，更能降低服务成本，获得较好的社会效益和经济效益。目前，农业部积极与电信运营商进行合作，利用各电信运营商的电信网络，通过语音电话和手机短信等方式提供方便快捷的农业信息服务（如联通的“天府农业网”和“电子农务”、移动的“农信通”、电信的“12316”热线等）。然而，固定和移动电话方式受到信息内容过少、信息形式单一、视觉效果差和电话普及率等因素影响，其在较复杂农业信息（如农业科技信息等）的传播上显得能力不足，有待进一步改善以提高其农业信息服务效果。

4. 科技下乡方式。通过科技下乡提供农业信息服务，能够使所提供的服务内容与农业生产紧密结合；同时，通过专家现场指导这一形式，也能够使农业信息服务工作更加具体和生动。其最大的不足在于服务时间短，接受服务的群体有限。

5. 其他服务方式。通过期刊提供农业信息服务，虽然服务辐射面广、农业信息容量大、信息表现形式多样，但信息内容的针对性和时效性相对较差。通过中介组织提供农业信息服务，其信息服务的内容明确具体、信息使用价值高，但过高的服务收费提高了农业信息服务的享受门槛，影响了中介组织服务形式的推广和普及。通过农业专业协会提供的农业信息服务多是产、供、销一条龙服务，所提供的信息具有很强的针对性，加上农业专业协会对信息的鉴别和分析能力很强，有利于信息共享程度和收效率的提高；但是专业局限性和会员限制影响了农业专业协会信息服务功能的发挥，且一旦出现准确度低、及时性差的信息，容易给协会带来巨大的经济损失。

三、农业信息服务保障体系有待健全

农业信息服务支撑保障体系主要包括农业信息基础设施保障、农业信息

资源与技术保障、农业信息服务的组织保障、农业信息服务政策与法规制度保障等方面内容。近年来随着国家对于农业信息服务工作重视程度的逐步加深，在农业信息基础设施建设、农业信息资源与技术开发和农业信息服务组织机制创新上取得了一些成绩，但具体到农村互联网基础设施建设、农业信息数据库建设、精准农业技术应用、农产品批发市场组织和农业信息服务法律法规制定等内容，仍存在需要健全和完善的空间。

1. 农村互联网基础设施建设方面。互联网作为农业信息服务提供的重要方式，在实现农业信息的实时传递和海量存储方面作用明显，在农业信息服务领域的应用前景广阔。近年来，我国农村互联网事业有了快速发展和长足进步，农民网民数目持续增多。从整体发展趋势看，截至 2012 年 12 月底，农村网民规模达到 1.56 亿，互联网普及率达到 23.7%。其中，农村网民中使用手机上网的用户达到 75.3%，农村手机网民规模达 11722 万人。① 从国家政府部门推动视角看，2013 年，国家工信部进一步推进农村地区通信设施建设，全国宽带通村率达到了 91%，信息下乡活动的乡镇覆盖率达到 85%，新增信息下乡活动实施乡镇 1026 个。同时，在国家扶贫战略总体部署下，工信部联合教育部开展贫困农村“校通宽带”工程，2013 年为全国 5200 余个偏远贫困农村中小学开通宽带。然而，对很多农民来说，计算机仍属于新鲜事物，我国农村面积广，计算机的维护和网络的管理有较大的难度。中国互联网络信息中心（CNNIC）2013 年 7 月发布的第 32 次互联网络调查报告显示：目前农村非网民中，有 38.8% 的人是由于不懂电脑或网络而不上网，19.7% 的人是由于没有电脑等上网设备，3.5% 的人是由于当地没有网络接入条件。由于缺乏相应硬件和知识而不使用网络的比例均高于城镇非网民群体。此外，我国农村互联网普及率与城镇互联网普及率（59.1%）仍有较大差距，相差 35.4 个百分点。

2. 农业信息数据库建设方面。从 20 世纪 80 年代开始，我国就将农业科研工作中所获得的农业信息数据进行采集、整理、开发和利用，农业科学数据库和农业信息系统建设初现雏形。2003 年和 2004 年，农业科学院科技文献信息中心在国家科技基础条件平台建设项目（《农业科学数据共享试点》）的支持下，对中国农业科学院作物科学研究所、中国农业科学院农业经济与发展研究所、中国农业科学院农田灌溉研究所、中国农业科学院畜牧

① 中国互联网信息中心：《2012 年中国农村互联网发展状况调查报告》，2013 年 6 月。

研究所、中国水产科学研究院、中国热带作物科学研究院的48个主体数据库和500多个数据库（集）进行整合，实现了各独立数据库间的链接，构建了我国农业信息领域规模最大的农业科学数据库群①，并以农业科学数据库群为基础，搭建了国家农业科学数据共享服务平台，面向国内外农业科学信息用户，提供网络化的数据导航、查询和数据下载等服务。然而从整体上讲，我国的农业信息数据库建设依然存在很多问题，具体表现为以下两个方面：第一，农业信息共享相关法律法规缺失。我国农业信息数据的采集、处理和发布由不同部门分管，从目前情况看，并未出台一套统一的法律法规对农业信息从采集到提供应用的过程进行规范，不同部门的农业数据资源无法很好地被纳入农业信息共享体系，一定程度上导致了农业信息资源浪费，削弱了农业信息数据库的信息服务功能。第二，农业信息数据库建设资金缺乏。由于建设周期长、投入资金大和应用收益低等原因，农业信息数据库的建设主要还是依靠政府的财政支持，社会主体参与投资建设的积极性和动力不足，导致农业信息数据库建设资金来源单一，无法很好地保证数据库的建设质量和效率。

3. 精确农业技术的研究和应用方面。所谓精确农业指的是利用全球定位系统（GPS）、地理信息系统（GIS）、连续数据采集传感器（CDS）、遥感（RS）、变率处理设备（VRT）和决策支持系统（DSS）等现代高新技术，获取农田小区作物产量和影响作物生长的环境因素（如土壤结构、地形、植物营养、含水量、病虫草害等）实际存在的空间及时间差异性信息，分析影响小区产量差异的原因，并采取技术上可行、经济上有效的调控措施，区域对待，按需实施定位调控的“处方农业”。尽管目前我国的精确农业也有了一定的发展并在很多地区进行了一些实践（如“国家级农情遥感监测与信息服务系统”、谷物产量监测系统等），但是，总体上我国精确农业仍处于试验阶段，发展水平较低，与发达国家相比，在精确农业的技术水平、经营管理和经济效益等方面，仍存在着较大差距：第一，精确农业是在高科技技术发展水平的基础上产生的，由于我国农业信息服务信息平台设施建设薄弱，科技水平不高，再加上我国大多以家庭为单位的农业生产方式，独立的家庭使用高科技的成本昂贵，不利于精确农业的推广。第二，我国农产品缺乏统一的行业质量标准，加之我国计算机技术在农产品经营方面的应用仍处于初级阶段，因此远未达到精准农业的发展要求。第三，我国精确农

① 张莉：《农业科学数据共享体系建设分析》，《情报探索》2007年第10期。

业的某些关键技术仍依赖国外引进，限制了我国精确农业技术的研发和推广应用。

4. 农产品批发市场建设方面。农产品批发市场是农产品集散地，它不仅能调节农产品供求，调控农产品市场价格，还能提供公开、完整、真实和及时的农产品信息，指导农业生产。目前，我国很多地方都建立了市场辐射面广、具有较大的价格形成和信息汇总传递能力的大型农业批发市场（如北京大钟寺、深圳布吉、西安西北、南京农贸等），促进了农业生产的发展。同时，由农业部信息中心、农业部市场与经济信息司和全国“菜篮子工程”办公室牵头开通的全国农产品批发市场信息网，对各种农产品批发价格信息实施实时监测和报告，为农业信息服务的展开提供了信息支持。但是，我国的农业批发市场建设仍在存在很多问题，限制了其农业信息服务功能发挥。首先，农业批发市场的网络覆盖面窄，布局不合理。我国农产品批发市场加入全国农产品批发市场信息网的数量并不多，并且东部地区的数量远远高于西部。未入网的农产品批发市场只能通过报纸、电视接收部分市场信息，远远不能满足各级政府和广大生产者、经营者及消费者对农业信息的需求。其次，农业批发市场提供的信息量少。我国农产品市场现在已进入买方市场，加上农产品的储存、运输方面成本较高，农民迫切需要为自己的产品打开销路，而农产品营销商也希望掌握详尽的农产品信息，获得更大的收益。但是我国通过农产品批发市场网络收集和发布的农产品信息，主要是一些容易汇总的大宗农产品信息，对许多具有区域优势的特色农产品信息和农产品供求信息的采集和发布相对缺乏。最后，农产品批发市场的信息技术队伍薄弱。相较于庞大的农产品批发市场信息量和信息需求，我国从事农产品批发市场信息工作的人员数量明显不足，无法适应新形势下的农产品交易业务和农业信息服务要求。

5. 农业信息服务法律法规制定方面。我国目前仍然没有明确的农业信息法，农业信息市场缺乏规范和约束，加之农民主体对虚假信息的判断能力有限，无法准确地获取所需农业信息，导致信息不对称现象的产生。同时，农民属于信息消费的弱势群体，对虚假信息（如假种子、假农药、虚假的农产品质量信息）的甄别存在困难，其经济利益容易受到严重侵犯，在缺乏农业信息服务相关法律法规保护的情况下，农民的经济损失得不到弥补，不利于农业信息市场的健康发展。急需建立健全的农业信息服务法律法规，在保证真实农业信息采集和发布者获得可观经济利益的同时，让虚假农业信息发布者承担相应的法律责任，为农业信息服务产业提供法律保护，提高农业信息服务组织和工作人员信息服务的积极性，保障农业信息服务体系的健康发展。

第四节 国外农业信息服务体系建设的基本经验

随着经济水平的不断提高和信息通讯技术的不断发展，国外尤其是西方发达国家的农业产业规模不断扩大，农业现代化程度不断提高。为了满足农业产业信息化发展的要求，不断提高本国农业综合竞争能力，西方各国从理论、技术到相关模式等方面对农业信息服务体系的建设进行了大量的研究、探索和实践，根据本国的实际情况开发了大量各具特色的农业信息服务系统，并且相关数量还在不断增加，已形成了较大的规模。国外农业信息服务体系建设经历了大致三个阶段：从简单利用计算机进行农业科学测算，到计算机数据库开发进行农业数据处理，再到现在的自动控制、信息处理及信息化技术的广泛应用。进入21世纪，电子商务的快速发展将农业信息服务带入了一个更高级的阶段。西方发达国家利用传感器技术、信息处理技术和计算机网络技术来采集、处理、传递各类农业信息，开发出的相关系统已进入实用化阶段。农业各领域的信息使用者都充分享受到农业信息带来的便捷和效率，农业信息服务水平正在逐年提高。目前，相关研究已向着高水平网络化、智能化及数字化方向发展，农业信息服务体系正朝着高强度的农业信息产业方向迈进。

尽管有诸多共性，但各个国家在农业信息服务体系的建设思路及研究方向上侧重点不尽相同。

一、美国的农业信息服务体系建设

美国农业是以市场为导向的农业，农业的生产与销售都受到国内外市场的影响，因此，美国农业的发展需要大量准确、及时、权威的国内外市场信息，使政府农业部门、农产品经销商及农场主们能够了解国内外农产品市场的行情变化和各种农产品的供求情况。为此，美国很早就意识到农业信息化服务的重要性，并坚持以政府为主导发展多元化的农业信息服务主体，构建农业信息服务体系。在几十年的时间里，大量的财政投入被用于农业信息体系的建设，已经形成了庞大完善、标准规范的农业信息服务体系。目前，由内布拉斯加大学创办的世界最大的农业中心网络系统（AGNET）已经广泛应用于美国的46个州、加拿大的6个省及其他7个国家，美国本土已建成了“国家—地区—州”三级农业信息网，并配备有强大的数据库对其进行支撑，以确保信息的准确性和专业性，如美国国家农业数据库（AGRICOLA）、地质调查局数据库（USGS）等。以这些数据库为基础，美国农业部（USDA）建立五大机构（国家经济研究局（ERS）、农业统计局（NASS）、农业市场局（AMS）、外事农业局（FAS）以及世界农业展望委员会（WAOB））专门负责农业信息的收集、分析和发布工作。其中，农业市场局（AMS）主要负责农业市场信息的采集，通过运用统一的信息采集指标体系，农业市场局在各地的农产品市场调查员每天通过电话访问和面谈等方式收集有关农产品的市场信息，并依此进行趋势预测，再借助通讯卫星将信息传回数据处理中心；农业统计局（NASS）主要负责宏观农业信息的采集，通过组织农业调查获取一手农业种植和生产等信息，并以农业生产或者发展报告的形式提供应用；国家经济研究局（ERS）主要负责农产品供求情况、农业政策对农产品贸易的影响、农业资源投入情况及成本收益问题的分析预测；外事农业局（FAS）则负责促进美国与其他国家之间的农业项目合作。

总体而言，美国农业信息处理及发布的频率和质量较高。美国农业部（USDA）每个月都要对世界农产品的供求情况进行一次预测，并由农业专家对预测数据进行审定，达成一致后以报告的形式对外公布，而美国农业统计局的预测信息则可随时通过互联网传递系统（CIDS）提供给用户使用。同时，美国农业信息资源的整合效率很高。为确保农业信息资源使用的合理性和公平性，20世纪70年代后期，农业专家系统在美国建立并得到广泛应用，形成了一整套农业信息资源管理体系，规范了农业信息处理和发布制度。该管理体系注重监督，有效维护了信息服务主体的权益并促进了农业信息资源的共享。① 在农业信息资源共享方面，美国政府规定凡是政府所有和政府资助建设的数据库，实行“完全开放”。美国农业部门可随时根据数据库里的各种动态信息进行农业生产规划和预测，并及时给予农户相关的农业生产和销售的指导；许多涉农公司也通过互联网发布产品和市场信息。此外，美国农业信息技术更新及时。美国的教科研机构开发出大量高智能化信息技术，推广应用于农业生产、经营、销售等各个环节，使美国农业信息服务的内容更为丰富、方式更加便捷。例如，全国作物品种资源信息管理系统可在全国范围内向育种专家提供服务，涉农信息用户可随时通过计算机和电话获取60万植物资源的样品信息。在信息化时代互联网普及的今天，美国

① 刘桂才：《美国农业信息工作》，《农业展望》2006年第1期。

农业的信息化程度已经高于工业的81.6%。农场主大多在办公室或家里办公，通过网络可以随时查询农业生产和销售方面的各类信息，通过多媒体系统获取最新的农业科学知识和实用生产技术。美国政府主导的农业信息服务体系已经给农业各领域带来了长足的发展和可观的经济效益。①

二、欧盟各国农业信息服务体系建设

欧盟各国采用“以官方机构为主，非官方机构为辅”的做法来进行农业信息服务体系建设。从官方农业信息服务机构建设看，欧洲统计局（Eurostat）和农场会计网委员会（F. A. D. N）在欧盟各成员国都设有办事处，通过统一的调查问卷进行农业信息数据的采集；农业委员会负责监控农产品市场运行，并通过对农产品市场相关信息的分析，直接采取一些调控措施维护欧盟农产品市场的稳定；农业理事会则主要通过对农业数据分析和处理，以农业出版物和报告的形式（政策报告、农产品市场形势预测、农业统计报告等）向生产经营者提供农业信息服务。从非官方农业信息服务机构建设看，欧盟非常鼓励农业协会、期货市场和保险机构等非官方农业信息服务机构参与到欧盟的农业信息服务和风险防范中来。两类机构相互配合、互为补充，既提供了不收费或收费低廉的公益性农业信息服务，满足了各成员国政府制定农业政策的要求，又提供诸如专业化信息服务指导这类有偿性农业信息服务，满足了欧盟农产品生产经营者的信息使用需求。目前，欧盟农业信息服务体系提供的服务已经涵盖了气象预报服务、最新农业科技信息推广（如人工繁殖、饲养管理等）、农产品市场行情指导、专家在线咨询、各类农业生产管理软件以及农产品期货和保险等内容，其农业信息服务仍然以报纸杂志和传真等作为主要的服务传播渠道，并在互联网技术的带动下，拓展其农业信息服务范围和深度。其中，英国、法国和德国这几个主要成员国的农业信息服务体系建设最具特点。

英国的工业化和城市化水平很高，城大部分人对农业的了解不多。基于这样的国情，英国农业部门及相关的涉农团体都十分重视向公众宣传和普及农业知识，成立于1994年的英国食品和农业信息服务中心（FFIS）就是这样一个民间的公共关系机构。该信息服务中心充分利用国家农业中心图书馆资源，建立起自己的信息资源库，通过各种现代化的网络手段向公众提供农业咨询服务，以便公众能了解农业产业发展中的各种问题，是英国提供农业

---

① 郭少友：《美国政府信息化建设及对我国的启示》，《情报杂志》2003年第5期。

信息服务的主要力量。同时，英国还在全国范围内建立了农业计算机服务网络（AGRINET），为用户提供气象和农业市场等相关的信息。

法国的农业信息服务主体很多，包括国家农业部、农业商会、科研单位和行业组织协会等。这些主体所提供的农业信息服务根据内容侧重点不同，其目标对象也有所差异，主体间具有良好的互补性。特别值得一提的是，法国各种行业组织协会不仅为自己的会员提供市场、技术、法规等方面的信息服务，而且还在金融、灾害、生产销售和运输加工等方面为农户提供咨询、联络服务，在基层农业信息服务中占有重要地位。在规范农业生产和经营方面，法国近二分之一的农场主使用计算机及相关软件进行农业生产管理，并利用电子商务的手段买卖农产品。所有的农业生产经营者都必须依法填报自己的生产经营情况，违者按偷税行为处罚。同时，法国政府利用先进的卫星和航空遥感技术为本国农业生产规划的制定、农产品产量的预测和病虫害的监测预报等提供较为精准的信息资料，如覆盖法国全境的病虫害检测预报系统，可提供实时的病虫害情况、农药评价和药毒预报等信息，为病虫害防治提供有效帮助。

在德国，农业信息服务体系由三大系统构成：一是大型的农业资源数据库群系统，它包含了植保文献数据库系统（PHYTOMED）和害虫管理数据库等近百个数据库。二是电视屏幕文本显示服务系统（BTX），它帮助拥有BTX主机和键盘的用户通过网络获取及时的农业信息服务。三是德国各州农业局开发的电子数据管理系统。该系统中自带农业服务软件和病虫预报数据库，帮助用户获取农业市场信息、病虫害防治技术等。德国农业信息服务体系主要包括两大主体：国家统计总局负责农业生产信息的调查和收集；半官方性的农业和食品市场价格信息报告中心则负责市场信息的调查和收集。农业生产技术服务主要通过数据库管理系统、电子文本显示服务系统来实施。农户可以及时了解农作物生长情况，并获取病虫害防治、农业生产资料等信息。

三、日本农业信息服务体系建设

日本的农业信息服务体系以发达完善的农业情报系统作为支撑。这个庞大的农业信息服务体系由市场销售信息服务系统、农产品行情预测系统、农用物资及农产品销售网上交易系统和农业科技生产信息支持体系等构成。日本20世纪90年代初建立了农业信息服务的全国联机网络，并在每个县设立了具有地域特色的农业信息分中心，利用大型计算机的分析处理功能，确保来自全国各地农业信息的迅速获取和及时交换。同时，建立农产品销售信息服务系统和农产品行情预测系统，用来引导农户进行农业生产和农产品销售，农户可根据这些系统提供的市场信息来制定相应的种植计划和发展策略。此外，各类农资、农产品网上交易系统也活跃了日本的整个农产品交易市场。目前，日本国内已有 29 个国立农业科研机构、381 个地方农业研究机构和 570 个地方农业改良普及中心实现了信息联网，主要农作物的种植栽培技术要点均可在网上查到。农户不仅可通过网上交互式服务器向专家进行咨询，还可通过电话、无线寻呼、专用通讯网络等多种通讯形式访问高效农业生产管理系统、气象情报系统、温室无人管理系统等农业技术情报网络系统，获取相应的农业信息服务。各类信息数据库信息也可实现政府农业部门、研究推广人员、农业协会和农户之间的共享。

四、韩国农业信息服务体系建设

韩国作为亚洲信息通信技术最为发达的国家之一，移动电话普及率已接近 100%，以手机为载体的电子商务活动成为韩国人生活中不可或缺的组成部分。截至 2006 年 10 月，韩国的 3G 通信服务用户数已达到 3865 万户。在这样的国情下，为达到“显著提升韩国农民获取信息的能力”的目标，韩国农村发展管理局（The Rural Development Administration of Korea，RDA）联合相关部门共同开发了“移动农业信息服务系统”（Mobile Farming Information Service System，MFISS）。该服务系统于 2006 年 9 月 1 日正式上线并向社会提供服务。信息服务内容包括农业技术信息、市场价格、天气和实时疾病控制等。该系统的研发人员还专门开发出了内容管理系统（Contents Management System，CMS），克服了不同通信公司短消息格式各不相同的问题。同时，该系统为了方便各类用户获取系统内的各种服务，提供了多元化的接入服务：网络地址接入、WINC 地址接入、通过链接接入和短信回复方式接入。在该系统的实际使用中，韩国农村发展管理局通过与运营商的合作，依靠快速发展的互联网技术，使无线服务收费日趋合理，并通过纯文本服务给用户带来更低收费的享受。除此之外，韩国其他农业信息服务系统也是层出不穷，如长寿主题村旅游信息系统、移动果树病虫害警报系统、移动多媒体信息交互系统、原产地跟踪系统等，通过互联网为各地农业技术中心和各类数据库提供农业生产信息、农村生活信息和农场全方位技术等方面的信息支持。①

五、国际性农业信息服务平台建设

除各国政府主导的农业信息服务体系建设以外，国际间还存在着由非政府组织推动的各类农业信息服务平台，典型的有国际有机农业联盟信息服务平台（IFOAM）、亚太地区有机农业与绿色食品信息网（OFGF. NET）以及联合国粮农组织的农业数据库（AGRIS）、国际食物信息数据库（IFIS）、国际农业与生物科学中心数据库（ABI），这些农业信息服务平台为各国的农业信息服务发展提供了最基本的农业信息保障。其中，国际有机农业联盟信息服务平台成立时间较早，在推动有机农业发展上至今已有40余年。在此期间，国际有机农业联盟信息服务平台的用户大量增加。IFOAM利用IT技术搭建信息服务平台，链接了世界115个国家的有机农业会员网站，并广泛应用数据库技术和文字、图像处理软件，为用户提供电子杂志订阅、项目咨询管理、各类会展信息的发布和组织等服务。该体系内部的自动化办公系统，实现了会员的有效管理，强化了农业信息种类划分，用户可根据不同身份进入不同信息区域，从而能更快找到所需的信息和服务，保证了农业信息服务的质量。它是国际农业信息服务体系建设的典范之一。联合国粮农组织的农业数据库（AGRIS）存有10万份以上的农业科技参考资料，可为世界各国的农业所属研究所及相关院校提供丰富的研究资料。

第五节　国外农业信息服务体系建设的经验借鉴

考察国外不同经济社会环境下的农业信息服务体系建设经验，有利于我们在认识和把握农业信息服务体系建设规律的基础上，发挥自身优势，建设符合中国国情的农业信息服务体系。国外特别是以美、英、法、德、日等为代表的发达国家，农业信息服务体系建设主要有以下几个方面的经验。

一、合理的农业信息服务体系结构

国外农业信息服务体系建设具有农业信息需求多样化、农业信息服务主体多元化和农业信息服务利益分配机制合理化的特点，保证了农业信息服务

① 张忠德：《美、日、韩农业和农村信息化建设的经验及启示》，《科技管理研究》2009年第10期。

体系建设的顺利进行。从农业信息服务需求看，国外农业信息服务客体的信息服务需求呈现出一种多样化趋势，通过对农业信息需求共性和差异化分析，可以提高农业信息服务的目标性和实用性。这些农业信息需求的共性表现在信息种类的多样化上，需求信息涵盖医疗卫生、农业技术、经济、法律、教育等众多领域，其中对医疗卫生信息、农业技术信息和教育信息的需求最为庞大。其差异性主要表现在信息的区域性上，几乎每个国家都存在比较独特的信息需求，如政治信息需求、农村妇女信息需求以及“非农型”农村居民信息需求等。

从农业信息服务主体看，国外积极鼓励更多的非政府机构参与到农业信息服务体系建设中，以政府补贴的方式对农业协会、行业组织和农业商会等农业信息服务新主体进行扶持，实现对公益性农业信息服务组织的补充和补强。这些非政府类信息服务机构依据本身的优势对农业信息进行收集、处理和利用，通过市场竞争机制确保农业信息的准确性、及时性和实用性，一定程度上提高了农业信息的自身价值和使用价值，提升了农业信息服务的整体水平。英国的农业信息服务供给具有全方位和多渠道性特点，农业信息服务主体分为公益性、社会性和商业性三类，多类型的农业信息服务主体促进了农业信息服务形式的多样化发展，进而提高了农业信息服务的质量，真正让农业信息服务需求者获得切实利益。法国农业信息服务主体的多元化特性主要体现在政府性、半政府性质、社会组织以及民间信息媒体的共存，各主体既相互联系和促进，又存在一定的竞争关系。这种情况更有利于各种农业信息传递与共享，使农业信息需求能够更快、更准确和更方便地获取所需的农业信息。总体而言，尽管很多农业信息服务能够通过非政府信息服务组织和盈利性信息服务机构获得，但考虑到农业信息服务的社会效益最大化，仍需要政府类农业信息服务机构和非盈利性农业信息服务机构在农业信息服务的供给中作出更大贡献。

从利益分配机制看，由于各类农业信息服务主体所提供的信息服务在内容上不尽相同，其服务形式也多种多样，一般而言，会根据具体服务内容和方式来进行农业信息服务的利益分配。对于盈利明显的信息调查、信息加工和信息咨询等农业信息服务项目，政府部门会让社会主体和市场主体去做；对于盈利不明显或者运转周期较长的农业信息服务项目，会有相关政府部门主导完成。由政府部门提供的农业信息服务，由于受到国家财政的有力支持，多属于免费服务；由农业行业协会和农业专业合作组织所提供的农业信息服务，由于具有很强的会员服务性质，一般只收取成本费用；由盈利性信息服务机构提供的农业信息服务，由于受市场机制的自主调节，所收取的费用一般在生产者价格和社会平均利润的范围内。

二、高效的农业信息资源整合流程

国外农业信息服务体系具有极高的信息资源整合效率，这不仅得利于对农业信息采集、加工处理和发布的规范化控制和管理，也得利于农业信息从业人员的高素质。为保证农业信息采集的质量，各国政府都加强了农业信息采集指标体系建设，规范信息采集流程，收集的信息不论是宏观统计信息及政策、微观市场信息，还是国内外的重要农业信息，都经过严格的筛选才能被储存和提供利用。初级农业信息的采集直接来自农业生产者或源于卫星和遥感信息系统，以保证信息内容客观、准确和真实。同时，各国重视对农业信息的深层次开发，且设有专门的农业信息机构负责对农业信息进行处理和加工，并将研究结果以分析报告、发展预测等形式进行提供应用。此外，发达国家都十分看中农业信息发布的质量与效果，采取各种手段保证农业信息在发布过程中的准确性。例如美国的《世界农产品供求预测》，每个农产品品种的市场分析都有专人负责，每月都根据最新信息对预测内容进行规范化的修正。又如德国政府规定农业信息必须透明化，每年 2 月食品农林部都会公布农业发展年度报告，农业部新闻信息处也定期通过各种媒体发布农业信息。

同时，在对农业信息从采集、处理加工和提供应用过程进行规范的前提下，高素质农业信息服务从业人员也是农业信息资源实现高效整合的保证。农业信息服务工作人员的严谨和高效率已经成为发达国家农业信息服务体系的突出特点。美国所有农业信息服务从业人员必须经过农业部严格培训，并获得资格证书才能上岗工作。信息服务人员每天以电话和面谈的方式收集农业信息数据，再将数据输入数据库并撰写当天的市场报告，然后统一发回农业部农产品销售局。法国大区农业部门对农业信息采集人员的选拔十分严格，要求入选的人必须拥有会计师资格等专业条件，并对他们进行专题培训，要求他们必须到农场主家里填表，保证信息的质量。此外，国外农业信息服务需求主体的信息意识很强，对农业信息在农业生产和经营中的作用十分清楚，他们都会积极主动地通过各种渠道获取农业信息。

三、完善的农业信息服务保障体系

从资金保障方面看，国外政府强调对农业的持续投入，鼓励农民采用专业化、现代化的农业生产方式，保证农民有稳定的农业收入，缓解了基层农业信息服务获取的资金压力。同时，国外政府每年都在农业信息网络建设上给予大量拨款，不断完善农村基础设施，建立农产品市场信息服务体系。以美国为例，美国政府每年拨款 15 亿美元用于农业信息资源系统建设，在降低用户信息服务成本的同时，鼓励农业信息资源向民众开放，引导用户通过网络获取农业生产信息。在美国依靠农业信息网络进行农场建设和农产品销售的农场主已经占到了总数的 50% 以上。

从组织制度方面看，各国政府都建立了强有力的领导体系，非常重视对农业信息服务工作的协调与管理，强调各个部门之间的分工协作，并设有专门的管理机构且分工明确；同时，在基层地区设有多个办事处并通过卫星系统连接，便于农业信息数据收集和及时发布；此外，将农业科研、农民教育和农技推广相结合，保障了农业信息服务体系的健康和可持续发展。

从法制化建设方面看，各国政府都积极推动和健全农业信息服务法律法规建设，从农业资源的采集到发布都进行立法管理，实施立法监督，在保证农业信息服务质量的基础上，维护农业信息服务各主体的权益，促进农业信息资源的共享。美国政府将农业市场信息收集、发布工作作为一项政府职能，确立美国农业部农产品销售局（AMS）为市场新闻项目执行机构，负责农业信息的发布。英国政府通过立法，确保农业信息来源的可靠性和真实性。法国政府出台法规要求各农场主必须如实填报其生产经营情况。德国农业统计法详细规定了农业调查的各类指标和信息特性。日本政府专门制定了《中央批发市场法》，并以此作为农产品市场信息服务的法律依据。欧盟设置有专门的农业信息采集、发布机构，并专门制定了《关于共同农业政策信息措施法规》对农业信息服务的提供进行规范。

从信息技术应用方面看，鉴于信息技术在降低服务成本、增强管理效率和提高服务质量中的作用，国外发达国家非常重视信息技术在农业信息服务领域中的应用。专家咨询系统、农畜跟踪记录系统和病虫害诊断模型库等各类信息管理系统的应用已相当普及，卫星数据传输系统也得到农业生产者的广泛应用，人工智能系统和“3S”技术在农业信息服务中的应用也得到快速发展。国外许多软件公司已经针对各类智能设备开发出多种涉农专业软件，例如美国 Trimble 公司已开发出能记录作物相关信息并能实时遥感田间环境信息的 AgGPS160 Portable Computer，该系统记录的信息可与 ESRI 公司旗下的各类软件兼容，便于用户进行数据分析。又如“移动环境管理 GIS 系统：鱼类栖息地空间信息管理系统”，该系统结合了无线网络、移动 GIS

等技术，实现了鱼类栖息地空间数据的管理。从技术发展角度而言，国外农业信息服务体系已呈现出了集成化、专业化、多媒体化和普及化的发展趋势。

第六章　湖北省农业信息服务平台建设基本思路

农业信息服务平台作为农业信息服务体系重要组成部分，承担着整合农业信息资源、平衡农产品市场供需、实现农产品电子商务以及农业科学技术推广的重要使命；对拓展农业信息服务渠道，保证农业信息服务效果，起着关键性作用。目前，我国农业信息服务平台普遍存在资源整合效率不高和信息服务效果不佳的问题。理清农业信息资源整合思路，创新信息服务新模式，切实满足农业信息服务平台服务对象需求，特别是直接服务对象农户的农业信息需求，是解决问题的关键。研究显示，农产品市场信息、优良品种信息、农业实用技术信息和农作物病虫害防治信息是农户最需要的农业信息。以农业产品信息为切入点，合理利用农业产品产业链条这一主线能够有效实现这些农业信息之间的串联，保证农业信息服务的质量和效果。

本章以“四化同步”的农业信息资源整合、农产品电子商务发展以及基层农业信息模式创新三大要求为出发点，着眼于农业产品信息，对农业信息服务平台进行整体设计。以农业产品产业链为脉络整合平台信息资源，以平台用户资源为核心构建平台数据库，围绕农业产品规划平台服务模块，对创新农业信息服务平台服务模式和拓展平台建设思路进行探讨。

第一节　农业信息服务平台的设计原则和目标

一、设计原则

信息服务平台的建设要以实现农业信息服务体系建设总体目标和“四化”同步发展目标为主要任务，充分发挥农业产业信息优势，为农业发展和“四化”建设提供信息服务。其基本原则可概括如下：

（一）系统性原则

在平台构建过程中，要对农业信息资源、平台功能设置和数据库建设内容之间的关系进行全面考虑，以农产品信息为核心，以提供高水平农业信息服务为主线，根据农产品信息的特性和类别，对平台的功能模块、栏目设置和数据库建设进行整体规划和系统设计，使农产品信息服务平台的运行更像一个整体，而不是简单完成各项功能的堆砌。

（二）易用性原则

在平台构建过程中，为提高平台的用户使用体验，建立稳定的客户群体，并发展潜在用户，要根据不同客户群体的使用习惯和信息需求倾向，研究栏目布局，设计栏目类别、层次和风格。通过对目标用户（政府、涉农企业、农业科研机构和大专院校、农村合作组织、农民）的调研，了解用户的信息需求、使用习惯和风格喜好，对导航条进行针对性设计，减少使用者的盲目操作，使其能够快速地查找到所需信息，并进入相应界面享受信息服务。

（三）实用性原则

在平台构建过程中，要始终以满足用户的农业信息需求为目标，在向用户提供大量农业信息的前提条件下，充分考虑用户对信息使用的差异化行为特点，改善服务供给方法，提高所提供信息的实用性，让这些信息不仅“找得到”，更“用得着”、“用得好”。用户在搜索到所需农业信息后，能够在信息服务平台的帮助下，对收集到的信息进行甄别和分析，并选择适合自己的方式进行信息利用，在提高信息使用效率的同时，也把信息的价值发挥到最大。

（四）稳定性原则

在平台构建过程中，要对平台运行环境的复杂性和平台访问过程中可能出现的问题进行预判，通过各类技术手段的运用，保证平台在任何条件下都能够稳定运行。农产品信息服务平台面对的是一个庞大的用户群体，用户的访问方式多样，访问条件不一，需要不断对后台程序和平台搭建工具进行优化，尽量避免功能模块间交叉干扰问题的产生和系统崩溃现象的出现，保持平台访问的顺畅，维持平台运行的稳定。

（五）可扩展性原则

在平台构建过程中，要科学、合理地规划平台结构，为系统升级预留可拓展性接口，实现农产品信息服务平台的可持续性运行。随着用户信息需求的不断改变以及信息技术的不断发展，一些目前无法实现的信息服务功能，一段时间后就有被实现的可能。因此，要在初步了解当前信息技术发展和信息需求状况的基础上，对其未来发展趋势作出预测，并运用发展的眼光对平台系统及相应接口进行设计，确保在技术成熟、需求环境都达到条件下，能够对信息服务平台的系统功能进行拓展。

二、设计目标

信息服务平台设计以满足“四化同步”发展的信息服务需求和农业信息服务体系建设目标为前提，在遵循系统性、易用性、实用性、稳定性和可拓展性设计原则的基础上，要实现以下三个主要目标：

（一）以农业产品信息为主线，实现农业信息资源的有效整合

过度分散性是网络信息资源无法得到有效利用的主要原因之一，如何帮助信息主体在海量网络信息中找到符合自己要求的信息，是信息服务平台建设的主要任务。① 目前，各农业信息服务平台上的信息资源虽然十分丰富，但这些农业信息多处于原始数据状态，且缺乏科学、有效的组织。平台的信息服务功能在很大程度上被削弱，难以向用户提供针对性强、附加值高的农业信息服务。因此，要加强农业信息服务平台的资源组织机制建设，对农业信息资源进行整合，提高平台的信息服务能力。信息服务平台按照农业产品的分类，对农业信息资源进行整理，并依据农业产品产业链条结构对农业信息资源进行组织。通过农业产品产业链条理念的运用，增强农业信息之间的关联性，使用户在获取农产品自身信息的同时，也可以搜索到产品从原料采集、加工、生产到销售各个环节相关的信息，并借此实现农业信息资源的有效整合。

（二）以农产品信息整合为基础，实现农产品市场的供求平衡

产品供求平衡是保证产品市场有序运行、产品生产者及消费者“双赢”的基础。由于农产品市场供求信息的不对称，加上农业产品生产长期缺乏有效的引导，“跟风”生产现象屡见不鲜，“菜贱伤农”、“菜贵伤农”和“谷贱伤农”等现象频繁出现。在生产端，由于无法通过有效渠道获取农业产品需求信息，农民只能根据往年经验决定农产品生产的数量和规模，生产决

---

① 金燕：《网络信息资源整合研究》，《现代情报》2007年第7期。

策的盲目性增加了销售风险的不可预知性，一旦销售环节出现问题，带给农民的经济打击将非常巨大。在销售端，盲目生产引起农产品价格的剧烈波动，价格的起伏又从很大程度上导致了盲目性生产行为的产生。当过多的农产品供给面对不足的市场需求时，农产品价格维持在低水平，在价格因素的作用下农民会停止继续生产该类农产品；当过大的市场需求面对不足的农产品供给时，农产品价格维持在高水平，农民会加大该类农产品的生产量。这种生产模式会加大农产品生产的市场风险，降低农民抵御生产风险的能力。通过对农业产品信息的整合，信息服务平台能够提供准确和全面的农产品的供给信息，使农产品消费主体可以根据所需农产品的市场供给状况调整采购计划；同时，通过对农产品消费主体需求的整理，信息服务平台能够向生产端用户提供准确的农产品需求信息，指导农民有针对性地从事农产品生产。最终，通过农产品信息服务平台构建畅通的农产品供求信息流通渠道，实现农产品市场的供需平衡，保障各市场主体的经济利益。

（三）以农业信息服务平台为媒介，实现农产品电子商务

电子商务作为一种在物联网技术支撑下产生的商品交易模式，因其丰富的产品供给、灵活的交易时间、多样的支付方式和较低的商品售价被越来越多的消费者所接受。知名电子商务平台淘宝网 2013 年 11 月 11 日一天的销售额就突破 350 亿元，体现出电子商务平台强大的发展趋势。然而，就在其他商品借助电子商务平台屡创销售佳绩的同时，农产品电子商务发展却长期处于原地踏步状态，究其原因主要在于农业产品的特殊属性和农民整体素质的偏低。① 农产品销售最大的特点就是体验性，消费者已经习惯“看得见、摸得着”这种体验式的购买方式，对于网购农业产品的质量往往存在疑虑，不会轻易尝试虚拟购物这一模式进行购买。此外，农业产品直接生产者（农民）的综合素质不高，对网络技术的应用能力差，无法进行网络销售，也限制了农产品电子商务的发展。以农业产品信息为基础构建的农业信息服务平台，通过实名注册、标准化控制和规范化管理等手段，对农业产品信息进行严格的筛选，保证信息的准确性和真实性，并对整个电子商务交易流程进行监控，解除消费者对产品质量和供应者资质的疑虑，使消费者对农产品电子商务的认可度得到提升。

① 谢茂华：《农产品电子商务国内研究分析》，《科技经济市场》2011 年第 1 期。

第二节　农业信息服务平台的框架和运行模式设计

一、整体框架

科学的农业信息服务平台框架要以农业服务体系总体要求为依据，以数据库技术和应用网络层为工具，围绕促进“四化”同步发展的核心内容进行搭建（图 6－1）。

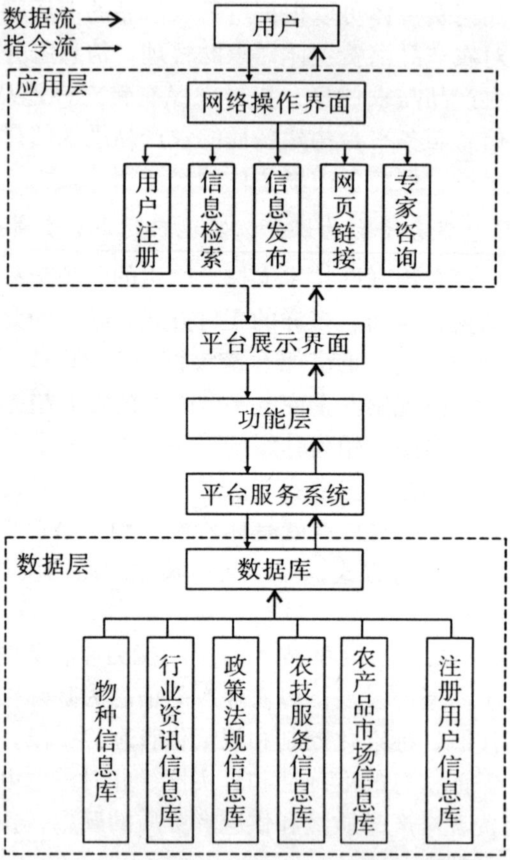

图 6－1　平台整体框架及信息流动示意图

二、运行模式

（一）平台的运作流程

整个农业信息服务平台的运行以农业产品信息综合服务网站为基础，采取用户信息上传和数据库自建的方式进行农业信息资源储备，并通过信息展示页面向浏览提供农业信息服务（图6－2）。在客户端，将政府机关、农业专家、涉农企事业单位、农村专业合作社、城镇居民和农户作为目标客户，采取分级推广的策略，从国家、省市级、县级和镇（村）级层面进行平台推广，合理利用国家、省市的支持政策，引导目标客户在信息服务平台上进行注册。在网站建设端，网站为每个注册用户提供信息展示空间，并按照物种大全、行业资讯、政策法规、专家咨询、农技服务、农资供应、产品营销、产业服务和食品安全对空间展示内容进行划分，在对空间展示的信息的真实性和准确性进行审核后，将对应农业信息在网站页面上进行展示，供浏览者查阅。

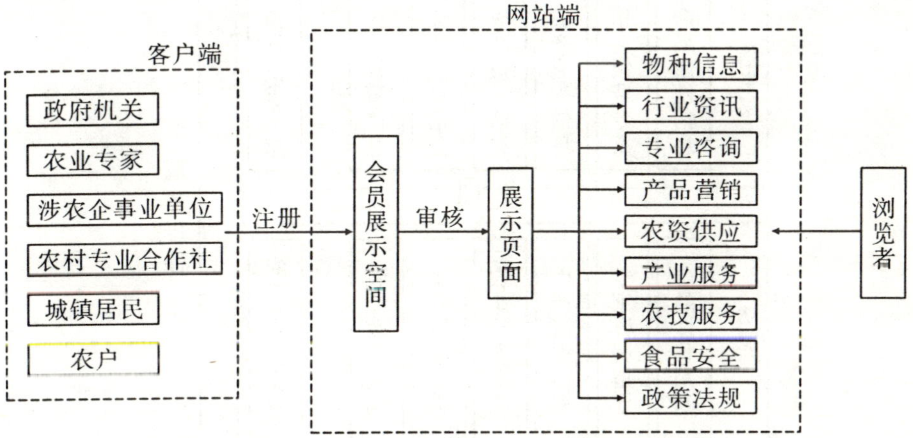

图6－2　农业信息服务平台的运作流程

（二）平台的服务逻辑

农业信息服务平台的服务提供围绕农业产品展开，用户通过对农产品信息的查询，除可以获取农产品本身的信息外，还能获得与此农产品生产、加工及销售相关的所有信息。平台能够根据具体农业产品向用户提供生产流程管理、生产技术咨询、生产风险防范、扶持政策查询和市场供求分析等信息服务（图6－3）。从信息层看，通过对农产品的直接搜索，用户可以获取农产品属性信息、相关领域专家信息、生产流程信息、生产技术信息、生产风险信息、扶持政策信息和市场供求信息；从功能层看，通过相关信息的获取，用户可以获得产品性状判断、专家咨询、生产流程控制、生产技术推广、生产风险预警、政策查询以及电子商务等服务。用户可以根据自身实际情况，对服务具体内容进行组合，并选择适当的信息服务方式，通过合适的信息服务渠道，获得所需服务。

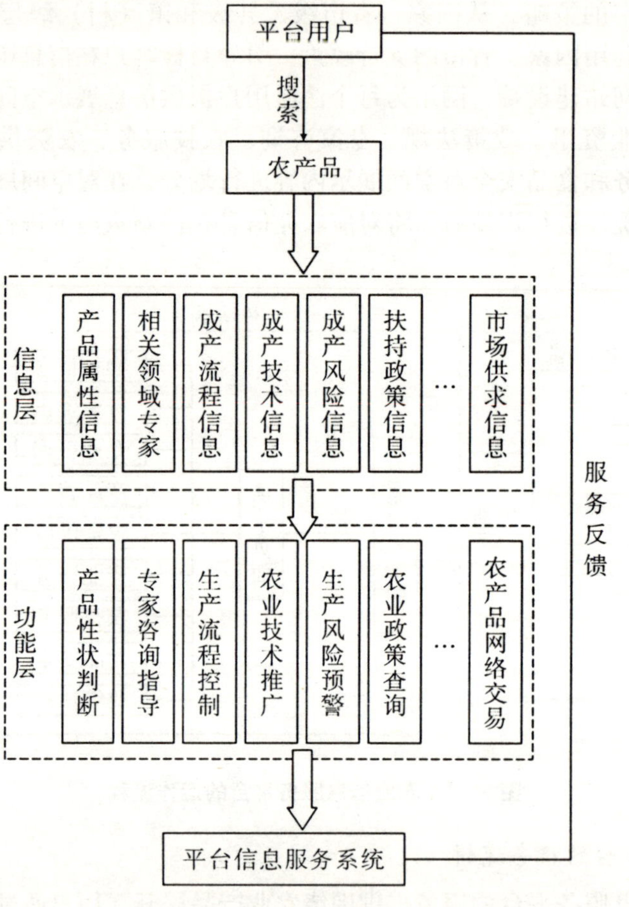

图6－3　农业信息服务平台的服务逻辑

第三节　农业产品信息服务平台的功能设置

一、平台功能设置的基本要求

（一）预见性要求

平台的功能设置不仅要符合当前农业发展、农村建设和农民生活对信息服务的整体要求，更要结合农业现代化、农业信息化、城镇化以及农村工业化建设实际，对未来可能产生的农业信息服务需求进行分析，并在对平台的功能进行设置时加以体现，为进一步提高农业信息服务能力做好准备。

（二）简化性要求

平台的信息服务功能面对的是广大农业信息服务需求主体，包括农户、农村专业合作社、涉农企事业单位和政府部门，各主体的信息意识以及信息分析和应用能力存在着明显差异。因此，在对平台的功能进行设置时，要全面综合考虑用户群体的运用能力，明确各功能模块的运行目标，通过增强功能指向性和简化具体操作流程的方式，淡化主体能力差异对平台信息服务效果的影响。

（三）针对性要求

面对平台用户多样化的信息服务需求，平台的功能设置要在充分整合农业信息资源的基础上，根据用户的不同农业信息服务需求，理清功能实现主线，确定相应信息服务内容，避免各模块间的功能交叉。

（四）匹配性要求

平台的功能设置要与平台的整体架构相适应，要充分考虑平台的构建技术、系统建设和数据库设计对平台信息服务功能实现的支持能力，根据平台的技术优势，结合平台的系统维护与管理要求，对平台功能进行合理设置，把平台的信息服务效果发挥到最大。

二、平台主要功能的设置与实现

（一）农业信息推送功能

农业信息推送是农业信息服务平台最基本的功能，也是农业信息服务最常用的供给方式，它在满足平台用户个性化信息需求的同时，更激发出用户的潜在信息需求。农业信息推送功能的实现是建立在平台信息资源高效整合和用户需求智能化匹配上的。平台先将农业信息按照农业产品信息、农业科技信息、农业政策及法规信息、农产品市场信息进行分类和整理，再通过互联网、电话网络、短信平台等推送渠道，以用户定制和重点推介的方式，将各类经过简单加工处理的农业信息推送到政府、涉农企事业单位、农村专业合作社以及农户手中。具体流程详见图 6－4 所示。

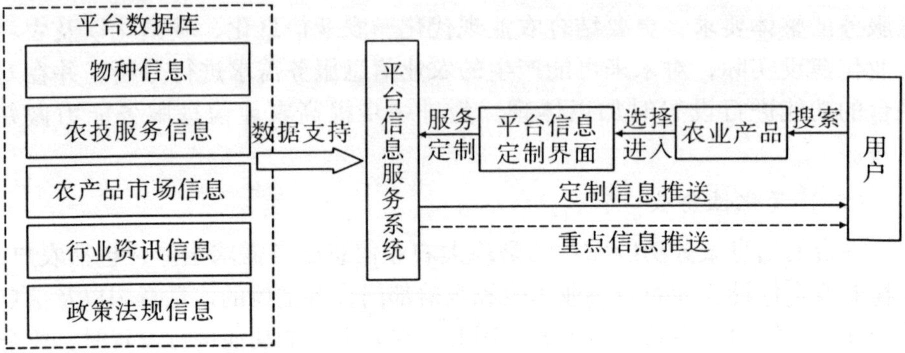

图 6－4　平台信息推送流程图

（二）农业科技推广功能

农技推广是农业信息服务平台的核心功能，它直接面向农户，旨在帮助农户解决农业生产中的技术难题，让各类农业实用技术“看得懂、学得会、用得好”，为保证农产品生产质量和提高农业生产效率提供信息服务支持。农业科技推广功能的实现主要依靠数字化文件的指导教学和农业专家的在线咨询。平台将与农、林、牧、渔等农业实用技术运用数字化手段进行编辑，制作成视频短片、语音文件和演示文档，并在平台上将这些文件进行共享。农户可以根据自的需求下载相应教学文件，或者直接在平台上免费观看。同时，农户还可以通过平台和农业专家进行线上交流，直接询问在农技运用过程中应该注意的问题事项。如果在技术实施过程中遇到了问题，农户可以通过文件索引在平台上查找相应的解决方案；也可以通过网络终端进行在线咨询，由专家提供具体解决方案。具体流程详见图 6－5 所示。

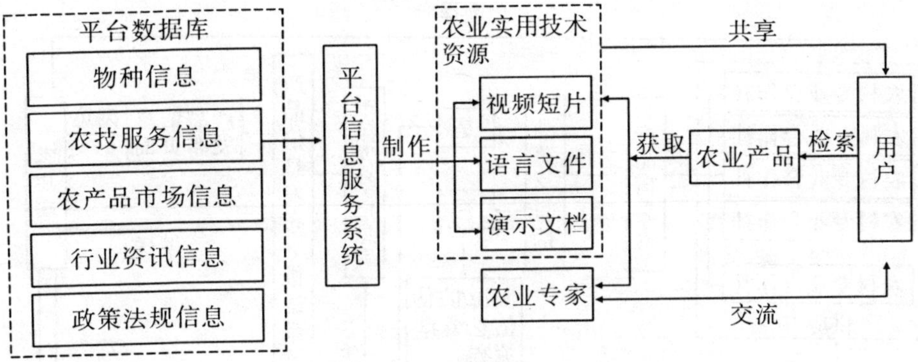

图6-5　平台农技推广流程

（三）农产品电子商务功能

农产品电子商务功能是农业信息服务平台的一大亮点，立足平台强大的农业信息资源储备，利用农业信息服务平台对农产品供需主体资源进行整合，通过严格的资格审查机制和在线支付系统的运用，保障交易双方资金和商品安全，实现农产品的虚拟交易。农产品电子商务功能主要通过现货交易模式和订单式交易模式来实现。现货交易模式是由产品需求方主导，通过平台的产品信息推送系统进行需求匹配，从而完成交易的一种方式。商品供给方根据农产品生产情况发布产品信息，平台对发布的农产品信息进行审核，将符合要求的信息归入现货商品数据库，并生成“产品详细信息表”，通过现货商品信息推送系统进行发布，产品需求方通过查询现货商品信息，选择商品及供应者，通过平台支付系统完成交易（图6-6）。订单式交易模式分为产品预售和订单生产两种方式。产品预售式交易模式是由农产品生产方根据生产能力发布农产品预售信息，平台对信息进行审查，将符合要求的信息归入预售商品数据库，并生成“预售产品详细信息表”，商品需求方依据预售信息选择产品供应方，通过平台支付系统完成交易（图6-7）。订单生产模式是商品需求方根据农产品需求情况发布产品需求信息，经平台审查合格后，生成“产品订单信息表”，农产品生产方根据自身生产条件和能力选择订单，订单生成后，商品需求方通过平台支付系统完成交易（图6-8）。

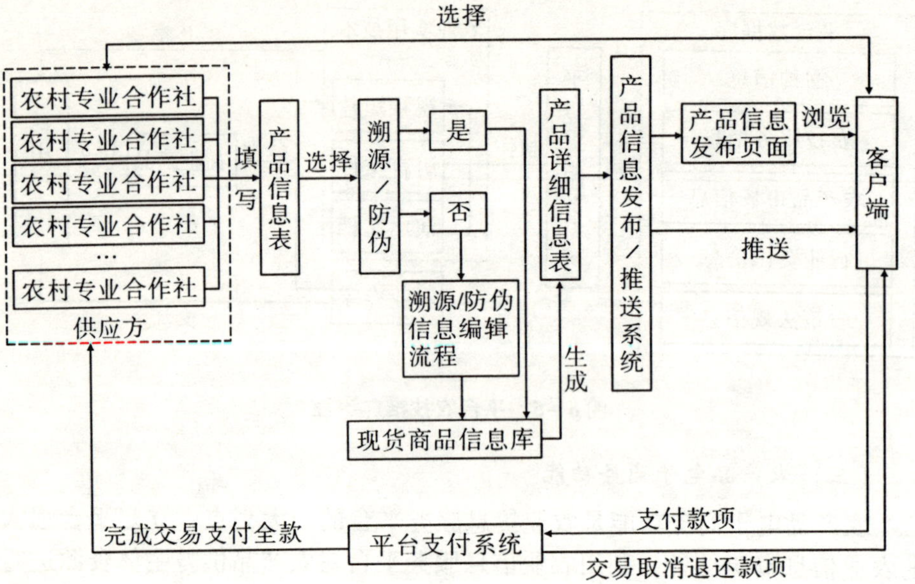

图6-6　平台现货交易流程图

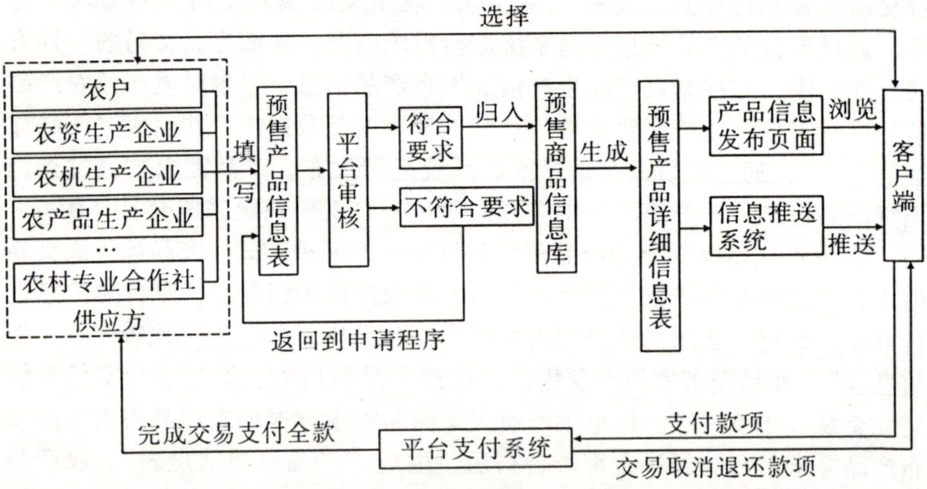

图6-7　平台产品预售交易流程图

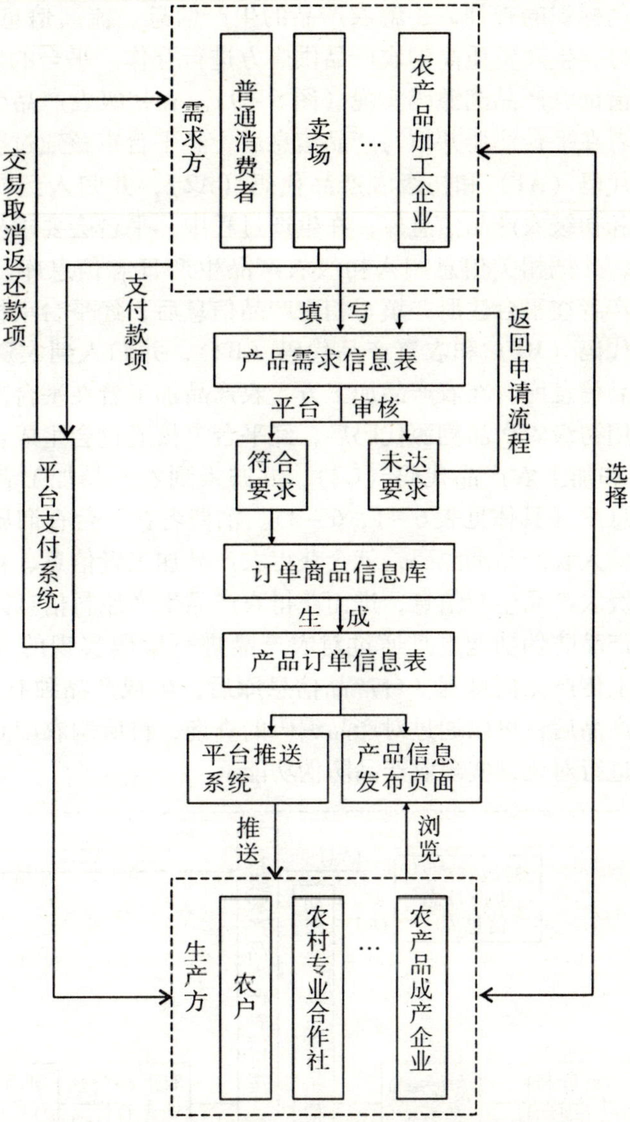

图 6－8　平台订单产品交易流程图

（四）农产品溯源和防伪功能

农产品溯源和防伪功能为平台农产品的质量把关，对平台其他功能（尤其是农产品电子商务）的实现提供基础保障，用户可以通过对农产品的溯源和对防伪标识的查询，了解农产品的生产信息、流通信息和储运信息，选择信誉度好、生产资质高的农产品供应方进行合作。平台的农产品质量溯源功能主要借助农产品溯源码实现（图6－9）。在初级农产品生产方，初级农产品生产者在平台注册并填写产品信息后，经平台审核通过会生成初级农产品生产者代码（A1）和初级农产品代码（A2），并归入到初级农产品生产者信息库和初级农产品信息库；在生产过程中，平台会要求生产者提供具体生产日志，并把相关信息归入初级农产品生产日志信息库。在农资供应方，农资生产者在平台注册并填写相应产品信息后，经平台审核通过会生成农资生产者代码（B1）和农资产品代码（B2），并归入到农资生产者信息库和农资产品信息库。在农产品加工方，农产品加工者在平台注册并填写产品信息和所用初级农产品溯源代码后，经平台审核通过会生成农产品加工者代码（C1）和加工农产品代码（C2），并归入到农产品加工者信息库和加工农产品信息库（具体见表6－1，6－2）。消费者在平台查询界面或者生产者展示空间输入农产品溯源码，就会获得农产品加工者信息、初级产品生产者信息和初级农产品生产信息，进而获得农产品生产原料信息以及农资生产者信息。农产品防伪功能也是通过对农产品进行编码实现的（图6－10）。产品供应商上传产品信息到平台产品信息库后，生成产品独有的识别编码，消费者购买产品后，可以通过对产品编码的查询，将所购农产品信息与平台信息库信息进行对比，实现农产品防伪功能。

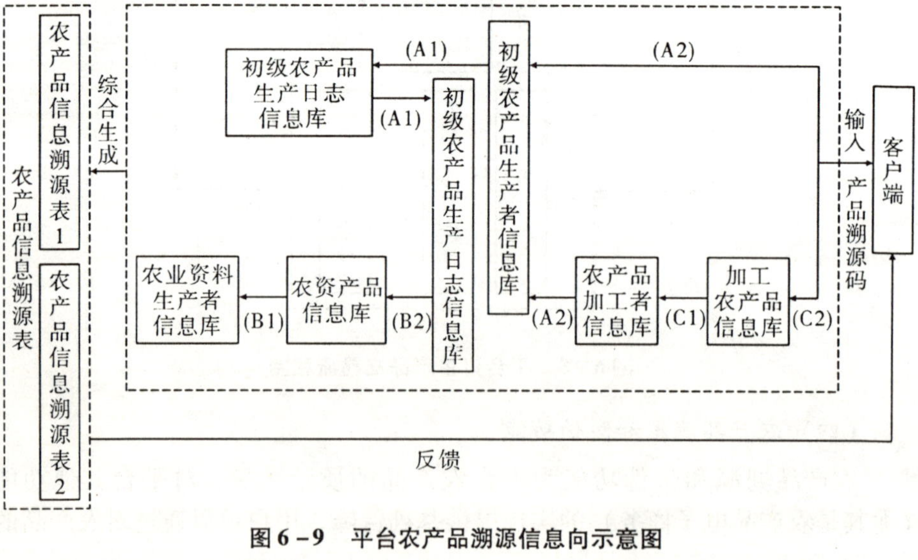

图6－9　平台农产品溯源信息向示意图

表 6－1　农产品信息溯源表 1

	产品溯源码	产品名称	生产者名称
关联产品信息	A2	与溯源码对应初级农产品名称	A1
	B2	与溯源码对应农资产品名称	B1

表 6－2　农产品信息溯源表 2

	产品溯源码	产品名称	生产者名称
关联产品信息	C2	与溯源码对应的加工农产品名称	C1
	A2	与溯源码对应的初级农产品名称 A1	
	B2	与溯源码对应的农资产品名称	B1

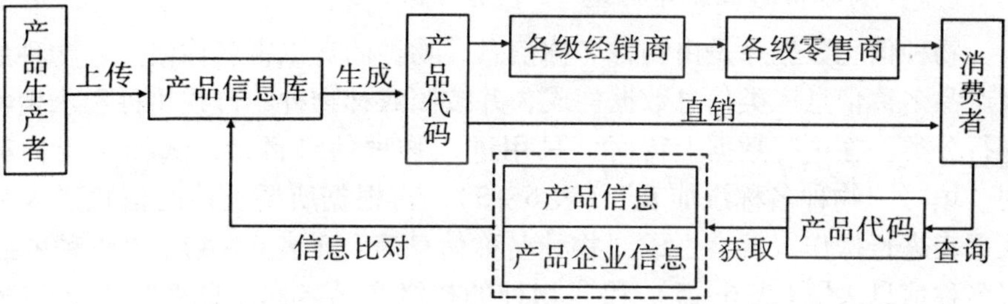

图 6－10　平台产品防伪信息流程图

第四节　农业产品信息服务平台的数据库构建

一、平台的数据库设计概述

平台数据库总体设计是以平台自建数据库为基础，将现有的已建好且可以利用的国家、省市和地方农业数据资源库作为补充融入自建数据库中，并积极与国内外权威性农业网站联系，争取将其作为镜像站点加入平台数据库中（图 6－11）。在具体建设过程中可以参照关系型数据库的设计规范，按类别分为物种信息数据库、行业资讯信息数据库、政策法规信息数据库、农技服务信息数据库、农产品市场信息数据库和注册用户信息数据库。

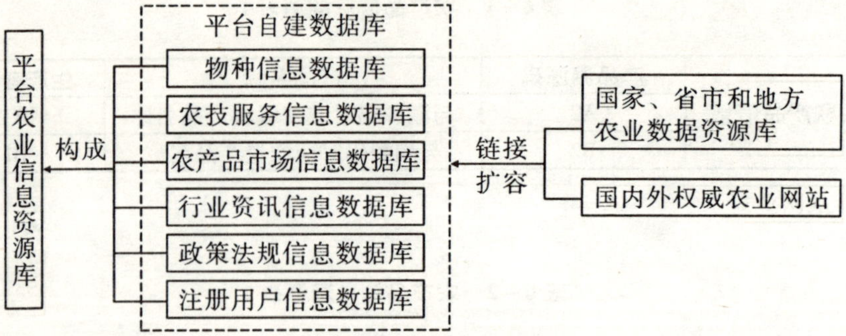

图6-11　平台数据库结构图

二、基于平台用户资源的数据库建设

（一）物种信息数据库构建

物种信息数据库是由物种名称信息、物种的病虫害名称信息、物种的初级产品名称信息三类信息数据构成，并按照农林物种、畜牧物种和水生物种进行分类。在进行数据上传时，只用进入物种信息目录，选择相应物种类别，填写“物种名称添加表”（表6-3），再根据所要上传的信息进入相应数据表进行操作，就会生成“物种名称信息表”（表6-4）、“物种的病虫害名称信息表”（表6-5）和“物种的初级产品名称信息表”（表6-6），经平台审核并符合要求后，录入到物种信息数据库。数据库具体构建及信息展示流程详见图6-12。

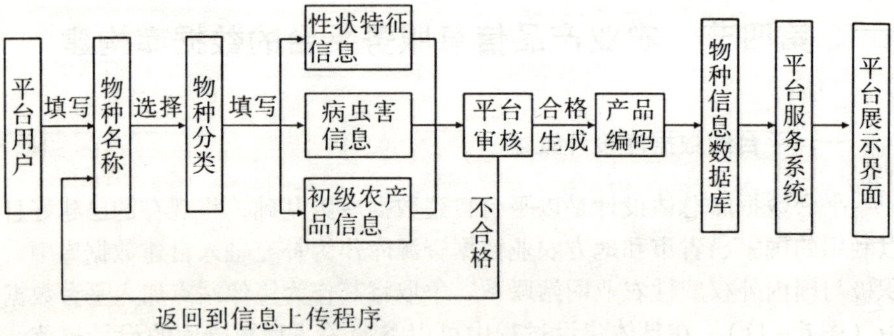

图6-12　物种信息数据库构建及信息展示流程图

表 6－3　物种名称添加表

物种分类	物种名称	产品编号	常见病虫害名称	初级产品名称	操作栏
自行选择分类	填写	平台自动生成	填写	填写	修改 添加 删除

表 6－4　物种名称信息表

物种分类名称	物种名称（按首字母顺序排列）				
农林物种	(A)	(B)	(C)	…	(Z)
	物种 1	物种 1	物种 1		物种 1
	物种 2	物种 2	物种 2		物种 2
	…	…	…		…
畜牧物种	(A)	(B)	(C)	…	(Z)
	物种 1	物种 1	物种 1		物种 1
	物种 2	物种 2	物种 2		物种 2
	…	…	…		…
水生物种	(A)	(B)	(C)	…	(Z)
	物种 1	物种 1	物种 1		物种 1
	物种 2	物种 2	物种 2		物种 2
	…	…	…		…

表 6－5　病虫害名称信息表

病虫害名称（按首字母顺序排列）	物种名称（按首字母顺序排列）				
(A)					
病虫害 1	(a)	(b)	(c)	…	(z)
	物种 1	物种 1	物种 1		物种 1
	物种 2	物种 2	物种 2		物种 2
	…	…	…		…
病虫害 2	(a)	(b)	(c)	…	(z)
	物种 1	物种 1	物种 1		物种 1
	…	…	…		…
(B)					
病虫害 1	(a)	(b)	(c)	…	(z)

续表

病虫害名称（按首字母顺序排列）	物种名称（按首字母顺序排列）				
	物种1	物种1	物种1		物种1
	…	…	…		…
			……		
(Z)					
病虫害1	(a)	(b)	(c)	…	(z)
	物种1	物种1	物种1		物种1
	…	…	…		…

表6-6　初级农产品名称信息表

物种名称（按首字母顺序排列）	初级农产品名称（按首字母顺序排列）				
(A)					
物种1	(a)	(b)	(c)	…	(z)
	初级产品1	初级产品1	初级产品1		初级产品1
	初级产品2	初级产品2	初级产品2		初级产品2
	…	…	…		…
物种2	(a)	(b)	(c)	…	(z)
	初级产品1	初级产品1	初级产品1		初级产品1
	初级产品2	初级产品2	初级产品2		初级产品2
	…	…	…		…
(B)					
物种1	(a)	(b)	(c)	…	(z)
	初级产品1	初级产品1	初级产品1		初级产品1
	初级产品2	初级产品2	初级产品2		初级产品2
	…	…	…		…
物种2	(a)	(b)	(c)	…	(z)
	初级产品1	初级产品1	初级产品1		初级产品1
	初级产品2	初级产品2	初级产品2		初级产品2
	…	…	…		…
(C)					
物种1	(a)	(b)	(c)	…	(z)
	初级产品1	初级产品1	初级产品1		初级产品1
	初级产品2	初级产品2	初级产品2		初级产品2
	…	…	…		…
物种2	(a)	(b)	(c)	…	(z)
	初级产品1	初级产品1	初级产品1		初级产品1

续表

物种名称（按首字母顺序排列）	初级农产品名称（按首字母顺序排列）				
(Z)					
物种1	(a)	(b)	(c)	…	(z)
	初级产品1	初级产品1	初级产品1		初级产品1
	初级产品2	初级产品2	初级产品2		初级产品2
	…	…	…		…
物种2	(a)	(b)	(c)	…	(z)
	初级产品1	初级产品1	初级产品1		初级产品1
	初级产品2	初级产品2	初级产品2		初级产品2
	…	…	…		…

（二）农技服务信息数据库构建

农技服务信息数据库是由植保技术信息、种植技术信息、养殖技术信息、农药技术信息、病虫害防治技术信息、加工储藏技术信息、农机技术信息和农村新能源设施技术信息等信息数据构成（图6－13）。平台与农业院校、农业科研机构、农村专业合作社以及涉农企业合作，将农业技术信息以数字化手段制作成音频、视频和演示文档，录入到农技服务信息数据库，并在网页上制作超链接，将涉农企事业单位、农业科研机构和农村专业合作社融入到平台的数据资源中。

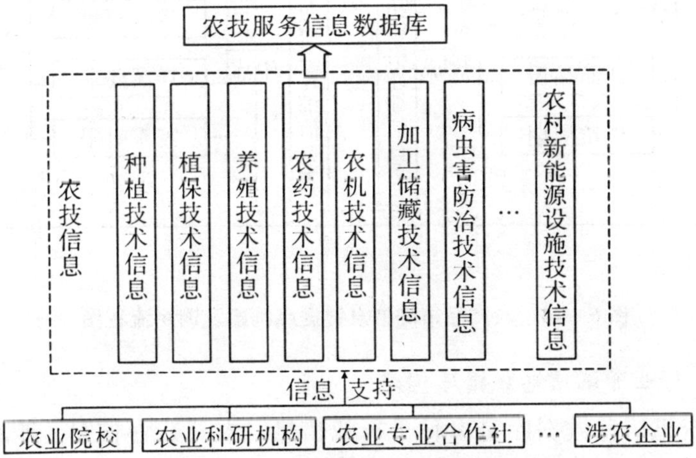

图6－13　农技服务信息数据库结构图

（三）农产品市场信息数据库构建

农产品市场信息数据库是由农产品生产信息和农产品需求信息两大类类信息数据构成。农产品生产信息和农产品需求信息的采集主要基于平台自身的用户资源展开。农产品生产或者供应方填写产品供给信息，包括产品名称、产品总量、产品质量等级以及供给周期等，经平台审核并符合要求后，生成“产品供给详细信息表”，归入农产品市场信息数据库。农产品需求方填写产品需求信息，包括产品名称、需求总量、产品要求以及需求有效期限等，经平台审核并符合要求后，生成“农产品需求信息表”，归入农产品市场信息数据库。数据库具体构建和信息调用流程详见图6－14。

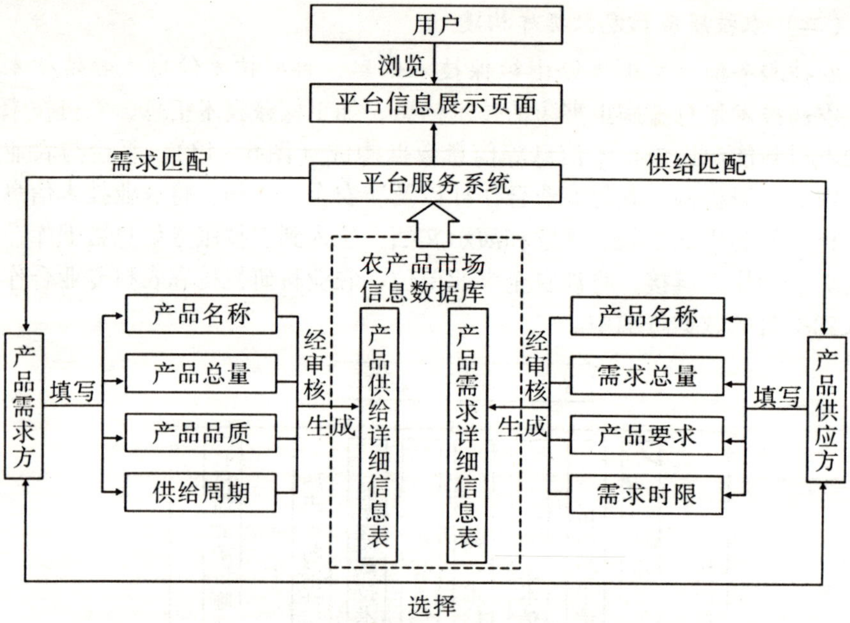

图6－14　农产品市场信息数据库构建及调用流程图

（四）行业资讯信息数据库构建

行业资讯信息数据库是由种子行业信息、农药行业信息、肥料行业信息、农业机械行业信息、农产品加工行业信息、仓储行业信息、物流行业信息和产品质量监测行业信息等信息构成。在进行数据采集时，只要进入行业资讯信息分类目录，按照平台提供的统一文档模板填写相应信息，经平台审核并符合要求后，录入到行业资讯信息数据库；并通过与行业网站或与权威数据库进行连接的方式，对平台自建行业资讯信息数据库进行扩容。数据库具体构建及信息展示流程详见图6－15。

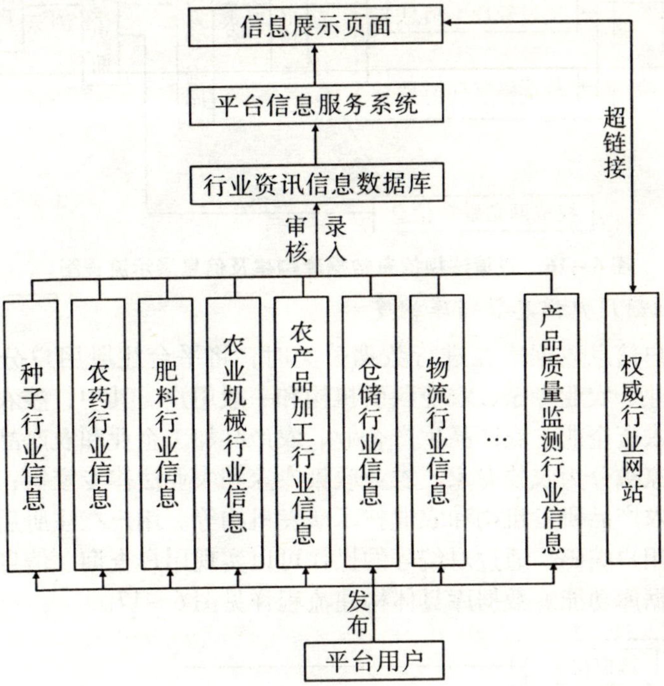

图6－15　行业资讯信息数据库构建及信息展示流程图

（五）政策法规信息数据库构建

政策法规信息数据库是由国家机关、省级机关、市级机关和县级机关发布的行为规范类文件、扶持补贴类文件、项目管理类文件和其他综合性文件信息构成。平台通过网页链接的方式，将权威机关发布的政策法规信息在平台页面上进行发布，用户只要点击网页的超链接就能够进入对应部门网站查阅准确文件内容。数据库具体构成及信息展示流程详见图6－16。

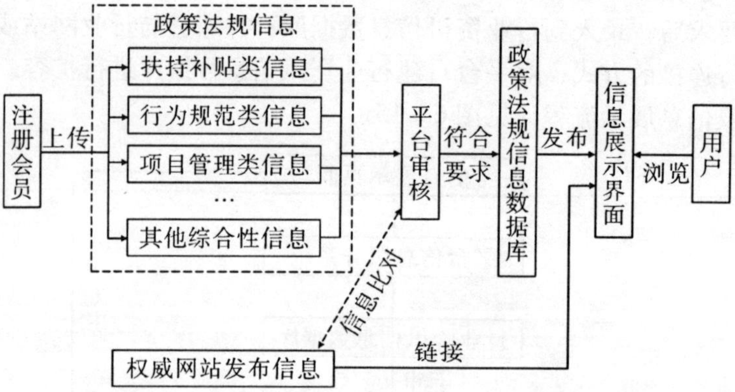

图 6－16　政策法规信息数据库构建及信息展示流程图

（六）注册用户信息数据库构建

注册用户信息数据库在进行数据分类时，将平台注册用户分为政府机关、涉农企业、农业专家、农业科研机构和一般用户。其中，涉农企业在注册时被分为农资企业、农产品生产企业、农产品加工企业和农产品销售企业等；农业专家被分为农技专家、农业政策专家和农业法律专家等；农业科研机构被分为农产品研发机构和农业技术研发机构等。用户在注册后都会生成自己专有的用户编码，通过对编号的操作可以实现用户查询、信息修改和资格认定等数据库功能。数据库具体构建流程详见图 6－17。

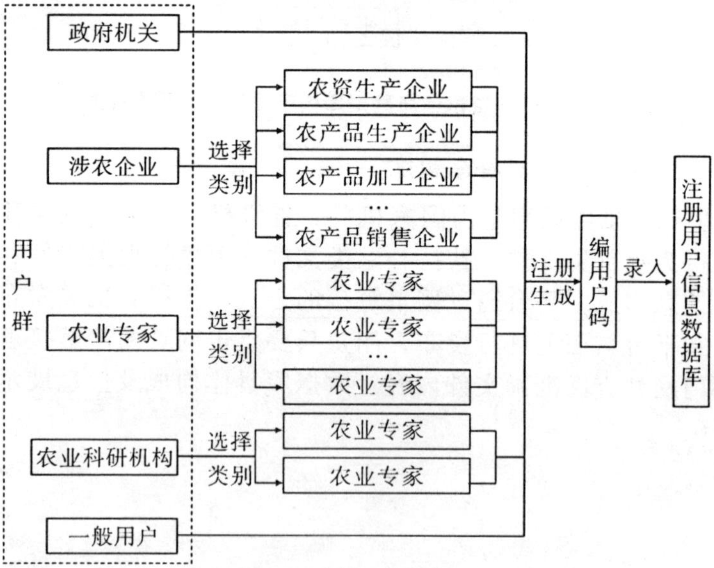

图 6－17　注册用户信息数据库构建流程图

三、数据库访问的权限配置

平台会对数据库访问对象进行分类管理，不同类别的用户对数据库拥有不同的访问权限，用户等级越高所能获得的数据库服务越多。根据权限不同，可将平台用户分为游客、普通会员、高级会员和平台管理员。

（一）游客

游客是未经平台注册认证的用户统称，对平台进行不登录访问。访问者可以浏览行业信息、政策法规、物种信息以及公开的农产品价格和供求信息，观看和收听平台上的公共视频、音频和文档资源。但无法享受农业信息推送、农业专家咨询、离线农技教育视频下载和平台数据库独有数据浏览等信息服务内容。

（二）普通会员

普通会员是指在平台上进行用户注册，但未升级成为高级会员的平台访问者。普通会员除可以进行行业信息、政策法规、物种信息以及公开的农产品价格和供求信息的浏览外，还可以享受指定农业信息推送、在线专家咨询和离线农技教育视频下载等服务，并支持浏览信息的在线打印。普通会员可以通过个人信息展示空间进行农业信息发布，在平台上从事农产品电子商务活动，并对平台数据库独有数据进行有限访问。

（三）高级会员

高级会员是指在平台上进行用户注册，经平台授权可以享受平台全部信息服务内容的访问者。高级会员可以对平台所有类型的数据包括平台数据库独有数据进行查询和下载，享受订制农业信息服务退送和实时专家咨询等服务，具有平台所有数据库的最高共享权限。

（四）平台管理员

平台管理员负责数据库的维护和管理。

第五节　平台建设的相关技术

一、平台的架构技术

Web 浏览器/服务器模式（B/S）和客户机/服务器模式（C/S）是目前两种使用最多的网络架构模式。B/S 模式将实现平台功能的核心数据和应用程序集中放在服务器上，客户端通过浏览器与服务器的连接进行数据的交互。C/S模式是一种两层结构的系统，它可以充分利用客户机和服务器两端硬件的优势，把任务合理地分配到客户端和服务器端来实现。两种模式在具体的应用过程中可以说是各具优缺点，适用于不同的平台构建要求。

从运行的硬件环境看，客户机/服务器模式一般用于小范围网络构建，网络之间要通过专门服务器进行连接，才能够享受数据交换服务。浏览器/服务器模式则多用于广域网的搭建，网内信息数据由自己管理，只需要有操作系统和浏览器就能实现数据的交互。从安全控制能力看，客户机/服务器模式的用户群相对固定，数据交换和使用的安全性较高。浏览器/服务器模式则多面向未知用户，对安全的控制能力相对交较弱。从程序选择看，客户机/服务器模式对程序的选择更注重流程和对权限多层次校验，往往忽视平台的运行速度。浏览器/服务器模式则会出于对安全性和访问速度的考量，对程序选择有更高的要求。从平台维护和升级看，客户机/服务器模式在平台构建时会对程序和平台功能进行整体考查，导致平台后期维护和升级比较难。浏览器/服务器模式构建的平台，由于各功能件处于相对独立的运行状态，因此，平台维护和升级比较容易。从客户端接口看，客户机/服务器模式多建立在Windows平台上，事件处理流程机械，交互性较低。浏览器/服务器模式建立在浏览器上，有更加生动、多样的用户交流方式，交互性与客户机/服务器模式相比较高。

综上所述，要根据不同的平台建设要求，结合平台的功能设置，选择Web浏览器/服务器模式或者客户机/服务器模式来进行平台构架。

二、平台的数据库技术

（一）SQL Server数据库

SQL Server数据库是美国微软公司推出的一种关系型数据库管理系统，支持对称多处理器结构（SMP）、存储过程（Stored Procedure）和开放数据库互连（ODBC），并具有自主的SQL语言。数据库专为分布式客户机/服务器计算所设计，可以实现与Windows NT的完全兼容，并支持Windows图形化管理工具，充分发挥Windows NT的系统优势。数据库还能够适应联机事务处理（OLTP）要求，同时处理大量并发事务，并提供基于事务的企业级信息管理系统方案。SQL Server数据库以其内置的数据复制功能、强大的管理工具、与互联网的紧密集成和开放的系统结构，为广大的用户、开发人员和系统集成商提供了一个出众的数据库平台。

（二）Oracle 数据库

Oracle 数据库是美国甲骨文公司开发的关系型数据库管理系统，适用于多种系统平台（Hpux、Sunos、OSF/1、VMS、Windows、Windows /NT、OS/2），能够支持大数据、多用户、高性能的事务处理，具有可用性强、稳定性高、安全性好和扩展性佳的特点。数据库支持数字、字符和大至 4GB 的二进制数据，并配有字符和图形操作界面，便于用户对数据库进行开发。Oracle 数据库通过 SQL * DBA 实现对用户权限的控制和对库内数据的保护，并根据数据库的运行状态，适时调整数据缓冲区的大小，发挥其强大的数据管理和分布式处理能力。

（三）Informix 数据库

Informix 数据库是 IBM 公司推出一种的关系型数据库管理系统，运行于 Unix 平台，支持 Sunos、Hpux 和 OSF/1，并被作为一个集成解决方案定位为 IBM 在线事务处理（OLTP）旗舰级数据服务系统。数据库采用双引擎机制，具有多线索查询和并行索引功能，内置有 Informix 4GL Cade 工具，能够应对复杂系统应用和开发。但数据库同时也存在着网络性能不好、开发工具不成熟、无客户机/服务器分布式处理模式以及可移植性差的问题。

（四）Ingres 数据库

Ingres 数据库源于加利福尼亚大学柏克莱分校的一个科研项目，是一个具有开放性客户机/服务器体系结构的关系型数据库管理系统。Ingres 数据库具有智能优化功能、数据在线备份功能和报警功能，能够根据查询关键字的要求自动调整优先序，寻找最佳查询路径；在系统运行过程中进行数据备份；并在数据到达处理极限时，自动做出相应操作。数据库支持提供快速提交、成组提交、多块读出与写入的技术，有效减少输入/输出端口（I/O）的吞吐量，并采取一个表用一个文件存储的方式，便于在数据库出现异常的情况下对其进行恢复。此外，Ingres 数据库还能对用户自定义的数据类型进行处理、存储和分配有效区间，允许用户将自己定义的函数嵌入到数据库管理系统中。

第六节　基于信息平台的农业信息服务体系建设思路

针对“四化同步”提出的增强农业信息资源整合能力、农业信息服务渠道开拓能力和农业信息服务保障能力要求，本文对以农业信息服务平台为核心的农业信息服务体系建设路径进行探索。研究如何围绕农业产品信息主线、运用农业产品产业链脉络进行农业信息服务平台构建，实现农业信息资源的高效整合和信息服务效率的全面提升，提供标准化的农业信息数据共享服务、专业化的农技咨询服务、智能化的专家决策支持服务和客制化的农业信息服务供给方式；同时，发挥农业信息服务平台的信息传播渠道拓展和信息主体交流渠道构建的作用，对基层农业信息服务站点自运营机制和多元化农业信息服务体系建设主体参与机制进行探讨。

一、农业信息资源整合思路

农业信息服务平台的资源整合思路主要包括农业信息采集和农业信息处理两方面内容。从信息的采集看，农业信息服务平台的信息和数据采集主要有两种方式：一是通过与农业信息机构合作或者与相关农业信息网站进行链接来实现农业信息和数据的收集。二是农业信息平台通过自身运行来实现农业信息和数据的收集。依靠前者进行农业信息（数据）采集时，由于受到信息（数据）购买费用和信息访问权限的制约，会产生额外信息采集成本，对农业信息和数据收集的全面性和及时性造成影响，因此，这类信息获取方法通常只会作为平台信息数据采集的补充方案。本文主要就第二种方式进行研究和探讨：基于农业信息服务平台自身运行来获取相关信息数据这一方式的实现，主要还是依靠平台海量的用户资源。一般来讲，农业信息服务平台的主要目标用户可分为政府、涉农企业、农业科研院所、农业专业合作组织、农业专家和农民，并通过农业信息服务平台的各项服务功能实现用户之间的农业信息共享和交流。在这个过程中，农业信息服务平台可以将共享和交流的信息进行分类和整理，归入到平台自建的农业信息数据库中，并利用数据标签对数据库中的信息数据进行实时管理和更新，及时将过期或无效信息数据删除，保证平台信息数据的及时性和有效性；同时，利用平台的信息甄别机制，通过对平台用户使用权限的控制，在保证平台用户质量的基础上，保证平台用户所提供信息的真实性和准确性。从信息的处理看，农业信息服务平台在进行信息数据采集之后，会对信息和数据进行分类并存储到平台自建数据库中，并根据信息服务内容对不同信息数据进行差异化处理。简单查询类服务（如农产品市场价格、农产品供求信息、农业行业信息和政策信息查询等服务）所利用到的农业信息和数据一般为原始数据，在采集后可直接提供应用；推广类服务（如农技推广、专家咨询等服务）所利用到的信息和数据会根据其提供形式，将这类农业信息和数据转换为演示文稿、音频文件或者视频文件等；分析指导类服务（农产品市场分析、农业产业发展预测等服务）所利用都到的信息和数据一般是二级或者三级信息，需要经过对信息和数据的挖掘才能提供应用。

综上所述，在基于信息平台进行农业信息资源整合时，一方面，要以平台用户资源利用为核心，通过平台的用户身份和信息甄别机制，在保证用户质量的基础上，对用户享受平台农业信息服务功能过程中所产生的农业信息和数据进行采集，并以与农业信息机构合作或者与相关农业信息网站进行链接的信息数据采集方式作为有效补充；另一方面，要针对不同的服务内容和具体应用方式，转变农业信息和数据的表现形式，提高农业信息和数据的附加价值。

二、农业信息服务供给思路

农业信息服务平台的服务供给思路主要由农业信息供给主体选择和服务渠道选择两部分内容组成。从信息供给主体的选择看，一般而言，农业信息供给主体分为公共服务组织（政府、农业科研机构、农业大专院校等）、农业专业合作组织、涉农企业以及个人（主要指农民），农业信息供给主体不同，其提供信息的服务应用方向和领域也存在差异。具体而言，政府、农业科院机构和农业大专院校等公共服务组织所提供的农业信息可主要应用于农业政策法规查询、农技推广和专家咨询等服务方向；农业专业合作组织、涉农企业和个人所提供的农业信息除都能应用于农产品电子商务服务方向外，还可应用于农业生产指导服务。从服务渠道的选择看，农业信息服务平台的服务供给渠道主要分为网站推送、短信推送和热线电话三种。网站推送方式通过农业信息服务平台的栏目设置实现，适用于各农业信息供给主体。平台栏日的设置是平台服务功能的外在表现，通过对平台栏目的浏览可以获得对应农业信息，获取相应信息服务内容（农业信息查询、农技推广服务、专家在线咨询服务等）；同时，平台还能根据用户浏览习惯和订制要求，向用户邮箱或者平台个人界面进行农业信息的推送。短信推送是根据平台与电信运营商合作，利用用户预留的手机号码，以短信的形式向其进行农业信息的推送，主要适用于公共服务组织、涉农企业。短信内容可分为用户订制信息和公共推送信息，前者以用户需求为导向，具有针对性强和服务效果好的特点，后者是以农业信息的广域传播为导向，针对性差，对服务效果造成了一定影响。热线电话是指用户可以通过拨打固定服务电话的方式获取农业信息咨询服务，主要适用于公共服务组织。这种方式实现了用户农业信息服务需求提供和农业信息服务供给的同时进行，服务效果好，但受限于对信息服务人员的需求，一时无法得到很广泛的应用。

综上所述，基于信息平台进行农业信息服务供给时，可根据对农业信息提供主体和服务渠道的具体选择进行组合，形成多元化的农业信息服务供给方式：公共服务组织+农业信息服务平台+网站推送、公共服务组织+农业信息服务平台+短信推送、公共服务组织+农业信息服务平台+热线电话、农业专业合作组织+农业信息服务平台+网站推送、涉农企业+农业信息服务平台+网站推送、涉农企业+农业信息服务平台+短信推送、个人+农业信息服务平台+网站推送。农业信息服务平台的服务供给方式，依照信息供给主体的不同，其服务内容和效果会存在差异，可根据具体农业信息需求选择一种或者多种方式进行农业信息服务的供给。

三、基层农业信息服务强化思路

农业信息服务的“最后一公里”问题长久以来一直制约着农业信息服务能力的提升和农业信息服务体系的运行，农业信息服务的基层供给渠道不畅和基层农业信息服务站点服务动力不足是农业信息服务“最后一公里”问题的具体表现。《第32次中国互联网发展状况统计报告》显示，截至2013年6月底，中国新增网民数量为2656万人，其中农村网民数量就达到了1445万人，占新增网民总数的54.4%，至此全国农村网民总数量达到1.65亿人，占全国网民总数的27.9%①。面对如此庞大的农村上网人群，充分发挥农业信息服务平台的纽带作用，拓展基层农业信息服务供给渠道，激发基层农业信息服务站点服务动力，必然成为加强基层农业信息服务建设的关键。

一方面，要借助农村网民规模不断扩大的趋势，加强农业信息服务平台建设，提高农业信息服务平台的易浏览性，优化农业信息服务平台栏目设置，将农民最关心的农产品市场信息、优良品种信息、农业实用技术信息和农作物病虫害防治信息放在平台的醒目位置，方便农民快速获取相应农业信息和数据；同时，根据农民的上网习惯，加大农业信息的短信推送力度。调查显示，手机已经成为网民上网的主要工具，使用手机上网的人群已经占到78.5%②，农村网民的手机上网比例已经超过电脑，成为其获取网络信息的主要信息接收设备。

---

①② 中国互联网信息中心：《第32次中国互联网发展状况统计报告》，2013年7月。

另一方面，利用农业信息平台在涉农企业与基层农业专业合作组织、基层农业信息服务站点和农民之间搭建信息桥梁，发挥涉农企业的农业信息服务市场化导向功能，尝试建立由经济利益驱动的基层农业信息服务站点发展模式，使基层农业信息服务站点能够通过向涉农企业、农业信息中心、农业科研机构和农业大专院校提供农业信息服务，实现自主盈利，并以此激发乡（镇）及村级信息服务站点工作人员的工作热情和积极性，逐步降低政策扶持在农业信息服务体系建设与发展中的贡献率，提升农业信息服务体系的基层服务水平，进而实现拓展农业信息服务深度和广度的目标。

第七章　湖北省农业信息服务体系建设的政策建议

本章结合借鉴国内外农业信息服务体系建设主要经验，提出在“四化”同步发展进程中推动湖北省农业信息服务体系建设的指导思想和主要对策：一要政府主导，加强农业信息服务基础设施建设；二要强化管理，完善农业信息服务组织体系建设；三要应用导向，提高农业信息资源整合效率；四要因地制宜，建立多样化农业信息服务模式；五要建章立制，重视农业信息服务人才队伍培养。

第一节　湖北省农业信息服务体系建设的指导思想

2008年的中央“一号文件”指出，“加强农业科技和服务体系建设是加快发展现代农业的客观需要”，并明确提出了“着力强化农业科技和服务体系基本支撑”的要求。2012年的中央“一号文件”再次强调通过“加快推进前沿技术研究”，在“信息技术”、“精准农业技术等方面取得一批重大自主创新成果”，来“抢占现代农业科技制高点”。两个“一号文件”体现了国家和政府对农业信息服务体系建设的高度关注和坚定的政策支持。在这样的国情下，针对当前湖北省农业信息服务体系建设中存在的建设规模小、服务主体关系松散、服务系统开发辐射面狭窄、系统间缺乏互动等问题，努力探寻出一条稳定、可持续的湖北农业信息服务体系建设道路。

1. 确立因地制宜的农业信息服务体系建设思路。在对国外发达国家和我国发达地区的农业信息服务体系建设方式和建设特色进行分析和归纳的基础上，加快推进对体现湖北省区域特点的农业信息服务体系建设模式的研究，立足湖北各地区农业信息服务体系建设和农业信息资源整合的实际情况，把握农业信息服务体系建设整体趋势，掌握农业信息服务体系建设主动权，因地制宜地展开农业信息服务体系建设工作。

2. 发挥农业信息化和农业现代化叠加效应，实现农业信息服务的跨越式发展。2011 年以来，我国农业信息化建设进入全新发展阶段，这为农业信息服务体系的建设和完善创造了机遇。把握农业信息化发展契机，促进农业现代化稳定发展，凭借“两化”的双驱动机制加强湖北农业信息服务体系建设。同时，利用湖北省“两圈一带”建设的有利时机，拓展环城农业信息服务市场，并注重国际间的交流与合作，努力拓展农业信息服务产业市场，最终实现农业信息服务的跨越式发展。

3. 重视农业信息技术的开发与应用。以信息网络通讯技术的广泛应用、农业信息数据库的高速建设和农业信息服务实用软件的高效开发为基础，大力开展新型农业信息咨询服务，利用先进信息技术有效改变农民在信息服务过程中的弱势地位，充分发挥农业信息技术在指导农业生产、推动农村经济发展和提高农民综合素质等方面的支撑作用，为农业增效、农民增收提供农业信息技术支持。

4. 实现农业信息资源的高效整合和应用。坚持政府主导、多元化社会主体参与的农业信息服务体系建设模式，加快湖北农业信息服务的法制化进度，加大对农业信息服务企业和组织发展的扶持力度，提高社会组织和个人农业信息服务体系建设的参与度。通过农业信息服务主体的多元化，实现农业信息的多源化、农业信息内容的多样化和农业信息服务供给的多渠道化，进而实现对农业信息资源的高效整合和利用。同时，依托移动通讯网络和计算机互联网络，提高农业信息采集密度和深度，增强农业信息服务覆盖的精度和广度，推动农业信息采集技术、分析技术、储存技术、传递技术的开发和应用，实现农业信息资源高效整合与应用的目标。

5. 把农业信息服务体系当做产业来发展。农业信息服务体系建设不仅限于农业信息服务的网络平台建设，还要注意加强对农业信息服务软硬件条件的改善，优化农业信息采集、分析、发布等环节，同步推进网上农业科教、农产品线上交易、物流配送等一系列农业生产、经营、流通活动，让湖北省农业信息服务体系建设与湖北社会、经济的发展相结合。同时，从农业信息服务基础设施建设、农业信息服务机构建设、农业信息服务体制制度建设和农业信息服务体系的可持续发展等方面为湖北农业信息服务体系发展创造良好环境，实施综合推进方案。

6. 建立农业信息资源共享机制。目前，湖北省农业信息服务工作由不同部门分管，缺乏统一的农业信息收集、储存、传递和应用标准，农业信息服务体系的重复建设问题突出，整个体系的农业信息资源共享程度低。同时，很多农业信息服务平台或者农业信息网站的农业信息来源不明、准确性和实用性差，导致农业信息服务总体质量不高。基于这种现状，需要建立适合湖北省农业特点的农业信息资源开发、利用、管理和利用机制，加快农业代码库和农业行业代码库的建设步伐，制定统一的农业信息采集、存储、传递和提供应用标准，开发出更实用的农业专家咨询、农业技术推广、农产品质量追溯、农产品网上交易等服务系统，通过农业信息资源合理共享机制的建立，促进湖北农业信息服务体系的健康和可持续发展。

第二节　湖北省农业信息服务体系建设的政策建议

一、政府主导，加强农业信息服务基础设施建设

湖北不同地区的农业信息服务基础设施建设存在很大差异，在武汉城市圈内，农业信息化建设开展时间较早，农业信息服务的基础设施比较完备，农业信息服务市场化程度较高，且市场机制比较成熟，农业信息服务对农业发展和农村经济发展的促进作用明显。而在湖北省西部和一些山区，由于受到开放程度较低、市场体系不健全以及整体经济环境不理想等因素的制约，对农业信息服务的认知还停留在低水平上，其大部分精力都花在如何提高经济收入上，参与公益性强、经济效益低的农业信息服务基础设施建设意愿不强，影响和阻碍了当地农业信息服务体系的建设和发展。针对这样的情况，要根据湖北省不同地区农业信息服务基础设施的建设状况和市场机制的完善程度，分阶段、分步骤地进行农业信息服务基础设施建设。重点提高农村电视、电话及计算机的拥有量，加强交通、邮电、通信等信息基础设施和信息媒体的建设，增设更多的农村信息服务站，在确保农业信息服务通道畅通无阻的同时，拓宽农业信息服务人群的覆盖范围。具体措施包括：

（一）推进“三电合一”建设步伐

加大政府财政投入力度，建立完善的电话、电视、电脑网络，充分利用广播、电视、网络等媒体农业信息发布功能，在促进电话、电视、电脑网络合理组合与高效协作的前提下，实现农业信息资源的快速交换和全面共享，扩大农业信息服务覆盖范围。重点强调计算机网络建设和电视网络建设的有机结合，促使更多农业信息以更直观、更迅捷的方式传递给千村万户；同时，加快移动通讯网络服务的开发和应用，利用电话语音服务平台，为农民提供更为丰富的农业信息咨询服务。

（二）加强乡镇农业信息服务站点建设

加强湖北省基层农业信息服务站点建设，提高农业信息服务网络向乡镇延伸的力度和深度，通过农业信息服务站点的建设加强农户、农业专业合作组织、涉农企业、农业行业协会、农业科研机构、农业大专院校和政府部门之间的联系与交流，实现真正意义上的“一站通”式服务。同时，认真贯彻和执行“一套信息管理和服务制度、一套信息服务设备、一条上网专线、一支信息服务队伍”的基层农业信息服务站建设要求，从实际出发，讲求实效，切实增强湖北农业信息服务体系基层服务能力，为湖北各地区农业和农村经济发展提供信息服务支持。

（三）加快农业信息数据库和传播系统建设

在农业信息数据库建设方面，要根据湖北各地区农业信息资源的特点，开展农业信息数据库的建设工作，将视野扩展到农业各个相关领域，挖掘农业信息资源潜能，并依托网络大环境，对农业信息数据库进行构建和充实。同时，根据不同的农业信息用户需求，对农业信息数据库进行分类，建立更为完善的农业专业库，提高农业信息的处理和运行效率。在农业信息传播体系建设方面，要对不同农户的类型进行区分，分析他们对农业信息的需求度和接受度，建立两套农业信息传播系统。一套是针对种植、养殖大户和农业行业协会的信息传播系统。该体系以互联网为主要传播渠道，向农业信息需求主体提供方便、快捷、及时、有效的农业信息咨询、预测和分析服务。另一套是针对普通农户的农业信息传播系统。该体系以传统媒体为主要传播渠道为主，通过不断完善电话和电视网路建设，向农户提供准确、实用的农业生产和生活等信息。

二、强化管理，完善农业信息服务组织体系建设

（一）培养多元化农业信息服务主体

随着农业的发展，农业生产经营者对农业信息呈现出越来越多样化的需求倾向，需要有多元化的农业信息服务主体，为不同的农业信息用户提供全方位的信息服务。从目前湖北省农业信息服务主体参与农业信息服务体系建设情况分析，一方面要增强政府部门农业信息服务的指导性，确保政府部门和农业科研机构所提供信息的质量和权威性，保证农业信息服务体系建设的正常运行。另一方面，在坚持政府主导，强化各级政府部门农业信息服务主体作用的同时，加大对农业信息服务社会主体的扶持力度，提供各种优惠政

策，最大限度调动各方的积极性，鼓励涉农企业、农业大专院校、农业专业合作组织、农户等社会主体参与农业信息服务体系建设，弥补政府农业信息服务供给的低效，共同探索农业信息服务产业化发展的道路，为农业信息需求者提供更好的服务，也为湖北农业信息服务的发展提供不竭的动力。

（二）深化农业信息服务管理体制改革

对政府部门而言，要完善各农业信息服务相关部门之间的组织和协调机制，统一农业信息服务管理和决策体制，建立分工明确的农业信息服务执行、评价和监督机制，保证农业信息服务体系的整体运行效果。对社会主体而言，要坚持以市场为导向，强化产学研相结合的管理模式，发挥涉农企业在农业信息技术应用和信息服务推广方面的主导作用，促进涉农企业与农业科研机构、农业大专院校、农业专业合作组织之间的深度合作，培育和壮大新兴农业信息服务企业，发挥农业科研机构和农业大专院校的科技支撑功能，促进农业信息服务技术和产品的应用，推动农业信息服务的协调发展。

（三）健全农业信息服务法规

加快推进农业信息服务相关法规的制定和颁布，加强对农业信息服务主体及其活动的监督与管理。从立法角度对农业信息服务的服务行为、服务质量、服务主体和客体的权益进行保障。通过对农业信息服务活动的法制化监管，增强农业信息的真实性和有效性，实现农业信息服务的规范化和高效化，维持正常的农业信息服务秩序，防止农业信息服务中的违规行为产生；同时，也为解决农业信息服务过程中产生的各种服务纠纷提供法律依据，进而维护农业信息服务各方主体的合法权益。

（四）建立合理农业信息服务利益分配机制

促进湖北省农业信息服务体系建设，既要依靠政府投资，也要依靠市场机制。合理的利益分配机制是多元化信息服务主体共同参与农业信息服务工作，并最终实现共赢的保障。农业信息服务利益分配机制的合理性主要体现在：不同农业信息服务主体可以按照各自的利益目标共同参与农业信息服务体系建设，通过各主体间的协同经营，创造农业信息服务效益，并采取一定的利益分配方式对所得收益进行合理分配，不仅能解决各种主体之间的利益分配矛盾，满足他们的利益期望，更能保证农业信息服务产品的公平交易，维护农业信息服务市场的稳定运行。在农业信息服务利益分配机制建立过程中，政府部门要负责农业信息服务中公共基础设施建设和社会化的服务，创造良好的农业信息服务大环境；同时，按照“谁投资、谁受益”的原则，积极鼓励涉农企业、农业科研机构、农业大专院校、农业专业合作社和个人农业信息服务体系建设，让社会各方主体按照市场化方式来提供农业信息服务，并依据市场机制进行利益分配，在解决政府农业信息服务体系建设财政投入不足问题的基础上，激发和调动各农业信息服务主体的服务积极性，为农业信息服务体系的建设和发展提供动力支持。

（五）大力发展农业信息中介服务组织

要使农业信息服务能最大限度地面向农村市场和广大农民，充分发挥农业信息服务在促进农业生产和农村经济发展中的支持作用，必须推动农业信息中介服务组织的发展。在传统农业信息服务体系中，农业信息服务主、客体之间的联系并不紧密，政府主体提供的农业信息资源和服务无法“下达”和满足服务客体的信息需求；同时，在传统的农业信息服务网络中，服务客体的需求和反馈信息也往往不能很通畅地“上传”至服务主体。因此，需要培育农业信息服务中介组织，提高农业信息服务主、客体之间联系的紧密程度，保证农业信息服务供需信息和服务传递渠道的畅通。农业信息中介服务组织往往是作为行业协会的形式存在，相对于单个农民而言，它们在采集、处理农业信息和应用农业信息技术方面更具有优势；相对于政府部门而言，它们在农户组织方面更有效率，更了解农户的需求，能提供更有针对性的农业信息服务。鉴于湖北省不同地区农业信息服务需求主体的发展情况和服务需求特点差异性较大的实际情况，需要依托农业信息服务中介组织，根据不同地区农户的农业信息服务需求，提供更准确的农业信息服务需求解决方案，建设能满足其需求的农业信息服务网络和农产品展示平台，增强农业信息服务的目的性和有效性；同时，利用互联网、语音平台和手机短信为农户客制化农业信息订制服务，实现农业信息服务产品和具体农业信息需求的有效对接。发展农业信息中介服务组织，依托湖北省农业行业协会和农业专业合作组织，能够提高农业信息服务的针对性，完善湖北省农业信息服务体系建设，促进农业信息服务的产业化，在农民和政府间架起一座桥梁，实现农业信息的迅速传递、农业信息技术的快速应用和农业信息服务的高效提供。

三、应用导向，提高农业信息资源整合效率

农业信息服务资源的整合效率直接影响着信息服务的质量。提高农业信息服务资源的整合效率，建立针对不同农业信息服务客体需求的农业信息服务资源共享机制，是增强农业信息服务体系服务能力的重要环节，也是衡量

农业信息服务体系服务质量的重要标准。目前，湖北省各地的农业信息服务体系建设虽然各具特色，但却缺乏统一的信息存储、传递和应用标准，无法很好实现农业信息资源的整合与共享。为促进农业信息资源的高效整合，一要制定规范、标准的农业信息采集方案和工作规程，健全农业信息采集的指标体系，将农业发展急需的信息指标及时纳入采集范围，运用先进、科学的信息采集技术进行农业信息数据采集，减少人为随意性因素对农业信息准确性的影响。重点加强农产品市场信息、优良品种信息、农业实用技术信息和农作物病虫害防治信息等农民急需的信息采集系统建设，要求信息人员深入农业生产第一线开展调查研究，掌握更多的第一手资料。二要加快建设农业基础数据库群，重点建设包括农业新技术、新品种、农产品供求、农村经济、政策法规等在内的各类农业数据库，并强化对农业信息分析加工能力，实现农业信息资源的网上运行和资源共享。三要开发各类实用的农业信息服务系统，包括农村经济分析预测预警、农业防灾减灾、科技信息服务系统等对农业、农村经济影响较大的综合性农业信息应用系统，提高农业信息资源的利用率，强化农业信息服务体系的服务功能。四要积极完善农业信息资源共享机制，遵循农业产业化、区域化、规模化、设施化和专业化的发展趋势，本着互惠互利的原则，通过签订合作协议等方式，加强湖北省各地区农业信息资源的共建共享，制定出适用于湖北全省农业信息服务的分类编码标准，实现农业信息数据的标准化传递和共享。五要加强信息技术的集成和应用，将信息服务新技术应用到农业信息的采集、加工、储存、传递和利用领域，实现对农业信息资源的充分开发。

四、因地制宜，建立多样化农业信息服务模式

农业信息服务体系建设是一个庞大而又系统的工程，单一的农业信息服务模式无法满足农业信息服务体系发展需求，必须结合湖北省各地实际情况，对农业信息服务模式进行不断地探索和创新，保障湖北农业信息服务体系的稳定运行。

（一）以农业信息咨询为主的农业信息服务模式

农业信息咨询是农业信息服务的主要内容之一，以农业信息咨询为主的农业信息服务模式是以农业信息咨询服务为核心，通过农业信息服务平台的专家咨询系统、农业信息服务站的定期专家指导活动、信息下乡活动、专家大院以及农业信息服务的电话语音平台等形式，让农业信息服务需求者可以通过在线专家咨询、面对面指导和热线电话等途径获得农业生产及加工问题

咨询、农业实用技术使用问题咨询、农产品销售问题咨询和最新农产品及农业科技成果信息咨询等服务，旨在提高服务目的性的一种农业信息服务模式。这一农业信息服务模式的最大优势在于能够以农业专业院校和农业科研机构为依托，充分发挥两者在农业技术推广、农业科技成果推广、农产品新品种推广等方面的技术优势和人才优势，为农业信息服务需求者提供更专业、更直接、更高效的农业信息服务。

（二）以电信运营商为主体的农业信息服务模式

电信运营商凭借其强大的网络优势、信息技术优势和资金优势，在信息传播方面有着其无可比拟的优势。以电信运营商为主体的农业信息服务模式，主要针对农民这一特殊消费群体的农业信息服务需求，开发一些成本低廉、实用性较高的农业信息服务产品，并依托电信网络向农民提供及时、准确、便捷的信息服务。在信息服务供给端，电信运营商首先通过政府部门、涉农企业、农业专业合作组织、农业信息服务机构或者各大农业信息服务平台的合作，采取有偿和无偿的获取方式，得到大量农业信息；然后，将获得的农业信息进行分类，挑选出与广大农民生产生活密切相关的各类信息，并用精练的语言描述出来；最后，通过手机发送短信的方式向广大普通农户传播农业信息。在信息服务接收端，用户可以通过手机短信一次性获取一种或者多种农业信息，也可以通过包月（包年）的形式订制某一类或几类农业信息。这一农业信息服务模式的最大特点是以具体信息需求为导向，服务对象明确，信息内容的使用价值高，服务效果明显。随着农村手机普及率的不断提高和手机上网人数的不断增加，这一模式将在今后一段时间内成为向广大普通农户提供农业信息服务的一个重要方式。

（三）以实现农产品电子商务为核心的农业服务模式

随着互联网的快速普及和飞速发展，农产品生产经营者对农产品电子商务的需求越来越强烈。以实现农产品电子商务为核心的农业服务模式通过政策引导和利益驱动方式，将农产品生产者、销售者和需求者从传统农产品交易渠道吸引到网络交易平台上来，依托现有电子商务平台（如阿里巴巴、腾讯易购等）或者农业信息服务平台创建自己的农产品电子商务网页，发布农业产品供求信息，借助严格的注册用户审核机制，保证交易双方主体信息和产品信息的真实性，凭借完善的平台支付系统，保障农产品交易过程中的资金安全；同时，利用农产品绿色通道，实现物流相关费用的减免，帮助网上交易在线下顺利实现，并从一定程度上促进农产品高效物流体系的发展。这一农业信息服务模式最大功用表现在推动了订单农业的网络实现和满足了农产品生产者、农产品销售者、农产品需求者拓展农产品供求信息发布渠道要求两个方面，为提高农业信息服务经济效益提供一种模式借鉴。

五、建章立制，重视农业信息服务人才队伍培养

农业信息服务工作的开展需要大量农业类、营销类、信息技术类等专业型人才作为支撑。农业信息服务从业人员作为服务的直接提供者，其素质的高低决定了农业信息服务质量和效率的高低。目前，由于农业信息服务从业人员的整体数量不足和综合素质不高，致使大量农业信息资源停留在低水平开发状态，迫切需要一大批既懂现代信息技术，又懂农业科技和生产经营管理的复合型人才，对农业信息服务人才队伍进行补充，进而提供农业信息服务的整体水平和效果。加强农业信息服务人才培养：第一，要设立长期的专业培养计划，学校教育体系和职业技术培训体系培养双管齐下，鼓励进行科研型人才、服务型人才和创新型人才的培养，并通过建立科学合理的人才竞争机制和人才流动机制，营造良好的人才培养氛围。第二，要利用远程教育系统加快基层农业信息服务人员的培养，通过严格的农业信息服务人员资格审核机制，对信息服务人员进行业务培训和资格认证，加强农业信息技术和计算机应用能力，增强其对农业知识和信息的接受分析能力。第三，建立能有效激发农业信息服务人员积极性、创造性的激励制度，挖掘出农业信息服务人员的智慧与潜能。第四，加强区域间和国际农业信息服务组织机构之间的合作与交流，建立稳定的交流机制，充分利用其丰富的农业信息资源，引进最新的农业信息技术和成熟的农业信息管理经验，了解先进的人才培养方式。

附　录

附录1　农业信息服务体系评价指标专家咨询表

尊敬的老师：

您好，感谢您能够协助完成本咨询表的填写工作!

本咨询表是确定农业信息服务体系综合评价指标权重的调查问卷，感谢您能在百忙之中抽出时间阅读此份问卷。本次调查可能会占用您十分钟左右的时间，您的宝贵意见将为本研究提供重要帮助。

目前，我国的农业信息服务体系建设正处于探索性发展阶段，农业信息服务体系的建设目标和主要内容与我国经济、社会和农业发展战略目标紧密相连。2012 年，党的十八大报告中提出要促进工业化、信息化、城镇化和农业行现代化同步发展，在为农业信息服务发展指明方向的同时，也为农业信息服务体系建设提出更高要求。以“四化同步”发展要求为核心，结合农业信息服务体系建设的根本目标，构建农业信息服务综合评价指标体系，对了解当前我国农业信息服务体系建设现状，明确我国农业信息服务体系建设重点，以及探索与“四化同步”发展战略相适应的农业信息服务体系建设道路，具有重要意义。

咨询表主要分为两部分：第一部分主要对农业信息服务综合评价指标体系进行说明；第二部分要求对农业信息服务体系评价指标之间的重要程度进行比较，此部分由专家填写。

调查结果将仅用于学术研究之用。

再次感谢您的配合与赐教!

一、指标体系

附表 1－1　农业信息服务综合评价指标体系

目标层	准则层		方案层		
	要素名称	要素代码	指标名称	指标说明	指标代码
农业信息服务体系综合评价A	农业信息采集能力	B_1	农业信息数据统计基站覆盖率	反映着农业信息原始数据的采集能力和效果	C_1
			农业信息年采集频率	反映的是农业信息数据采集的及时性问题	C_2
			农业信息调查人员比重	反映基层农业信息数据的采集的效率问题	C_3
	农业信息发布能力	B_2	农业图书、期刊和报纸年发行量	反映传统纸质媒介的农业信息传播能力	C_1
			广播农业专题频道或节目比重	反映传统广播媒体的农业信息传播能力	C_2
			电视农业专题频道或节目比重	反映传统电视媒体的农业信息传播能力	C_3
			农业信息电话或短信服务频率	反映固定电话和移动手机的农业信息服务能力	C_4
			农业信息服务平台覆盖率	反映各地区农业信息服务平台的建设情况	C_5
			农业信息服务机构覆盖率	反映各地区农业信息服务机构的建设情况	C_6
			百人农业信息调查数据拥有条数	反映农业信息调查数据的应用效果	C_7
			万人农业综合信息网站拥有数	反映农业综合信息网站服务效果	C_8
			农业信息服务网站覆盖率	反映农业信息网站的覆盖效果	C_9
	农业信息服务基础设施	B_3	农村百户电视机拥有数	反映传统通信设施建设情况	C_1
			农村百户固定电话拥有数	反映农村固定电话网络建设情况	C_2
			农村百户移动电话拥有数	反映农村移动电话普及和通讯网络建设情况	C_3
			农村百户计算机拥有数	反映农村计算机普及程度	C_4
			农村广播电视覆盖率	反映农村广播电视的普及状况	C_5
			农村宽带入户率	反映农村通信基础设施建设情况	C_6
			农村3G网络覆盖率	反映农村3G无线移动通信网络的建设情况	C_7
			农村光纤覆盖率	反映农村光纤网络建设情况	C_8
			农业信息服务从业人员比重	反映农业信息服务人才储备情况	C_1
	农业信息服务人力资源储备	B_4	农业信息服务从业人员技术培训率	反映农业信息服务机构的工作人员信息服务技能情况	C_2
			高中及以上教育程度农业信息服务从业人员比重	反映农业信息服务工作人员的知识水平和专业能力	C_3
	农业信息服务政策法规保障	B_5	农业信息服务相关政策年发布比重	反映农业信息服务政策的建设情况和完善程度	C_1
			农业信息服务相关法规年发布比重	反映农业信息服务法规的建设情况和完善程度	C_2
			农业信息服务相关制度年发布比重	反映农业信息服务制度的建设情况和完善程度	C_3

二、各评价指标之间的重要程度比较

根据层次分析方法 1－9 比例标度填写以下附表 1－3 至附表 1－8 比较矩阵对角线以上部分。

附表 1－2　相对重要性比例标度的意义

B_{ij}标度值	具体含义	B_{ij}标度值	具体含义
1	i 与 j 同等重要		
3	i 比 j 稍微重要	1/3	i 比 j 稍微不重要
5	i 比 j 明显重要	1/5	i 比 j 明显不重要
7	i 比 j 强烈重要	1/7	i 比 j 强烈不重要
9	i 比 j 极度重要	1/9	i 比 j 极度不重要
2，4，6，8	介于｛1，3，5，7，9｝之间	1/2，1/4，1/6，1/8	介于｛1/3，1/5，1/7，1/9｝之间

附表 1－3　A－B_i比较判断矩阵

农业信息服务体系综合评价 A	农业信息采集能力 B_1	农业信息发布能力 B_2	农业信息服务基础设施建设 B_3	农业信息服务人力资源储备 B_4	农业信息服务政策法规保障 B_5
农业信息采集能力 B_1	$B_{11}=1$	$B_{12}=$	$B_{13}=$	$B_{14}=$	$B_{15}=$
农业信息发布能力 B_2	$B_{21}=1/B_{12}$	$B_{22}=1$	$B_{23}=$	$B_{24}=$	$B_{25}=$
农业信息服务基础设施建设 B_3	$B_{31}=1/B_{13}$	$B_{32}=1/B_{23}$	$B_{33}=1$	$B_{34}=$	$B_{35}=$
农业信息服务人力资源储备 B_4	$B_{41}=1/B_{14}$	$B_{42}=1/B_{24}$	$B_{43}=1/B_{34}$	$B_{44}=1$	$B_{45}=$
农业信息服务政策法规保障 B_5	$B_{51}=1/B_{15}$	$B_{52}=1/B_{25}$	$B_{53}=1/B_{35}$	$B_{54}=1/B_{45}$	$B_{55}=1$

附表1-4 B_1-C比较判断矩阵

农业信息采集能力B_1	农业信息数据统计基站覆盖率C_1	农业信息数据年采集频率C_2	农业信息调查人员比重C_3
农业信息数据统计基站覆盖率C_1	$C_{11}=1$	$C_{12}=$	$C_{13}=$
农业信息数据年采集频率C_2	$C_{21}=1/C_{12}$	$C_{22}=1$	$C_{23}=$
农业信息调查人员比重C_3	$C_{31}=1/C_{13}$	$C_{32}=1/C_{23}$	$C_{33}=1$

附表1-5 B_2-C比较判断矩阵

农业信息发布能力B_2	C_1	C_2	C_3	C_4	C_5	C_6	C_7	C_8	C_9
农业图书、期刊和报纸年发行量C_1	$C_{11}=1$	$C_{12}=$	$C_{13}=$	$C_{14}=$	$C_{15}=$	$C_{16}=$	$C_{17}=$	$C_{18}=$	$C_{19}=$
广播农业专题频道或节目比重C_2	C_{21}	$C_{22}=1$	$C_{23}=$	$C_{24}=$	$C_{25}=$	$C_{26}=$	$C_{27}=$	$C_{28}=$	$C_{29}=$
电视农业专题频道或节目比重C_3	C_{31}	C_{32}	$C_{33}=1$	$C_{34}=$	$C_{35}=$	$C_{36}=$	$C_{37}=$	$C_{38}=$	$C_{39}=$
农业信息电话或短信服务频率C_4	C_{41}	C_{42}	C_{43}	$C_{44}=1$	$C_{45}=$	$C_{46}=$	$C_{47}=$	$C_{48}=$	$C_{49}=$
农业信息服务平台覆盖率C_5	C_{51}	C_{52}	C_{53}	C_{54}	$C_{55}=1$	$C_{56}=$	$C_{57}=$	$C_{58}=$	$C_{59}=$
农业信息服务机构覆盖率C_6	C_{61}	C_{62}	C_{63}	C_{64}	C_{65}	$C_{66}=1$	$C_{67}=$	$C_{68}=$	$C_{69}=$
百人农业信息调查数据拥有条数C_7	C_{71}	C_{72}	C_{73}	C_{74}	C_{75}	C_{76}	$C_{77}=1$	$C_{78}=$	$C_{79}=$
万人农业综合信息网站拥有数C_8	C_{81}	C_{82}	C_{83}	C_{84}	C_{85}	C_{86}	C_{87}	$C_{88}=1$	$C_{89}=$
农业信息服务网站覆盖率C_9	C_{91}	C_{92}	C_{93}	C_{94}	C_{95}	C_{96}	C_{97}	C_{98}	$C_{99}=1$

附表1-6　B_3-C比较判断矩阵

农业信息服务基础设施建设 B_3	C_1	C_2	C_3	C_4	C_5	C_6	C_7	C_8
农村百户电视机拥有数 C1	$C_{11}=1$	$C_{12}=$	$C_{13}=$	$C_{14}=$	$C_{15}=$	$C_{16}=$	$C_{17}=$	$C_{18}=$
农村百户固定电话拥有数 C2	C_{21}	$C_{22}=1$	$C_{23}=$	$C_{24}=$	$C_{25}=$	$C_{26}=$	$C_{27}=$	$C_{28}=$
农村百户移动电话拥有数 C3	C_{31}	C_{32}	$C_{33}=1$	$C_{34}=$	$C_{35}=$	$C_{36}=$	$C_{37}=$	$C_{38}=$
农村百户计算机拥有数 C4	C_{41}	C_{42}	C_{43}	$C_{44}=1$	$C_{45}=$	$C_{46}=$	$C_{47}=$	$C_{48}=$
农村广播电视覆盖率 C5	C_{51}	C_{52}	C_{53}	C_{54}	$C_{55}=1$	$C_{56}=$	$C_{57}=$	$C_{58}=$
农村宽带入户率 C6	C_{61}	C_{62}	C_{63}	C_{64}	C_{65}	$C_{66}=1$	$C_{67}=$	$C_{68}=$
农村 3G 网络覆盖率 C7	C_{71}	C_{72}	C_{73}	C_{74}	C_{75}	C_{76}	$C_{77}=1$	$C_{78}=$
农村文化站覆盖率 C8	C_{81}	C_{82}	C_{83}	C_{84}	C_{85}	C_{86}	C_{87}	$C_{88}=1$

附表1-7　B_3_C比较判断矩阵

农业信息服务人力资源储备指标 B_4	农业信息服务从业人员比重 C_1	农业信息服务从业人员技术培训率 C_2	高中及以上教育程度农业信息服务从业人员比重 C_3
农业信息服务从业人员比重 C_1	$C_{11}=1$	$C_{12}=$	$C_{13}=$
农业信息服务从业人员技术培训率 C_2	$C_{21}=1/C_{12}$	$C_{22}=1$	$C_{23}=$
高中及以上教育程度农业信息服务从业人员比重 C_3	$C_{31}=1/C_{13}$	$C_{32}=1/C_{23}$	$C_{33}=1$

附表1-8　B_4_C比较判断矩阵

农业信息服务政策法规保障指标 B5	农业信息服务相关政策年发布比重 C1	农业信息服务相关法规年发布比重 C2	农业信息服务相关制度年发布比重 C3
农业信息服务相关政策年发布比重 C1	$C_{11}=1$	$C_{12}=$	$C_{13}=$
农业信息服务相关法规年发布比重 C2	$C_{21}=1/C_{12}$	$C_{22}=1$	$C_{23}=$
农业信息服务相关制度年发布比重 C3	$C_{31}=1/C_{13}$	$C_{32}=1/C_{23}$	$C_{33}=1$

附表 2 农业信息服务体系建设问题研究调查问卷

编号________

您好！

为了更好地了解农业信息服务体系的建设情况，完善农业信息服务体系建设，促进农村工业化、农业信息化、城镇化和农业现代化的发展，改善和提高农民的生产和生活状况，为政府制定农业信息服务相关政策法规提供参考，我们特进行本次专题调研活动。请您根据实际情况填写，凡涉及个人隐私的资料，我们将一定保密。真诚感谢您对本次调查的支持！

调查地点： 市 县 镇（乡） 村

调 查 员：

调查时间： 年 月 日

2012 年 11 月制

一、被调查人基本信息

1. 您的年龄：________岁

2. 您的性别：________

(1) 男　　(2) 女

3. 您的受教育程度：________

(1) 文盲、半文盲　　(2) 小学　　(3) 初中

(4) 高中或中专　　(5) 大专及以上

4. 您的政治面貌：________

(1) 群众　　(2) 中共党员

(3) 其他（特指人大代表、政协委员、民主党派成员等）

5. 您家的生活水平在村子里属于：________

(1) 下等水平　　(2) 中等偏下水平　　(3) 中等水平

(4) 中等偏上水平　　(5) 上等水平

二、农业信息需求情况

1. 您最希望获得哪些方面的农业信息：________

(1) 市场行情　　(2) 农业技术　　(3) 新产品

(4) 病虫害防治　　(5) 市场供需信息　　(6) 政策法规

(7) 农药化肥　　(8) 农产品销路　　(9) 气象信息

(10) 其他________

2. 您目前最常获得哪些方面的农业信息：________

(1) 市场行情　　(2) 农业技术　　(3) 新产品

(4) 病虫害防治　　(5) 市场供需信息　　(6) 政策法规

(7) 农药化肥　　(8) 农产品销路　　(9) 气象信息

(10) 其他________

3. 您是否能看懂所获得的农业信息：________

(1) 全部　　(2) 大部分　　(3) 小部分

(4) 很少

4. 您目前所获得的农业信息是否能满足生产需要：________

(1) 完全满足　　(2) 基本满足　　(3) 不能满足

5. 请根据您的实际需求从最重要到最不重要对农业信息进行排序（选出5项）：________

（1）市场行情　　（2）农业技术　　（3）新产品
（4）病虫害防治　　（5）市场供需信息　　（6）政策法规
（7）农药化肥　　（8）农产品销路　　（9）气象信息
（10）其他________

三、农业信息获取渠道

1. 您一般通过什么渠道获取农业信息（可多选）：________
（1）电视　　（2）广播　　（3）书刊杂志
（4）互联网　　（5）手机短信　　（6）电话咨询
（7）布告栏　　（8）其他________

2. 您认为哪种渠道的农业信息传播效果最好：________
（1）电视　　（2）广播　　（3）书刊杂志
（4）互联网　　（5）手机短信　　（6）电话咨询
（7）布告栏　　（8）其他________

3. 您所获取农业信息主要来自于哪些部门：________
（1）政府部门　　（2）农业科研机构
（3）农业专业合作组织　　（4）涉农企业
（5）农业信息服务机构（农业信息中心、农业信息服务站等）
（6）大专院校　　（7）其他________

4. 您认为目前农业信息传播存在哪些问题：________
（1）可靠性问题　　（2）及时性问题
（3）易用性问题　　（4）费用问题
（5）其他________

5. 您对目前农业信息获取渠道的满意度（在您选择的项下打勾）

	非常满意	比较满意	一般	不满意	非常不满意	不满意原因
书刊杂志						
广播						
电视						
电话及短信						
农业信息服务平台						
农业信息服务机构						

四、农业信息服务基础设施

1. 您所拥有的农业信息接收设备（可多选）：________

（1）电视　　（2）广播　　（3）电脑

（4）手机　　（5）固定电话　　（6）其他________

2. 您家是否安装宽带：________

（1）安装　　（2）未安装

未安装的原因：________

（1）费用太高　　（2）不需要　　（3）无宽带网络

（4）其他________

3. 您家是否安装光纤：________

（1）安装　　（2）未安装

未安装的原因：________

（1）费用太高　　（2）不需要　　（3）无光纤网络

（4）其他________

4. 您是否能使用手机上网：________

（1）是　　（2）否

不能使用上网的原因：________

（1）费用太高　　（2）不需要　　（3）无3G网络

（4）其他________

5. 您对现有农业信息服务基础设施的满意度　（在您选择的项下打勾）

	非常满意	比较满意	一般	不满意	非常不满意	不满意原因
广播电视网络建设						
宽带网络建设						
3G 网络建设						
光纤网络建设						

五、农业信息服务保障

1. 您所在的村有农业信息服务人员吗：________

（1）有　　（2）没有　　（3）不清楚

2. 您了解农业信息服务的相关政策吗：________

（1）了解　　（2）不了解　　（3）没有关注

3. 您了解农业信息服务的相关法律法规吗：________

（1）了解　　　　　（2）不了解　　　　　（3）没有关注

4. 您对现有农业信息服务保障体系的满意度　（在您选择的项下打勾）

	非常满意	比较满意	一般	不满意	非常不满意	不满意原因
农业信息服务人员数量						
农业信息服务人员素质						
农业信息服务相关政策						
农业信息服务相关政策						

参考文献

[1] 白献阳：《我国农业信息服务模式研究》，《合作经济与科技》2011年第21期。

[2] 鲍敏飞：《中国首家国产农业管理软件——数字化农场管理系统》，《计算机与农业》2003年第2期。

[3] 曹建新：《关于农业信息化问题的思考》，《价格月刊》2002年第2期。

[4] 陈池波、张朝华：《公共政策视野下的“一号文件”历史评析与现实思考》，《云南师范大学学报（哲学社会科学版）》2009年第41卷第3期。

[5] 陈来芳：《中国农村城镇化进程中的信息不对称问题研究》，贵州大学硕士学位论文，2008年。

[6] 陈榕虎：《信息化与信息服务》，《情报探索》2002年第1期。

[7] 陈伟：《云计算在农业综合信息服务平台中的应用》，《第十五届中国科协年会第十分会场：信息化与农业现代化研讨会论文集》，《中国学术期刊（光盘版）》电子杂志社2013年版。

[8] 陈卫峰、夏文顶：《农村政策与法规概论》，中国农业出版社2006年版。

[9] 陈兴林、康玉：《农户接受农业信息服务的调查与建议》，《云南农业》2012年第2期。

[10] 陈智、钱言玉：《我国农业信息服务问题研究》，《现代商贸工业》2011年第24期。

[11] 程卓杰：《县域农业信息服务体系的构建与评价研究》，东北大学硕士学位论文，2007年。

[12] 崔国胜、孔媛：《法国农业信息化发展状况》，《世界农业》2004年第2期。

[13] 代会娟：《现代农业信息服务社会化体系研究》，河南科技大学硕

士学位论文，2011 年。

[14] 党红敏：《陕西农业信息服务模式研究》，西北农林科技大学硕士学位论文，2009 年。

[15] 董晓霞：《智能化农业信息服务系统关键技术的研究》，河北农业大学硕士学位论文，2009 年。

[16] 段禄峰、张沛：《我国农村城镇化与工业化协调发展问题研究》，《城市发展研究》2009 年第 7 期。

[17] 房桂芝：《非营利组织参与农村农业信息服务的供给分析》，《中国农学通报》2012 年第 26 期。

[18] 高万林、李桢、于丽娜等：《加快农业信息化发展，促进农业现代化建设》，《农业现代化研究》2010 年第 3 期。

[19] 龚健：《数据挖掘技术在农业信息服务中的应用研究》，安徽农业大学硕士学位论文，2010 年。

[20] 郭少友：《美国政府信息化建设及对我国的启示》，《情报杂志》2003 年第 5 期。

[21] 郭作玉：《法国的农业信息服务》，《世界农业》2000 年第 3 期。

[22] 韩兴顺、潘海峰、文静华等：《农业信息服务发展水平评价研究》，《农机化研究》2007 年第 10 期。

[23] 何志勇、蔡乐才、李红禅：《农业信息服务体系研究》，《四川理工学院学报（自然科学版）》2009 年第 6 期。

[24] 何志勇：《区域性农业信息服务平台构建》，《四川理工学院学报（自然科学版）》2010 年第 3 期。

[25] 贺文慧、邹奎：《农户信息服务需求》，《技术经济》2006 年第 12 期。

[26] 胡昌平：《信息管理科学导论》，科学技术文献出版社 1995 年版。

[27] 黄丽惠：《关于农业信息化建设的对策思考》，《福建论坛（经济社会版）》2000 年第 2 期。

[28] 黄友兰：《信息需求、服务提供与农民表达渠道》，《改革》2009 年第 2 期。

[29] 姜爱林：《城镇化、工业化与信息化协调发展研究》，中国大地出版社 2004 年版。

[30] 姜瑜：《基于用户区域特征的便携式农业信息推荐系统研究》，南华大学硕士学位论文，2009 年。

[31] 蒋华：《农业科技信息主动服务模式研究》，南京农业大学硕士学位论文，2010 年。
[32] 解蕙：《农业信息服务平台构建研究》，《东方企业文化》2010 年第 6 期。
[33] 金燕：《网络信息资源整合研究》，《现代情报》2007 年第 7 期。
[34] 赖世刚：《湖北省农业信息服务体系的设计与实现》，华中农业大学硕士学位论文，2012 年。
[35] 蓝庆新：《我国信息化推动工业化的状况评判及路径选择》，《福州党校学报》2003 年第 4 期。
[36] 雷娜、赵邦宏：《农户信息需求与农业信息供需失衡的实证研究——基于河北省农户信息需求的调查》，《农业经济》2007 年第 3 期。
[37] 雷娜：《农业信息服务需求与供给研究》，河北农业大学硕士学位论文，2008 年。
[38] 黎明：《信息时代的哲学思考》，中国展望出版社 1986 年版。
[39] 李道亮：《中国农村信息化发展报告（2011）》，电子工业出版社 2012 年版。
[40] 李瑾、赵春江、秦向阳等：《农村信息服务综合评价及影响因素研究——基于宁夏回族自治区村级视角的调研分析》，《中国农业科学》2011 年第 19 期。
[41] 李良军、杨国才：《基于 Internet/intranet 的农业种植技术信息系统的研究》，《宁夏农学院学报》2001 年第 2 期。
[42] 李钎：《基于网络社区的乡镇农业信息服务体系研究及实现》，湖南农业大学硕士学位论文，2012 年。
[43] 李应博、乔忠：《中国农业信息服务模式研究》，《管理科学文摘》2005 年第 9 期。
[44] 李应博：《我国农业信息服务体系研究》，中国农业大学博士学位论文，2005 年。
[45] 李玉霞、王辉、周智男：《农业信息网络体系建设的制约及对策探讨》，《河北农业大学学报（农林教育版）》2009 年第 3 期。
[46] 梁春阳：《论农业信息服务绩效评价体系的构建——兼评我国农业及农村信息化测评模型研究》，《图书馆理论与实践》2012 年第 9 期。

[47] 廖文明：《农业信息服务协同研究》，华中师范大学硕士学位论文，2011 年。
[48] 琳涛：《农业信息服务探略》，《广西社会科学》2003 年第 9 期。
[49] 刘爱英：《农业信息分类及河北省供给模式的探究》，《河北经贸大学学报》2010 年第 4 期。
[50] 刘桂才：《美国农业信息工作》，《农业展望》2006 年第 1 期。
[51] 刘铁英：《浅谈日本农产品批发市场的发展对我国的借鉴》，《投资与合作》2011 年第 1 期。
[52] 刘新宪、朱道立：《选择与判断——AHP（层次分析法）决策》，上海科学普及出版社 1990 年版。
[53] 刘彦圻：《吉林省农业信息服务体系构建及评价研究》，吉林大学硕士学位论文，2006 年。
[54] 卢丽娜：《国外信息化发展现状及特点》，《中国农村小康科技》2007 年第 4 期。
[55] 罗婷婷、赵瑞雪：《基于多模型的农产品供求信息预测系统研究》，《中国农学通报》2009 年第 23 期。
[56] 马增林、谭延强：《黑龙江省农业信息服务体系水平的测度研究》，《生态经济》2012 年第 2 期。
[57] 梅方权：《农业信息技术的发展与对策研究》，《中国农业科技导报》2003 年第 5 期。
[58] 孟凡博、闫元元：《农业信息服务平台构建、应用与发展——基于辽宁星火 110 科技信息共享与服务平台的分析》，《农业经济》2010 年第 7 期。
[59] 欧阳晓光、张菊年：《关于农业信息化的若干认识与思考》，《中国农业科技导报》2001 年第 4 期。
[60] 欧钊、王玉芳、梁惠清：《互联网条件下我国农业信息服务体系发展研究》，《中国市场》2009 年第 13 期。
[61] 彭晓东、苑隆寅：《我国农业信息服务平台理论构想探讨》，《农业网络信息》2012 年第 4 期。
[62] 钱津：《中国农业必须走现代化之路》，《贵州社会科学》2010 年第 1 期。
[63] 任春振：《农业信息服务需求与供给分析》，浙江农林大学硕士学位论文，2011 年。

[64] 任光欣：《我国农业信息服务体系的发展问题研究》，河北大学硕士学位论文，2010 年。
[65] 阮怀军、郑宏伟：《美国的农业信息服务体系》，《山东农业科学》2001 年第 2 期。
[66] 师俊巧、王健：《浅析农村综合信息服务站对农业信息化的推动作用》，《发展研究》2011 年第 4 期。
[67] 施晟、卫龙宝、伍骏骞：《中国现代农业发展的阶段定位及区域聚类分析》，《经济学家》2012 年第 4 期。
[68] 石宇虹、朴瀛、祖歌：《农业气象信息服务支持系统的研制》，《辽宁气象》2001 年第 2 期。
[69] 史国滨、王熙：《农业信息资源整合模式的探讨》，《安徽农业科学》2011 年第 7 期。
[70] ［美］斯蒂格利茨：《经济学》，中国人民大学出版社 1997 年版。
[71] 孙辉：《绿色农业信息服务平台建设研究》，中国农业科学院硕士学位论文，2012 年。
[72] 孙素芬、罗长寿：《北京市农业信息服务体系建设实践与思考》，《农业图书情报学刊》2006 年第 11 期。
[73] 谭英：《欠发达地区不同类型农户科技信息需求与服务策略研究》，中国农业大学硕士学位论文，2004 年。
[74] 唐立新：《浅谈黑龙江省农业信息服务的现状及发展对策》，《北方园艺》2009 年第 5 期。
[75] 陶承：《面向“三农”的信息服务平台研究》，北京交通大学硕士学位论文，2010 年。
[76] 田野：《日本的农业信息化及其启示》，《全球科技经济瞭望》2001 年第 1 期。
[77] 童有好：《发达国家用信息技术改造传统产业的经验及启示》，《理论学刊》2001 年第 3 期。
[78] 汪红萍：《农村工业化的信息需求及对策探讨》，《安徽农业科学》2003 年第 6 期。
[79] 王丞、安森东、颜廷武：《农业信息资源可持续开发利用的国际比较及启示》，《中国人口·资源与环境》2011 年第 8 期。
[80] 王芳：《基于本体的广域农业信息服务系统关键技术研究》，河北农业大学博士学位论文，2012 年。

[81] 王恒：《基于 mashup 的农业信息服务平台研究》，山东大学硕士学位论文，2010 年。
[82] 王人潮、史舟：《农业信息科学与农业信息技术》，中国农业出版社 2003 年版。
[83] 王双进：《农业信息化进程中农村网络信息资源的开发利用》，《农业经济》2001 年期 10 期。
[84] 王文珍、张成利：《农村综合信息服务应用平台的设计》，《农机化研究》2008 年第 7 期。
[85] 王艳霞：《网络环境下中国农业信息服务系统研究》，河北农业大学博士学位论文，2007 年。
[86] 王志军：《河北省农业信息服务体系建设研究》，中国农业大学硕士学位论文，2005 年。
[87] 温继文、李道亮、朱翔：《我国与美国农业信息服务体系建设的比较研究》，《南方农村》2006 年第 1 期。
[88] 吴江寿：《农业科技信息移动服务系统设计与实现》，中国农业科学院硕士学位论文，2009 年。
[89] 吴文斗、刘鸿高、杨林楠：《基于 WAP 技术的农业信息服务平台研究》，《安徽农业科学》2009 年第 15 期。
[90] 吴文倩：《农村城镇化与农业现代化关系探析》，《商业时代》2007 年第 17 期。
[91] 吴玺、谭宏：《试论我国农业专家系统的应用及发展》，《计算机与农业》2000 年第 8 期。
[92] 吴先锋、陈强、高锡荣等：《农村移动信息服务供给特征聚类分析》，《情报杂志》2011 年第 10 期。
[93] 伍国勇：《基于现代多功能农业的工业化、城镇化和农业现代化“三化”同步协调发展研究》，《农业现代化研究》2011 年第 4 期。
[94] 肖倞：《农村信息服务需求影响因素研究》，复旦大学硕士学位论文，2009 年。
[95] 熊学军、胡倩：《突破瓶颈促进农业信息网络不断向村级延伸——基层农业信息网络建设现状分析暨发展策略建设》，《新农村（黑龙江）》2010 年第 6 期。
[96] 徐建华：《现代地理中的数学方法》，高等教育出版社 2004 年版。

[97] 薛亮、方瑜等：《农业信息化》，京华出版社 1997 年版。
[98] 谢茂华：《农产品电子商务国内研究分析》，《科技经济市场》2011 年第 1 期。
[99] 严霞、张禄祥：《农业信息服务与农业知识服务比较研究》，《广东农业科学》2008 年第 11 期。
[100] 杨坤、王志峰：《农产品价格信息监测预测系统设计与实现》，《农业网络信息》2010 年第 11 期。
[101] 杨娜、钱金良、朱卫华等：《国内外农业信息服务体系构建现状对云南省的启示》，《农业网络信息》2012 年第 6 期。
[102] 杨永红：《论信息服务在农业生产中的重要作用》，《农村经济》2004 年第 5 期。
[103] 姚国章、丁慧：《韩国农业信息服务系统》，《电子政务》2010 年第 12 期。
[104] 于冷、张兴旺：《政府部门在农业信息服务工作中的定位问题探讨》，《农业经济问题》2003 年第 12 期。
[105] 岳剑波：《信息管理基础》，清华大学出版社 1999 年版。
[106] 张博：《面向农民的农业科技成果信息服务模式研究》，中国农业科学院硕士学位论文，2007 年。
[107] 张红芹、赵洪亮、张雯：《以农业高校为依托的现代农业信息服务平台建设对策》，《农业网络信息》2011 年第 11 期。
[108] 张晋平：《我国农业信息服务模式的生成条件与发展特点》，《中国信息界》2012 年第 4 期。
[109] 张佩云、宫秀文、谢荣见：《农业信息资源共享与农业信息服务系统构建研究》，《计算机技术与发展》2013 年第 11 期。
[110] 张颖：《农业信息服务体系中的委托—代理机制研究》，东北大学硕士学位论文，2008 年。
[111] 张忠德：《美、日、韩农业和农村信息化建设的经验及启示》，《科技管理研究》2009 年第 10 期。
[112] 赵洪亮：《基于资源整合的农业信息服务平台构建与实现》，沈阳农业大学博士学位论文，2012 年。
[113] 赵瑞莹、杨学成：《农业预警系统研究》，《生产力研究》2004 年第 1 期。
[114] 赵友森、王晓东、赵安平等：《国外农产品市场信息体系建设研

究》,《世界农业》2012 年第 10 期。
[115] 赵元凤:《发达国家农业信息化的特点》,《中国农村经济》2002 年第 7 期。
[116] 郑红维:《我国农村信息服务体系综合评价与发展战略研究》,清华大学硕士学位论文,2004 年。
[117] 郑怀国、谭翠萍、李光达等:《基于农民视角的农业信息服务》,《安徽农业科学》2011 年第 27 期。
[118] 郑火国:《论农业信息服务的模式及其在“三农”中的作用》,《农业图书情报学刊》2005 年第 2 期。
[119] 郑火国:《农业信息服务平台的构建与实现》,中国农业科学院硕士学位论文,2006 年。
[120] 周林杰、刘家玉:《新型农业科技信息服务模式的探讨》,《农业图书情报学刊》2006 年第 12 期。
[121] 朱俊、杨锋、李绍明等:《基于移动 GIS 的品种县域精准推广支持系统》,《应用技术》2010 年第 29 期。
[122] 朱文忠、王晓:《农业信息化组织体系的构建探讨》,《“第二届中国农村信息化发展论坛”论文集》,2008 年。
[123] 朱志勇:《我国农村信息服务平台及其应用研究》,华中师范大学硕士学位论文,2011 年。
[124] 庄传礼、杨萍、李道亮等:《基层农业信息服务能力的评价》,《统计与决策》2006 年第 11 期。
[125] 卓文飞:《论我国农业科技信息集成服务系统的构建》,《中国科技论坛》2010 年第 3 期。
[126] Ahmad Qanita, Sarwar. *An intelligent agri – information dissemination frame – work: An e – government. 12th IEEE International Multitopic Conference Proceedings*, 2008: 529 – 536.
[127] Eastwood, C. R., Chapman, D. F. Paine, M. S. *From intuition to information – Management information systems in Australian dairy farming, Computers in Agriculture and Natural Resources – Proceedings of the 4th World Congress*, omputers 2006: 13 – 18.
[128] Fangquan Mei, Shangang Jia, Shuchun Pan. *General research report of the construction of agricultural research information system (ARIS) in China. Computers in Agriculture and Natural Resources – Proceed-*

ings of the 4th World Congress, 2006: 561 – 567.

[129] FraisseC. W. , Breuer N. E. , FraisseCZierden D. AgClimate. *A climate forecast information system for agricultural risk management in the southeastern USA. Computers and Electronics in Agriculture*, 2006: 13 – 27.

[130] Horikawa Mitsuyoshi, TakenoTakeo, Sugawara Mitsumasa. *Information system for farmers′ markets. Journal of Japan Industrial Management Association*, 2008: 93 – 100.

[131] Kim Sang Bum, Rhee Sang Young Kim, Young Wook. *Development of rural amenity resources information system. Proceedings of the International Conference on Advanced Geographic Information Systems and Web Services*, GEOWS 2009, 2009: 134 – 139.

[132] M. A. Tomaszewskia. *Determining farm effects attributable to the introduction and use of a dairy management information system in The Netherlands. Agricultural Economics*. 2000. 79 – 86.

[133] Ming Li, Jian – Ping Qian, Xin – Ting Yang. *A PDA – based record – keeping and decision – support system for traceability in cucumber production. Computers and Electronics in Agriculture*, 2010: 49 – 77.

[134] Murakami, E. and A. M. Saraiva. *An infrastructure for the development of distributed service – oriented information systems for precision agriculture*, *Computers and Electronics in Agriculture*, 2007, 58 (1) .

[135] Niederhauser, Norbert, Oberthür; Thomas, Kattnig, Sibylle; Cock. *Information and its management for differentiation of agricultural products: The example of specialty coffee. Computers and Electronics in Agriculture*, 2008: 241 – 253.

[136] Nikkil, R. and I. Seilonen, *Software architecture for farm management information systems in precision agriculture*, *Computers and Electronics in Agriculture*, 2010, 70 (2) .

[137] Rasouliazar Solieman, Chizari Mohammad, Hosseni, Seyed Jamal F. *Investigation of the extend of information technology usage and assessment of its capabilities in agricultural system of irao . Proceedings of World Academy of Science, Engineering and Technology*, 2009:

1292 – 1302.

[138] RTEM G. *Management of Geographical Information in Mobile Environment. Finland: Department of Computer and Information Systems.* University of Jyvaskyla, 2004: 43 – 66.

[139] Ryan Womack, *Information intermediaries and optimal information distribution. Library & Information Science*, 2002: 129 – 155.

[140] SakartyaA, Aluftekin. *Usage of information technologies in agricultural insurance systems in Turkey. Computers in Agriculture and Natural Resources – Proceedings of the 4th World Congress*, 2006: 678 – 687.

[141] Wang Hengyu. *The Characteristic and Enlightenment of Agricultural Information Technology in USA. Productivity Research*, 2007, (23): 93 – 95.

[142] Victor Glass, Salvatore Talluto, Chris Babb. *Technological breakthroughs lower the cost of broadband service to isolated consumers. Government Information Quarterly*, 2003 (20): 121 – 133.

后 记

提笔至今已一年有余，回想本书写作之过程，甘苦自知。有写出一个新章节的欣慰，亦有数日无法写出百字的烦闷。幸得良师益友帮助，本书方能圆满完成。

在此，首先要感谢我的恩师陈池波教授，本书从研究视角的选择，到行文结构的调整，以及核心内容的完善，无不闪现着他的智慧。他总是在最艰难的时刻给我以启迪。从他那里，我学到的不仅仅是理论知识和科研技巧，更学到了许多做人与做事的道理。恩师严谨认真的治学态度、谦和文雅的师长风范、博学精深的学术造诣以及真诚热情的为人，都是我现在和将来学习的目标和榜样。

感谢中南财经政法大学工商管理学院的严立东教授、郑家喜教授、丁士军教授、吴海涛教授和罗尚秀老师、姜倩倩老师在博士学习和论文写作上的指导与帮助。

感谢湖北省农业科学院农业质量标准与检测技术研究所沈祥成书记与我分享心得，让我对农业信息服务体系建设有了更深入的了解和更深刻的认识。

感谢我的同门师兄弟：潘泽江师兄、张攀峰师兄、江喜林师兄、杜辉师兄、贾澎师兄、盛国勇博士、吴磊博士、陈涛师弟、廖佳师弟、李正帅师弟、吴星师弟、刘洪帅弟等，谢谢你们在生活和学习中对我的帮助和鼓励，是你们让我三年的博士生生活变得丰富多彩。

感谢我的挚友舒昌俊博士、赵一鸣博士后、郑力翔、周升梁、王显斌、梅阳、夏梦、王静，与我分享生活的点滴，陪伴我一路成长。

最后，感谢我的妻子黄彬，在读博期间，对我无微不至的照顾和一如既往的支持。感谢我的父母和岳父母，你们的爱护与付出，才使我有了今天的成绩。

中南财经政法大学工商管理学院　官　波
2014 年 2 月于湖北武汉